中国高等教育学会医学教育专业委员会规划教材
全国高等医学院校教材

供基础、临床、预防、口腔医学类等专业用

医学文献检索

Medical Information Retrieval

主　编　顾　萍　谢志耘

副主编　孙风梅　程　鸿　李修杰

编　委　（以姓氏拼音排序）

程　鸿	内蒙古医科大学	孙风梅	滨州医学院
邓岩彬	大连医科大学	文　丽	齐齐哈尔医学院
符　雄	广东药学院	谢志耘	北京大学医学部
顾　萍	南方医科大学	许四洋	南方医科大学
黄　芳	首都医科大学	叶春峰	西安交通大学
李春英	北京大学医学部	赵文龙	重庆医科大学
李修杰	潍坊医学院	宗红侠	河北医科大学

北京大学医学出版社

YIXUE WENXIAN JIANSUO

图书在版编目（CIP）数据

医学文献检索/顾萍，谢志耘主编. —北京：北京大学医学出版社，2013.12（2018.7重印）
ISBN 978-7-5659-0715-9

Ⅰ. ①医… Ⅱ. ①顾…②谢… Ⅲ. ①医学—情报检索—高等学校—教材 Ⅳ. ①G252.7

中国版本图书馆CIP数据核字（2013）第279906号

医学文献检索

主　　编：顾　萍　谢志耘
出版发行：北京大学医学出版社
地　　址：(100191) 北京市海淀区学院路38号 北京大学医学部院内
电　　话：发行部 010-82802230；图书邮购 010-82802495
网　　址：http://www.pumpress.com.cn
E-mail：booksale@bjmu.edu.cn
印　　刷：北京瑞达方舟印务有限公司
经　　销：新华书店
责任编辑：冯智勇　　责任校对：金彤文　　责任印制：罗德刚
开　　本：850mm×1168mm　1/16　印张：13　字数：363千字
版　　次：2013年12月第1版　2018年7月第5次印刷
书　　号：ISBN 978-7-5659-0715-9
定　　价：23.00元

版权所有，违者必究

（凡属质量问题请与本社发行部联系退换）

全国高等医学院校临床专业本科教材评审委员会

主 任 委 员　王德炳　柯　杨
副主任委员　吕兆丰　程伯基
秘　书　长　陆银道　王凤廷
委　　　员　（按姓名汉语拼音排序）
　　　　　　白咸勇　曹德品　陈育民　崔慧先　董　志
　　　　　　郭志坤　韩　松　黄爱民　井西学　黎孟枫
　　　　　　刘传勇　刘志跃　宋焱峰　宋印利　宋远航
　　　　　　孙　莉　唐世英　王　宪　王维民　温小军
　　　　　　文民刚　线福华　袁聚祥　曾晓荣　张　宁
　　　　　　张建中　张金钟　张培功　张向阳　张晓杰
　　　　　　周增桓

编者名单（以姓氏拼音排序）

程　鸿	内蒙古医科大学
邓岩彬	大连医科大学
范乔真	广东药学院
符　雄	广东药学院
顾　萍	南方医科大学
韩　玺	南方医科大学
黄　成	重庆医科大学
黄　芳	首都医科大学
李春英	北京大学医学部
李修杰	潍坊医学院
梁丽明	南方医科大学
孙风梅	滨州医学院
文　丽	齐齐哈尔医学院
肖志彬	内蒙古医科大学
谢志耘	北京大学医学部
徐明卉	齐齐哈尔医学院
许四洋	南方医科大学
叶春峰	西安交通大学
于　伟	河北医科大学
翟中会	西安交通大学
张冬梅	齐齐哈尔医学院
张　蕾	大连医科大学
赵　丹	南方医科大学
赵文龙	重庆医科大学
宗红侠	河北医科大学

序

北京大学医学出版社组织编写的全国高等医学院校临床医学专业本科教材（第2套）于2008年出版，共32种，获得了广大医学院校师生的欢迎，并被评为教育部"十二五"普通高等教育本科国家级规划教材。这是在教育部教育改革、提倡教材多元化的精神指导下，我国高等医学教材建设的一个重要成果。为配合《国家中长期教育改革和发展纲要（2010—2020年）》，培养符合时代要求的医学专业人才，并配合教育部"十二五"普通高等教育本科国家级规划教材建设，北京大学医学出版社于2013年正式启动全国高等医学院校临床医学专业（本科）第3套教材的修订及编写工作。本套教材近六十种，其中新启动教材二十余种。

本套教材的编写以"符合人才培养需求，体现教育改革成果，确保教材质量，形式新颖创新"为指导思想，配合教育部、国家卫生和计划生育委员会在医药卫生体制改革意见中指出的，要逐步建立"5 + 3"（五年医学院校本科教育加三年住院医师规范化培训）为主体的临床医学人才培养体系。我们广泛收集了对上版教材的反馈意见。同时，在教材编写过程中，我们将与更多的院校合作，尤其是新启动的二十余种教材，吸收了更多富有一线教学经验的老师参加编写，为本套教材注入了新鲜的活力。

新版教材在继承和发扬原教材结构优点的基础上，修改不足之处，从而更加层次分明、逻辑性强、结构严谨、文字简洁流畅。除了内容新颖、严谨以外，在版式、印刷和装帧方面，我们做了一些新的尝试，力求做到既有启发性又引起学生的兴趣，使本套教材的内容和形式再次跃上一个新的台阶。为此，我们还建立了数字化平台，在这个平台上，为适应我国数字化教学、为教材立体化建设作出尝试。

在编写第3套教材时，一些曾担任第2套教材的主编由于年事已高，此次不再担任主编，但他们对改版工作提出了很多宝贵的意见。前两套教材的作者为本套教材的日臻完善打下了坚实的基础。对他们所作出的贡献，我们表示衷心的感谢。

尽管本套教材的编者都是多年工作在教学第一线的教师，但基于现有的水平，书中难免存在不当之处，欢迎广大师生和读者批评指正。

王德炳　柯杨
2013年11月

前　言

三十余年来，伴随着医学文献检索课在授课内容、授课手段、授课方法等方面的不断建设、发展和完善，凝聚着众多医学文献检索课教师理论研究与实践成果的医学文献检索教材的出版也达到了相当的规模，面向各种读者层次、不同版本的教材已达上百种。在这种情况下，如何使本教材从医学生认知和需求的角度，以案例导入方式，模拟医学生在学习、课外科研活动中可能会遇到的实际文献查找情境，将各章节重要的知识点以及编写者们在日常教学和参考咨询工作中积累的宝贵检索经验和体会有效串接起来并呈现给读者，则是本书编写者们的共同追求和目标。

本书共分十章，凝聚了全体编者的共同努力和心血。大纲是由主编、副主编和编者们共同讨论并制订的。在编写过程中，每一章都指定了一位主编或副主编担任督编负责全章的编写内容、质量和速度的追踪和检查。各章的督编分别是：前言、第五章、第八章和第九章，顾萍；第一章和第六章，谢志耘；第二章和第三章，孙风梅；第四章，李修杰；第七章和第十章，程鸿。本书的统一修改、定稿由顾萍、谢志耘负责完成。另外，每章在章首设有导言，旨在引导读者快速地了解该章将要学习的内容；在各节设有检索案例，旨在模拟检索情境，帮助读者在设定的情境中学习和掌握相关的知识点；章后设有小结和练习题，旨在帮助读者进行有效的归纳、总结和练习。各章的导言、小结和练习题汇总负责人分别是：第一章，黄芳；第二章，徐明卉；第三章，许四洋；第四章，李修杰；第五章，韩玺；第六章，李春英；第七章，梁丽明；第八章，黄成；第九章，翟中会；第十章，赵丹。韩玺作为编写秘书负责日常联络和稿件汇总工作。

由于本书是以案例导入的方式结合编写者自身的经验与体会将各章节重要的知识点进行串接与介绍，要求编者要有实际的医学文献检索教学经历，教学经验较丰富，总结归纳能力较强，文字表达能力较好。因此，来自全国12所高等院校的编者们都是各高校参加教学多年的中青年骨干教师，希望他们活跃的思维、良好的自信力能够给本书的编写与出版带来特色，带来活力！当然，由于时间仓促，能力有限，教材中难免存在不当之处，敬请广大师生和读者批评指正。

本教材在编写过程中，参考了大量的相关专著和论文，均列在本教材附录的参考文献中，在此表示诚挚的谢意！同时感谢北京大学医学出版社的大力支持，使本书能够顺利出版并发行！

顾　萍
2013.12

目 录

第一章 认识医学文献检索课 ············ 1
 第一节 为什么要学习医学文献检索课 ··· 1
  一、医学文献检索课的意义 ············ 1
  二、医学文献检索课的定位 ············ 4
  三、如何学好医学文献检索课 ········· 5
 第二节 文献检索基础知识 ··············· 7
  一、基本概念 ······························· 7
  二、文献检索 ····························· 11
  三、检索语言与检索途径 ·············· 12
  四、检索技术 ····························· 14
  五、检索步骤 ····························· 16
  六、检索效果的评价 ···················· 18
 第三节 文献数据库基础知识 ··········· 18
  一、文献数据库的概念 ················· 18
  二、文献数据库的结构 ················· 18
  三、文献数据库的类型 ················· 19
  四、文献数据库的选择与评价 ······· 19
 小结 ··· 20
 练习题 ·· 20

第二章 图书文献检索 ······················· 21
 第一节 OPAC 系统查询 ·················· 21
  一、使用单一图书馆馆藏目录 ······· 21
  二、使用联合目录 ······················· 22
  三、使用 OCLC WorldCat 目录 ····· 24
  四、有效查找图书信息应注意的问题 ··· 25
 第二节 电子图书检索 ····················· 25
  一、中文电子图书 ······················· 26
  二、外文电子图书 ······················· 28
  三、有效查找电子图书应注意的问题 ··· 32
 小结 ··· 32
 练习题 ·· 32

第三章 文摘型医学期刊文献检索 ········ 33
 第一节 主要中文文摘型医学期刊文献检索——SinoMed ············· 33

  一、使用中国生物医学文献服务系统 ··· 33
  二、有效查找中文摘要型医学文献应注意的问题 ······················· 39
 第二节 主要外文文摘型医学期刊文献检索——PubMed ·············· 39
  一、选取理由 ····························· 39
  二、功能特色 ····························· 40
  三、检索方法 ····························· 42
  四、检索结果处理 ······················· 47
  五、检索技巧 ····························· 48
  六、易犯错误 ····························· 48
 第三节 其他外文文摘型期刊文献检索工具 ····························· 49
  一、使用 EMBASE ······················· 49
  二、使用 BIOSIS Previews ············ 54
  三、使用 SciFinder Scholar ··········· 58
  四、使用 Ei Compendex ··············· 59
  五、有效查找英文文摘型医学期刊文献应注意的问题 ·············· 60
 小结 ··· 60
 练习题 ·· 60

第四章 全文型医学期刊文献检索 ········ 62
 第一节 中文医学期刊全文检索 ········ 62
  一、使用 CNKI 中国知网 ·············· 62
  二、使用万方数据知识服务平台 ···· 66
  三、使用重庆维普《中文科技期刊数据库》 ······························· 68
  四、有效查找中文期刊全文文献应注意的问题 ······················· 70
 第二节 外文医学期刊全文检索 ········ 70
  一、使用 ScienceDirect ················· 70
  二、使用 OvidSP ························· 74
  三、使用 Wiley Online Library ······ 77
  四、使用 SpringerLink ················· 79
  五、有效查找英文医学期刊全文文献应

目录

　　　　注意的问题 …………………… 80
　　小结 …………………………………… 81
　　练习题 ………………………………… 81

第五章　引文检索 …………………… 82
第一节　引文检索概述 ………………… 82
　　一、引文检索及其目的 ……………… 82
　　二、引文检索工具及对比分析 ……… 82
　　三、自引、他引及影响因子 ………… 85
　　四、引文分析的局限性 ……………… 85
第二节　中文引文检索 ………………… 86
　　一、使用 CSCD 中国科学引文数据库 … 86
　　二、使用 CNKI 中国引文数据库 …… 88
　　三、中文引文检索应注意的问题 …… 89
第三节　外文引文检索 ………………… 90
　　一、使用 Web of Science ……………… 90
　　二、使用 Scopus ……………………… 93
　　三、外文引文检索应注意的问题 …… 95
　　小结 …………………………………… 96
　　练习题 ………………………………… 96

第六章　特种文献检索 ………………… 98
第一节　专利文献检索 ………………… 98
　　一、专利基础知识 …………………… 98
　　二、中国国家知识产权局专利检索 … 102
　　三、美国专利商标局专利检索 ……… 105
第二节　医学会议文献检索 …………… 107
　　一、医学会议消息检索 ……………… 107
　　二、会议论文检索 …………………… 108
第三节　学位论文检索 ………………… 110
　　一、中文学位论文检索 ……………… 110
　　二、外文学位论文检索 ……………… 112
第四节　标准文献检索 ………………… 113
　　一、标准文献 ………………………… 113
　　二、标准文献检索 …………………… 116
　　小结 …………………………………… 118
　　练习题 ………………………………… 118

第七章　循证医学证据检索 …………… 119
第一节　循证医学相关知识 …………… 119
　　一、循证医学的定义 ………………… 119
　　二、循证医学的实践步骤 …………… 120
　　三、循证医学证据的类型 …………… 120
　　四、循证医学证据的级别 …………… 122
　　五、循证医学证据检索的特点 ……… 123
第二节　循证医学证据检索的来源 …… 124
　　一、原始研究类证据 ………………… 124
　　二、实践指南类证据 ………………… 126
　　三、结构式摘要类证据 ……………… 127
　　四、系统评价与荟萃分析类证据 …… 129
　　五、证据的检索：元搜索引擎 ……… 132
　　小结 …………………………………… 133
　　练习题 ………………………………… 133

第八章　网络学术文献检索 …………… 134
第一节　使用搜索引擎检索学术文献 … 134
　　一、搜索引擎概述 …………………… 134
　　二、使用综合性搜索引擎 …………… 136
　　三、使用专业学术搜索引擎 ………… 139
第二节　使用开放获取资源检索学术文献 …………………………………… 142
　　一、开放获取概述 …………………… 142
　　二、开放获取资源检索 ……………… 144
　　小结 …………………………………… 147
　　练习题 ………………………………… 147

第九章　文献信息的管理与分析 ……… 148
第一节　文献信息的管理 ……………… 148
　　一、文献信息管理概述 ……………… 148
　　二、NoteExpress ……………………… 148
　　三、EndNote ………………………… 153
　　四、NoteExpress 和 EndNote 的对比分析 …………………………………… 157
第二节　文献信息的分析 ……………… 158
　　一、为什么要进行文献信息分析 …… 158
　　二、文献信息分析的工具 …………… 158
　　三、RefViz …………………………… 158
　　四、HistCite ………………………… 162
第三节　文献信息的利用 ……………… 165
　　一、科研选题 ………………………… 165
　　二、科技查新 ………………………… 168
　　小结 …………………………………… 170
　　练习题 ………………………………… 170

第十章　医学论文写作 ………………… 171
第一节　医学科研论文写作 …………… 171

一、医学科研论文写作概述 ……… 171
　　二、医学科研论文的结构与要求 … 172
　　三、医学科研论文写作应注意的
　　　　问题 …………………………… 180
　　四、医学科研论文的投稿 ………… 182
　第二节　医学综述论文写作 ………… 183
　　一、医学综述概述 ………………… 183
　　二、医学综述的结构与要求 ……… 184

　　三、医学综述写作应遵循的步骤 … 185
　小结 …………………………………… 186
　练习题 ………………………………… 186

参考文献 …………………………… 187

中英文对照索引 …………………… 191

第一章 认识医学文献检索课

人类基因组计划（human genome project，HGP）由美国科学家于1985年率先提出，1990年正式启动，预算达30亿美元，由美国、英国、法国、德国、日本和我国科学家共同参与。HGP计划在2005年，把人体内约10万个基因的密码全部解开，同时绘制出人类基因的谱图。换句话说，就是要揭开组成人体4万个基因的30亿个碱基对的秘密。HGP与曼哈顿原子弹计划和阿波罗登月计划并称为三大科学计划。这个计划对人类的贡献在于，人类疾病相关的基因是人类基因组中结构和功能完整性至关重要的信息，它能为揭示人类健康与疾病的奥秘，阐明疾病的本质，开发新药，医治如癌症、艾滋病、心血管疾病、帕金森病等重大疾病开辟全新的治疗方法，使人类有望战胜这些顽疾，延长寿命。而为了实施完成HGP，有效获取医学信息是尤为重要的一个方面。

第一节 为什么要学习医学文献检索课

在人类进入21世纪的今天，信息资源作为一种战略资源已经成为现代社会生产力的基本要素，它在很大程度上决定了一个国家和地区的经济发展水平和竞争实力。医学信息里包含了医学发展进程中的经验、教训以及防病治病的科学理论和方法。它不仅是人类社会的宝贵财富，也是认识客观规律的重要依据。医学文献检索课是一门以培养医学生的信息意识、掌握用各种方法从文献源中获取知识和信息的科学方法课。学好这门方法课，可以方便、快速地获取丰富的医学知识和有价值的医学信息，并能从分散、无序的文献中，理清头绪，找到契机，发现价值高、内容新的信息，从而不断提高自身的专业与学术水平。所以学好医学文献检索课具有极其重要的作用。

一、医学文献检索课的意义

（一）信息时代的重要技能

根据有关部门的统计，因特网上大约有3.5亿个网页，150万个网址，包含15万亿比特数据信息，18亿幅图像信息，每天发布的新信息大约有14万件，而且这个数字还在不断地增长。网络技术的发展不仅改变了人们的工作和生活方式，也改变了教育和学习方式。面对庞大的信息资源，人们不仅要掌握信息工具，有效获取信息和利用信息，更为重要的是能够依靠自己的大脑，在获得信息的同时分辨出信息的价值。当今社会已经是一个信息化时代，掌握信息获取的方法和手段不仅是每一位公民必备的生存手段与技能，更是开展科学研究的向导和获取有效新知识的捷径。20世纪70年代，美国核专家泰勒收到一份题为《制造核弹的方法》的报告，他被报告精湛的设计所吸引，惊叹地说："至今我看到的报告中，它是最详细、最全面的一份"。但令他更为惊异的是，这份报告竟出自于哈佛大学经济学专业的一名青年学生之手，而这份四百多页的技术报告的全部信息是他从图书馆那些极为平常、完全公开的图书资料中所获得的。

（二）避免重复劳动，提高科研效率的方法课

医学科学研究是一项探索未知的活动。在医学研究工作中，从选题、研究到成果鉴定都离

不开医学信息。只有充分掌握了相关的信息，才可能少走弯路，才能避免造成人、财、物的浪费和损失。在医学研究和创新活动中，科研人员用于检索文献和了解学科进展信息的时间占了总研究工作时间的一半以上。有效的文献检索，可以节省科研人员大量时间和精力，从而大大提高研究效率。

（三）学术信息交流与获取的需要

学术信息交流与获取是人类科学活动的重要组成部分，是推动科学发展的重要手段。有效的学术信息交流，能使科研人员快速、高质量地开展科学研究活动，从而促进知识的增长。计算机技术、网络技术的发展，使学术信息交流与获取的环境发生了翻天覆地的变化。越来越多的科学研究人员热衷于通过网络来交流与获取学术信息。数字化的信息正逐步成为学术信息交流与获取中的主流信息资源。中国儒家经典之一《论语》的《八佾》篇中记载着我国古代思想家、教育家孔子的一段话："夏礼吾能言之，杞不足徵也；殷礼吾能言之，宋不足徵也；文献不足故也。足，则吾能徵之矣"。孔子论事有据、注重文献的治学精神可见一斑。英国伟大的科学家牛顿说过："如果说我比别人看得远些，那是因为我站在巨人们的肩膀上的缘故。"牛顿所谓的"站在巨人肩膀上"，意思就是指充分地获取和利用文献资料，从前人研究的"终点"中找出自己研究的"起点"，从而在学术研究工作中取得突破性的成就。可见，文献检索知识是开展学术信息交流与获取所必需的知识。

（四）培养学生创新能力的需要

中国学者何传启认为："国家知识创新体系是由一组分别地或联合地贡献于知识创新的机构和组织构成的网络体系，其主要功能是知识创新、知识传播和新知识应用。"知识创新首先发生在知识的生产过程中，但知识的传播和应用过程中同样存在着知识创新，因为科学研究也可以研究新的知识传播方式和应用手段等。因此，文献检索在知识创新体系中发挥着其他知识不可替代的作用。在竞争日趋激烈的现代信息社会，应着力培养医学生的创新能力。也就是说，除了要传授专业知识和技能外，还要着重培养医学生对信息的分析、加工、开发能力及接受相关学科信息的能力。只有这样他们才会在科学技术飞速发展的形势下，有所发现、有所发明，运用所学的知识创造性地解决问题。

（五）提高学生信息素质的需要

近年来，随着我国高校素质教育工作的不断深入，信息素质（information literacy）教育日益受到重视。信息素质这一概念，最早是由美国人波尔（Paul Zurkowski）于1974年提出，并定义为"利用大量的信息工具及主要信息源使问题得到解答的技术和技能。"1983年，美国信息学家霍顿（Horton）认为教育部门应开展信息素质教育，以提高人们对联机数据库、通讯服务、电子邮件、数据分析以及图书馆网络的使用能力。

信息素质既是一种能力素质，更是一种基础素质。信息素质有其自身的内容结构，它包括信息意识、信息能力和信息道德。信息意识是人们对信息的自觉反应，是感觉、思维等各种心理过程的总和，是人的社会意识的一部分。信息能力，即人们搜集、储存、处理、探索、利用和传递信息的能力。信息道德是指整个信息活动中的道德，它是信息生产者（拥有者）、信息服务者及信息使用者必须遵循的行为准则和规范。

美国1989年成立了由美国图书馆协会领导的信息素质委员会，并提出"信息素质是信息社会人的生存能力之一"的重要观点。1998年，美国医学院联合会发布的"医学院目标计划"（MSOP），详细阐述了对医学毕业生的信息素质要求。医师在职业生涯中将扮演"终生学习者、临床医师、教育者/交流者、研究者以及管理者"的角色，医学信息对于这些角色至关重要。医学信息素质教育的目标是使医学毕业生"有能力通过数据库或其他资源检索、管理、运用生物医学信息，解决医疗问题，做出正确决策。"

2001年，美国大学和研究图书馆协会（ACRL）制定的"高等教育信息素质能力标准"提出的 5 个标准，既是大学信息素质教育的目的，也是考核大学生信息素质能力的指标。

标准一：学生能明确信息需求的内容与范围。具体评价标准包括：①明确了解信息需求；②识别各种类型和格式的信息源；③能评价获得信息的成本与效益；④能重新评价所需信息与范围。

标准二：学生能高效获取所需信息。具体评价标准包括：①能选择适当的调查方法或信息检索系统获取所需信息；②能构建与实施有效的检索策略；③能利用联机检索终端或采用不同的方法检索所需信息；④必要时能调整检索策略；⑤能提取、记录和管理信息及信息源。

标准三：学生能客观、审慎地评价信息与信息源，利用知识基础和价值系统选择适当的信息。具体评价标准包括：①能从获取的信息中提炼信息主题；②能采用有关标准评价信息及信息源；③能综合信息要点形成新的概念；④能通过新旧知识的比较而确定信息的增加值；⑤能确定新的知识对个人价值体系的影响，并使其融合于个人的价值体系中；⑥能通过与他人的交流了解自己是否能表达所获取的信息；⑦能决定是否修订初始的查询方式。

标准四：学生作为个人或作为群体一员能有效利用信息实现特定的目标。具体评价标准包括：①能够运用新的和以前的信息开发新的产品或项目；②能调整开发产品或项目过程；③能有效地将开发的产品或项目情况与他人沟通。

标准五：学生能够理解有关信息使用的经济、法律以及社会因素，获得和使用信息时能自觉遵守道德规范和有关法律。具体评价标准包括：①了解信息与信息技术使用的相关道德、法律、经济和社会问题；②在存取、使用信息资源时能够遵守法律法规和信息资源提供的规定以及约定俗成的一些规则；③对引用的成果表示致谢。

医学生信息素养，就是指医学生在接受信息的医学教育过程中，根据信息环境和发展要求接受教育和进行修养而逐步形成的对待信息活动的态度以及利用信息去解决问题的能力。对医学生进行信息素养教育，不仅包括传统的图书馆用户教育，还涵盖了计算机技能和信息技能教育，以及使用信息的主动性、信息的获取方法、鉴别信息的能力、信息伦理的教育等。

（六）医学教育全球化发展的需要

1999 年 6 月 9 日，受美国纽约中华医学基金会（CMB）资助，国际医学教育组织（Institute for International Medical Education，IIME）在纽约成立，其主要工作是在定义"全球医学教育最基本要求"方面发挥领导作用。通过"最基本要求"，使得不管在任何国家培养的医生都达到在医学知识、技能、职业态度、行为和价值观等方面的最基本要求。另外，该组织还建立了全世界 1800 余所医学院校基本信息资料库，对医学教育全球化有重要意义。IIME 将"全球医学教育最基本要求"归纳为七个领域和具体的 60 条标准。该标准特定于医学本科毕业生，因此对作为今后从事医生职业所要求的各基本（核心）要素，予以了详尽规定。IIME 具有时代性、全球性、系统性以及职业特色鲜明等特点，较充分地体现了医学模式转变、卫生保健国际化、医学教育的人文性与医学科学教育紧密结合的医学教育改革和发展的趋势。其中第六条为信息管理，主要内容为：医疗实践和卫生系统的管理有赖于有效的源源不断的知识和信息，计算机和通讯技术的进步为教育和信息的分析和管理提供了有效的工具和手段，使用计算机系统有助于从文献中寻找信息，分析和联系病人的资料。因此，毕业生必须了解信息技术和知识的用途和局限性，并能够在解决医疗问题和决策中合理应用这些技术。本项设 5 条标准：从不同的数据库和数据源中检索、收集、组织和分析有关卫生和生物医学信息；从临床医学数据库中检索特定患者的信息；运用信息和通讯技术帮助诊断、治疗和预防，以及对健康状况的调查和监控；懂得信息技术的运用及其局限性；保存医疗工作的记录，以便进行分析和改进。

（七）协助决策者做出正确决策

决策一词是指为了达到一定目标，采用一定的科学方法和手段，从两个以上的方案中选择一个满意方案的分析判断过程。管理就是决策，是指通过分析、比较，在若干种可供选择的方案中选定最优方案的过程。正确决策有两个原则，首先是信息准全原则，为决策搜集的信息必须准确全面地反映决策对象的内在规律与外部联系；第二个原则是科学可行原则，要求决策在现有主客观条件下必须是切实可行的。从这两个原则可以看出信息在决策中的重要作用。正确的决策虽然与多种因素有关，如决策体制、决策方法、决策者能力和素质等，但是决定性的因素还是决策者对客观实际的了解，对未来行动和后果的正确判断等，而所有这些主要依赖于全面、即时、准确的信息保障。"知己知彼，百战不殆"，所以说，信息是决策的重要依据。

二、医学文献检索课的定位

（一）医学文献检索课的教学目标与教学内容

医学文献检索课以培养学生对信息的获取、评价和利用能力为目标，以文献信息及其相关检索系统的特点及使用方法为研究对象，旨在使学生了解并掌握各种信息检索技术，学会运用各种检索手段获取所需要的知识，尤其是网上医学信息的分布及查找方法，为其将来从事医学专业工作及继续教育奠定一个良好的基础。学习该课程有助于提高学生在专业研究实践和文献检索两个领域综合能力的提高。医学文献检索课的培养目标具体体现在以下几个方面：培养学生的信息意识；培养学生文献信息检索能力；培养学生筛选、分析、评价文献信息的能力；培养学生管理和综合利用文献信息的能力；培养学生自觉遵循学术规范、信息道德和信息法规。

课程的教学内容主要有医学文献检索的基础理论，从情报学的角度，介绍医学文献和医学文献检索的概念、文献的存储与检索、数据库的结构与特点、检索策略的制订与调整、检索途径、检索方法与检索技术、检索步骤等。此外，还有文献检索的基本技能介绍，围绕某一专业课题，掌握利用各种常用的中外文数据库、搜索引擎、文献管理软件进行信息获取与管理的技能与技巧。文献检索的目的在于开发利用，大学生作为未来从事专业技术工作的相关人员，应当具有获取情报、有效利用情报并不断创造的综合能力。因此，本课程的教学内容还包括信息的分析与利用的方法、信息检索的效果评价等，以加强学生信息分析与利用能力的培养。

（二）医学文献检索课的特点

1. 实践性和应用性强　医学文献检索课是一门实践性和应用性很强的方法课。它要求学生能针对具体实际问题，学会利用恰当的资源和方法找出可以解决问题的答案；同时，将学会的文献检索方法、技术等应用到以后的工作与科研实践中去。

2. 有自己成套的理论基础知识　医学文献检索课的理论基础是文献、信息、情报等基础知识和文献检索的方法等，它具有一定的理论基础。同时，还涉及医学、情报学、文献学、计算机科学、网络技术等多学科知识。

3. 内容更新快　随着计算机网络技术的发展，各种信息方法和信息技术发展加速，各级、各类新型的信息资源也层出不穷，不断涌现，使得医学文献检索课的内容更新速度不断加快。

4. 需要终身学习　由于医学文献检索课的内容更新较快，并且在今后的科研工作中很有实用性，因此它也是一门需要终身学习的课程，具有常学常新的特点。

（三）医学文献检索课与其他课程的衔接

医学文献检索课作为培养自学能力、提高研究素质的科学方法课，基本是一门独立的课程。因为它的研究对象是医学文献，因此需要有专业的医学知识。同时，由于信息资源的种类繁多，因此又需要良好的计算机操作能力和英语阅读能力。所以，医学文献检索课与本科生的其他课程都是衔接在一起的。

（四）医学文献检索课与信息能力的培养

信息能力指理解、获取、利用信息的能力及利用信息技术的能力。理解信息即对信息进行分析、评价和决策的能力。具体来说就是分析信息内容和信息来源，鉴别信息质量和评价信息价值，决策信息取舍以及分析信息成本的能力。获取信息的能力就是通过各种途径和方法搜集、查找、提取、记录和存储信息的能力。利用信息的能力即有目的地将信息用于解决实际问题或用于学习和科学研究之中，通过已知信息挖掘信息的潜在价值和意义并综合运用，以创造新知识的能力。利用信息技术的能力即利用计算机网络以及多媒体等工具搜集信息、处理信息、传递信息、发布信息和表达信息的能力。信息能力的概念包括：能充分利用新的信息技术来获取和处理所需的信息；遇到问题时，知道需要某种信息，乐意去查找和使用信息；掌握查找信息的各种途径和方法，具备组织、分析、鉴别、评价信息价值的能力；能有效地利用信息来解决实际问题。

信息能力是进行开拓与创造的基础，信息能力对人的成才具有帮助作用，信息是区分现代人才与传统人才的关键。因此，医学文献检索课的重要内容就是培养学生的信息能力。信息能力由以下几种能力所构成：

1. **收集信息的能力**　所谓收集信息的能力，是指对于给定的目标，能选择适当的手段，自主地、不遗漏地收集信息的能力。收集信息对于我们认识问题、理解问题、明确问题是十分重要的。认识问题、理解问题、明确问题是解决问题的条件和前提。收集信息应有明确的目标，基于给定的目标，选择一定的信息源，以实现信息的有效收集。对于收集到的信息，应进行有效的评价，不仅要评价收集到的信息，还应评价收集信息的方法、效果，然后基于评价的结果去完善信息收集。评价是实现有效收集信息的重要步骤。

2. **判断信息的能力**　所谓判断信息的能力，是指从众多的信息中，选择必要的信息，判断其内容，并从中引出适当信息的能力。随着信息技术的广泛应用，信息的发布、修改、传递变得越来越容易，这使得在传递的信息中，特别是在因特网这样的虚拟世界中，有许多片面的、不实的、无用的甚至是虚假的信息。在这种情况下，必须对收集到的信息进行批判性的思考。对信息的判断、识别是非常重要的。

3. **表现信息的能力**　所谓表现信息的能力，是指以一定的表现方法，采取一定的形式，对信息进行整理、表现的能力。随着信息社会的发展，人们不仅要接受信息，而且还要以一定的形式发表自己的观点、意见和看法，这就需要表现信息。表现信息应根据表现信息的目的、特点，选择不同的表现方法和表现形式。只有这样，才能实现信息的有效表现。

4. **处理信息的能力**　所谓处理信息的能力，是指对于收集到的信息，能通过适当的处理，读取其中隐含的、有意义的信息的能力。在阅读的大量信息中，有许多有意义的内容并不是显性的，不是很容易发现的。对于这些有意义的内容，只有通过适当的处理后，才能从中读取到这些更为重要、更加深层次的内容。对信息的处理能力，在对信息进行理解和分析时是十分重要的。

5. **创造信息的能力**　所谓创造信息的能力，是指基于自己的认识、思考、意见，去创造信息的能力。信息社会是一种创新型的社会，创造信息对信息社会的发展具有重要的意义。作为创造信息的实例，如发表一篇论文，发表一篇演讲，撰写一份报告，又如，发表一篇小说，拍摄一部电影等，这些都是基于自己的一些认识、思考所创造的新信息。

6. **发布与传递信息的能力**　所谓发布与传递信息的能力，是指能基于信息接受者——受众的立场，在信息处理的基础上，对信息进行发布与传递的能力。信息社会的发展为人们提供了丰富的发布信息、传递信息的手段。例如，利用电视播放系统，特别是利用因特网，人们可以十分便利地发布、传递信息。发布、传递信息时，应根据受众的情况、特点，选择发布、传递信息的手段和形式。在发布信息时，应对信息进行适当的处理，负责任地予以发布。

三、如何学好医学文献检索课

（一）培养和激发学习兴趣，重视医学文献检索课

兴趣是科学发展的原动力，也是学生获取知识的最佳催化剂。因此，培养对文献检索课的学习兴趣，是能否学好文献检索课的关键。同时，加强对医学文献检索课重要性的认识，才能

真正学好这门课程。

（二）加强实践操作

医学文献检索课是一门实践性很强的课程。它要求学生能针对实际的问题学会利用合适的资源、方法、途径和技术找出文献线索或者全文，然后分析得出解决问题的答案。因此，要学好这门课，必须多实践。具体为平时加强计算机的操作，多检索数据库或者网络资源，全面了解数据库的特点和功能，对多个数据库进行比较和区分，学会正确地选择数据库；掌握数据库的检索技巧，根据需求，选择好合适的检索途径和检索方法进行检索。

（三）提高自学能力

自学能力，是指在没有教师和其他人帮助的情况下自我学习的能力。自学能力的基础技能是阅读理解能力。检索能力是建立在相当熟练的阅读能力之上的能力。实践能力是自学能力最终能够转化为真正价值的根本。因此，自学能力是与阅读理解能力、检索能力、实践能力等密不可分的。要提高自学能力，首先要掌握正确的学习方法。医学文献检索课是一门实践性强的课程，因此最好的学习方法是以问题为中心的学习方法。过程为提出问题，分析问题，然后解决问题。在这个过程中，发挥了学习者的积极性，可以牢固地掌握所学的文献检索知识，并把文献检索的知识应用到检索实践中。

（四）终身学习

终身学习是指社会每个成员为适应社会发展和实现个体发展的需要，贯穿于人的一生的、持续的学习过程。随着计算机技术、网络技术的飞速发展，医学文献检索课的内容也会发展变化。经常有老师或者学生学习数据库的时候，发现数据库的界面和内容、技术等经常发生变化，同时许多新的功能也在不断增加。例如，一些数据库最近推出了移动阅读科技文献的功能，如PubMed推出的PubReader，可以免费方便地在移动终端上阅读PubMed Central（PMC）的全文；ScienceDirect数据库的全文文献在提供pdf格式的同时，也提供ePub或者Mobi（Mobipocket）格式备选等。因此，要学好这门课，仅仅在课堂学习是不够的，需要终身学习。只有通过终身学习，才能克服工作中的困难，解决工作中的新问题；才能满足生存和发展的需要，才能得到更大的发展空间，更好地实现自身价值；才能充实精神生活，不断提高生活品质。

（五）学好医学、数学、统计学、计算机等相关课程，做到知识的融会贯通

医学文献检索课是解决实际问题的一门方法课。学好医学、数学、统计学、计算机等专业课程，不仅可以加强对问题的理解能力与分析能力，同时这些知识也能进行融会贯通，即把以上各方面的知识或道理融合贯穿起来，从而得到系统透彻的理解。要做到以上知识的融会贯通，首先应该对医学、数学、统计学等每个门类或者某个问题有比较深入的理解，并能从中抽象出共通性的理性知识，进而将其储存在记忆当中。然后再进行其他门类的学习和思考，进而抽象出另外的共通性。当学习者发现抽象出的东西中具有某种共性的时候，进而就可以将不同领域的知识串联起来，一种领域的思维方式就可以迁移到另外的领域，这样就完成了知识的迁移。融会贯通，就能更好地学好医学文献检索课。

（六）学习医学信息分析的常用方法

在医学文献检索课中，信息分析是其中很重要的内容。当检索到相关的文献后，对文献和内容进行分析，然后应用到实践中解决实际问题是最终的目的。因此，要学好这门课，必须学习一些常用的医学信息分析方法。医学信息分析是分析人员根据用户的特定信息需求，利用各种分析方法和工具，对搜集到的零散的原始信息进行识别、鉴定、筛选、浓缩等加工，挖掘出其中蕴含的知识和规律，并且通过系统的分析和研究得到有针对性、时效性、预测性、科学性、综合性及可用性的结论，以供用户决策使用。

（七）注重信息道德，树立信息安全意识与知识产权意识

信息道德是指在信息的采集、加工、存储、传播和利用等信息活动的各个环节中，用来规

范其间产生的各种社会关系的道德意识、道德规范和道德行为的总和。它有三个层次，即信息道德意识、信息道德关系、信息道德活动。信息道德意识是信息道德的第一个层次，包括与信息相关的道德观念、道德情感、道德意志、道德信念、道德理想等，是信息道德行为的深层心理动因。信息道德意识集中地体现在信息道德原则、规范和范畴之中。信息道德关系是信息道德的第二个层次，包括个人与个人的关系、个人与组织的关系、组织与组织的关系。信息道德活动是信息道德的第三个层次，包括信息道德行为、信息道德评价、信息道德教育和信息道德修养等。这是信息道德的一个十分活跃的层次。要学好医学文献检索课，必须加强信息道德的修养，遵守道德规范。

另外，要学好医学文献检索课，还必须树立信息安全与知识产权的意识。信息作为一种资源，它的普遍性、共享性、增值性、可处理性和多效用性，使其对于人类具有特别重要的意义。信息安全的实质就是要保护信息系统或信息网络中的信息资源免受各种类型的威胁、干扰和破坏，即保证信息的安全性。同时，图书馆购买的各个数据库资源都有版权，用户要合理、合法地使用数据库，不要私设代理服务器将购买的数据库或其他电子资源提供给非本单位人员使用；不要使用任何软件工具或其他方式进行批量下载；不要在短时间内连续下载数据库中的多篇文献；不要下载数据库中整卷、整期期刊全文等。只有做到这些，才能更好地维护信息环境，更好地利用资源。

第二节　文献检索基础知识

随着全球知识经济的快速发展，医学文献资源的迅猛增长与读者文献资源的获取与利用的矛盾愈加显著。如何在海量的文献信息资源中，更快速、更全面地找到恰当类型的文献？掌握一定的检索技巧与方法是非常必要的。在学习文献检索工具与数据库之前，首先应了解和掌握文献的一些基础知识。

一、基本概念

（一）信息

目前对于信息（Information）还没有一个权威定义。信息论的创始人香农（C. E. Shannon）认为：信息是组织程度，它能使系统有序性增强，减少破坏和噪声。美国著名数学家维纳（Wiener）认为："信息就是信息，既非物质，也非能量"。国家标准《情报与文献工作词汇基本术语》（GB4894-95）中的表述为：信息是物质存在的一种方式、形态或运动状态，也是事物的一种普遍属性，一般指数据、消息中所包含的意义，可以使消息中所描述事件的不确定性减少。一般来讲，信息是事物的存在方式及其运动状态在人脑海中的反映。事物泛指自然界、人类社会、主观思维中的一切事物；运动状态主要包括物理变化、化学变化、生物转换等；存在方式是指物体是如何存在的，高低、大小、颜色等。信息是客观存在，它是依附于物质的存在而存在的。

（二）知识

知识（Knowledge）是指人们在改造世界的实践中所获得的认识和经验的总和。人类在改造客观世界的过程中，各种信息经过主观思维分析、加工提炼、系统化、理论化，最终形成了人类对客观世界各种现象的规律性认识，也就是人的大脑通过思维重新组合的系统化的信息集合。因此，系统化、理论化的信息就称为知识。信息是知识的源泉，知识是信息的产品。例如，医生看病的过程中，医生从病人身上搜集到各方面有关疾病的信息后，经过主观思维加工诊断为某种疾病，病人的症状是该疾病外在反映的信息，该疾病则是病人外在信息表现的本质。因此，信息是知识的源泉和基础，知识是信息的升华。

根据经济合作与发展组织（OECD）的定义，知识分为以下四类：①知道是什么（Know What）即事实知识，如糖尿病的并发症等；②知道为什么（Know Why）即原理知识，如牛顿第一定律等；③知道怎么做（Know How）即技能知识，如文献检索操作技能等；④知道是谁（Know Who）即个体认知与能力知识，关于谁知道什么及谁知道如何做什么等。从知识管理角度，知识可划分为显性知识与隐性知识两大类。显性知识是指记录在某种载体上的知识，可通过正常的语言方式传播，如记录在书本上的科技发明的知识等。知道是什么、知道为什么的知识属于显性知识。隐性知识即主观知识或意会知识，指个人或组织通过长期的积累而拥有的知识，很难用言语表达，难以传授给别人，具有较强的个体、情景性。知道怎么做、知道是谁的知识属于隐性知识。

（三）情报

情报（Information）往往与间谍、军事相关联，带有强烈的神秘色彩。在市场经济的今天，情报的适用范围更为广泛，除军事方面外，也广泛应用在商业领域。在当代汉语词典中，情报是关于某种情况的消息和报告。《辞海》中将情报解释为"战时关于敌情的报告"。一般来讲，情报是指为解决某一特定问题所需要的知识，即"被激活了的知识"。情报具有知识性、传递性、效用性等三种属性。因此，情报是知识的一部分，是能够解决特定问题的知识。随着科学技术的不断发展，情报在众多领域里发挥作用，现已转化为人们获取知识、信息的一种重要手段。

（四）文献

在我国，文献（Literature，Document）一词有几千年的历史，最早源于春秋，意指典籍（文）和贤者（献）。文献定义众多，较权威的为《中华人民共和国国家标准·文献著录总则》中描述的"文献是记录有知识的一切载体"。从定义中了解到文献的基本要素为知识与载体。文献的作用主要有：①保存文化遗产。文献是人类文化保存和传播的主要手段，文献记录人类创造的一切文明，使其不断积累，代代相传，成为人类宝贵的文化遗产；②传播传递信息。文献是传递知识的主要形式，同时也是实现文献价值的最佳途径；文献在时间与空间中的传播有利于推动人类社会文化的不断发展与进步；③科研成果的最终表现形式。科学研究的成果一般以论文或科研报告等文献形式表现，因此文献是科研成果的最终表现形式。

（五）相互关系

信息作为人们对客观存在的一切事物的反映，普遍存在于自然界和人类社会之中，其涵盖面最为广泛，包含了知识、文献、情报。对各种信息进行有目的地加工整理就形成了知识，但并非所有的信息都是知识，知识是信息中的精华部分，知识包含于信息之中；情报是指被传递的知识，是激活了的知识，是解决用户具体问题所需要的特定知识的集合，其蕴含在知识之中；文献与上述三者有显著不同，文献是被物化的知识记录，是存储并传递知识的介质，也是人们获取信息、知识、情报的重要来源。信息、知识与情报三者之间的关系见图1-1。

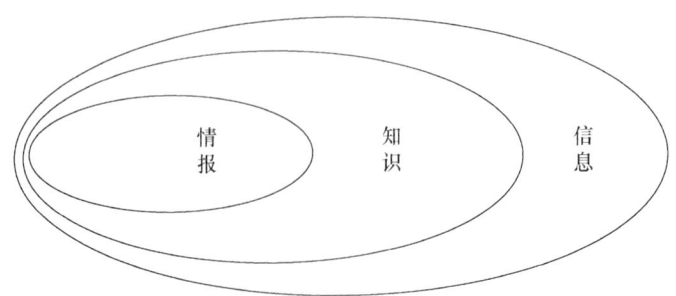

图1-1 信息、知识、情报的相互关系

（六）文献的类型与作用

科技文献是汇集和保存人类精神财富的知识宝库，是记录和传播科技情报的主要手段，是衡量某一国家、某个人、某一学术领域水平和成就的重要标志，也是帮助人们认识世界、改造自然的重要工具。科技文献资源类型多种多样，按不同分类标准可分为不同的类型，不同的文献资源具有不同的特点与作用。

1. 按载体不同可分为

（1）印刷型文献：印刷型文献是以纸张为存储介质，以手写、印刷为记录手段而产生出来的一种传统的文献形式，至今仍是人们记载、传播科技文献的重要形式。印刷型文献包括铅印、油印、石印、胶印，它的优点是便于阅读、价格便宜、使用方便、传递范围广；缺点是比较笨重、占用空间大、不便收藏。例如，一些大型图书馆的书库已经越来越难于应付不断增长的大量藏书；同时，对藏书进行识别及提取也难以实现机械化和自动化，对其进行整理和保存也需花费较多的人力和物力。

（2）电子型文献：电子型文献也称计算机可读型文献，它是以磁性材料为存储介质，以打字、穿孔或光学字符识别装置为记录手段，通过计算机处理而产生出来的一种文献形式。它把文献变成数字语言和机器语言，存入计算机磁盘中，再由计算机显示设备输出。电子型文献的优点是存储密度高、存取速度快。例如，检索本单位收录在《化学文摘》中的文献只需一分钟就能完成。其缺点是需要较先进的技术设备才能阅读，使用维护费用高，存储的资源易丢失等。

（3）缩微型文献：缩微型文献是一种以感光材料为存储介质，以缩微照相为记录手段而产生出来的一种文献形式。它包括缩微胶卷、胶片、卡片等。缩微型文献的优点是体积小、存储方便、存储时间长、成本低；其缺点是不能直接阅读，尽管缩微品很轻便，然而它必须借助阅读机才能阅读。

（4）声像型文献：声像型文献是以磁性材料和感光材料为存储介质，并借助特殊的机械装置直接记录声音信息或图像信息而产生出来的一种文献形式，包括唱片、录音带、录像带、科技电影片、幻灯片等。其特点是脱离了文字形式，直接记录声音与图像，揭示一些不易用语言文字表达清楚的自然现象的内在联系，对于探索其中奥秘，促进科学研究具有独特的作用。例如，有关心肺等器官病变的杂音，可录成唱片；胚胎的发育等罕见的自然现象可拍成录像，以供人们进行科学研究。

在上述四种类型的文献中，尽管缩微型、电子型和声像型文献发展迅速，但从国内外现状来看，今后相当长的时期里，印刷型文献仍将是整个文献检索中的主要和基本的文献类型。

2. 按加工层次不同可分为

（1）一次文献：又称一级文献，是指以作者本人的生产或科研工作成果为依据而创作生产出来的文献，如期刊论文、专利说明书、学位论文、会议文献等。

一次文献具有以下特点：一是内容有独创性，是作者本人的工作经验、观察或者实际研究成果。该种文献内容具有先进性和新颖性，反映了有关领域最新研究成果。二是文献内容叙述具体、详尽，有供研究者参考、学习和利用的价值。三是一次文献数量庞大，分散在各种期刊、媒体、会议论文集、图书、连续性出版物、特种文献之中，所以寻找困难。

（2）二次文献：又称二级次文献，是对一次文献进行加工整理后的产物，是将大量分散、零乱、无序的一次文献，依据内外部特征进行整理、浓缩、提炼，并按照一定的逻辑顺序和科学体系加以编排存储，使之系统化便于检索利用。其主要类型有目录、索引和文摘等。二次文献为研究人员快速检索科技情报资料、了解科技动态提供了便利和帮助。

（3）三次文献：又称三级次文献，通常是围绕某个专题，利用二次文献检索搜集大量相关的一次文献，并对其内容进行深度加工而成。它是对现有成果加以评论、综述并预测其发展趋势的一种文献类型，包括综述、专题述评、学科年度总结、进展报告、数据手册、进展性出版物以及文献指南等。三次文献具有系统性、综合性和知识性的特点，研究人员可以充分利用这类文献，在短时间内了解所关注领域的研究历史、发展动态、水平等，以便能更准确地掌握课题的背景知识。

（4）零次文献：零次文献是一种特殊形式的情报信息源，是指科研和生产活动中未经整理的原始记录，尚未公开发表进入科学文献交流系统，常以交谈和书信等方式在生产者和利用者之间传递。它具有原始性、新颖性、分散性和非检索性等特点，不仅在内容上有一定的价值，而且能弥补一般公开文献从信息的客观形成到公开传播之间费时甚多的弊病。

一次文献、二次文献、三次文献的形成是知识组织由杂乱无章到有序化的过程。一次文献是检索对象，二次文献是检索工具，三次文献是一次、二次文献的浓缩与延伸。

3. 按出版形式不同　文献按编辑出版形式进行划分，大致可分为：图书、期刊、会议文献、学位论文、专利文献、标准文献、科技报告、政府出版物、产品样本和产品目录、技术档案和图纸、报纸、新闻稿以及工作文稿等。

（1）图书：图书是对已发表的科研成果、生产技术和经验，或者某一知识领域系统的论述或总结。它往往以期刊论文、会议论文、研究报告以及其他第一手资料为基本素材，经过作者的分析、归纳、重新组织编写而成。不少图书的内容常包含有一些从未发表过的研究成果与资料。图书的特点是：内容比较系统、全面、成熟、可靠、有一定新颖性，但由于编辑出版时间过长、传递速度太慢，因而包含的内容相对滞后。

（2）期刊：期刊是指有一个固定名称，统一的出版形式和装帧，有一定的出版规律，每年至少出一期，每期载有2篇以上不同作者撰写的论文，按一定的编号顺序连续出版下去的出版物。一般来说，期刊具有以下特点：数量大、品种多、内容丰富多样、出版周期短、报道速度较快、发行流通面广泛、连续性强等。科技期刊在科学技术活动中起着非常重要的作用，是信息交流的主要工具。科技人员常常通过阅读期刊，了解学科动态、掌握进展、开阔思路、吸取已有成果。因此，有人称科技期刊是整个科学史上最成功的无处不在的科学情报载体。

（3）会议文献：会议文献是各种科技会议上宣读的论文或书面发言，属于一次文献。科技会议及其会议文献已成为科学技术情报来源的重要途径之一。科技会议文献的特点主要表现在：传递情报较及时、针对性强、兼有直接交流和文献交流的长处、代表学科或专业的最新研究成果。一般来说，科技会议可归纳为三级：基层会议、国家（地区）会议、国际会议。科技会议文献分为：会前文献与会后文献。会前文献主要包括会议日程表、会议议程、会议论文预定本和论文摘要等；会后文献是指会议结束后，经主办单位（或其他机构）整理、编辑出版的正式文献。会后文献主要包括会议录、论文集、图书、期刊特辑、科技报告、期刊论文、声像资料等。因此，会议文献与其他文献有非常密切的关系，存在着一定程度的交叉重复现象。

（4）政府出版物：政府出版物是各国政府部门及其设立的专门机构发表、出版的文件。包括的内容几乎涉及整个知识领域，但其重点侧重政治学、社会学、经济学、财政、工业、统计、教育和历史等方面。政府出版物的特点：由于在列入政府出版物之前，部分文献已被所在单位出版过，所以它与其他文献有一定重复；政府出版物有助于了解某一国家的科技政策、经济政策及其演变情况。政府出版物的形式既有图书，也有期刊和连续性出版物；既有印刷品，也有缩微品和声像资料。它按性质可分为行政性文献和技术性文献。行政性文献包括会议记录、政府法令、方针政策、规章制度、决议和指示、调查报告和统计资料等；技术性文献包括科技报告、科普资料、技术政策文献等。

（5）专利文献：专利文献指专利局公布或归档的与专利有关的文献，包括专利说明书、专利公报、专利分类资料、专利检索工具以及专利从申请到结束的全过程中包括的一些文件和资料，主要是指专利说明书。据统计，90%以上的新技术首先发表在专利文献上。其特点是报道迅速、法律性强、内容新颖、先进可靠、反映国家的技术水平。专利文献是重要的情报源，通过它可以了解有关国家技术发明和工业发展的趋势，可以及时、全面地了解各国专利文献所反映的情报，帮助准确选择科研课题，避免重复研究。专利说明书一般包括发明的详细说明以及专利权范围、插图等。

（6）标准文献：标准文献是指对工农业产品和工程建设的质量、规格及其检验方法等方面所作的技术规定，是一种规章性的文献，有一定的法律约束力，是从事生产、建设工作的一种共同执行的技术依据。一个国家的标准资料反映着该国的经济政策、技术政策、生产水平、加工工艺水平、标准化水平及资源情况等内容，对全面了解该国的工业发展情况是一种重要的参考资料。标准文献的特点：制定、审批有一定的程序，适用范围非常明确专一，编排格式、叙述方法严谨划一，用词准确，具有充分的可靠性与现实性，同时还具有时间性。即标准只是以某阶段的技术发展水平为基础，因此它要随着技术发展而不断修订、补充或废除。技术标准按使用范围分为：国际标准、区域性标准、国家标准、部颁标准、企业标准等；按其内容分为：基础标准、产品标准、方法标准等。

（7）学位论文：学位论文是指高等院校、科研机构的研究生、本科生为取得某种学位而撰写并提交的科学论文。尽管各国学位论文的质量参差不齐，但一般说来，都是具有一定独创性的一次文献。学位论文主要是围绕某一专题开展学术性研究而获得的成果，因此对问题的来龙去脉阐述得比较系统和详细，对教学、科研和生产有一定的参考价值。

二、文献检索

为了使科研人员从大量查阅文献资料的繁重劳动中解脱出来，图书情报工作人员有意识、有计划、有组织地把种类繁多、错综复杂的文献资料及各种数据和事实用检索语言标识、标引，按一定的规律排列和存储起来构成有序系统，然后根据用户的不同要求，按照文献的存储规则和一定的查找方法，有目的地查找出所需文献，这个过程属于文献检索的过程。

（一）文献检索的定义

文献检索（Literature Retrieval）是在开展科学研究，撰写研究论文时所必需的一种手段。它是指用一定的检索工具和参考工具书，运用一定的方法和技巧，从众多文献当中，找出符合用户需求文献的过程。这里的文献集合，不是通常所指的文献本身，而是关于文献的信息或文献的线索。文献检索的概念有狭义和广义之分。广义的文献检索包括信息的存储和检索两个过程（Storage and Retrieval）。信息存储是将大量无序的信息集中起来，根据信息源的外表特征和内容特征，经过整理、分类、浓缩、标引等处理，使其系统化、有序化，并按一定的技术要求建成一个具有检索功能的数据库或检索系统，供人们检索和利用。而狭义的文献检索只包括检索过程，是指运用编制好的检索工具或检索系统，查找出满足用户要求的特定文献信息。

（二）文献检索的基本原理

文献检索的基本原理主要是指通过对大量的、分散无序的文献信息进行搜集、加工、组织和存储，建立各种各样的检索系统，并通过一定的方法和手段使存储与检索所采用的特征标识匹配，获得和利用所需的信息，见图1-2。

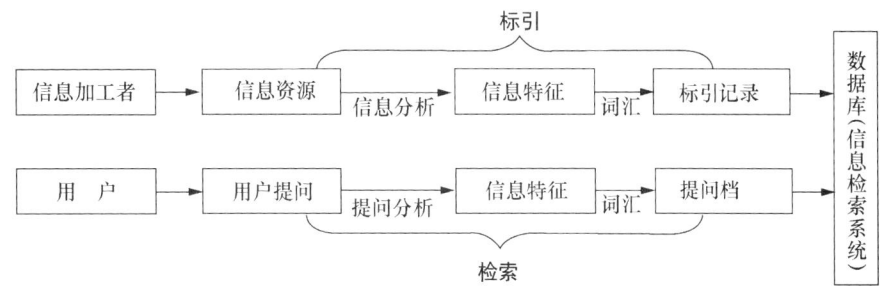

图1-2　文献检索基本原理示意图

(三) 检索过程不匹配的原因

在文献检索过程中，用户的检索提问与文献标引不匹配的原因主要有以下三个方面：一是数据库的收录范围不同；二是标引有误或不规范；三是检索提问错误或不规范。

三、检索语言与检索途径

检索语言是根据文献的存储和检索的需要而创造编制的人工语言，就其实质来说是表达一系列概括文献内容的概念及其相互关系的概念标识系统。它可以是从自然语言提炼并加以规范化的词汇，可以是代表某种分类体系的分类号码，也可以是代表某一类事物的某一方面特征的代码，用以对文献进行主题标引、特征描述、逻辑分类。

检索语言在信息检索中起着极其重要的作用，它是沟通信息存储与信息检索两个过程的桥梁。在信息存储过程中，用它来描述信息的内容和外部特征，从而形成检索标识；在检索过程中，用它来描述检索提问，从而形成提问标识；当提问标识与检索标识完全匹配或部分匹配时，结果即为命中文献。

检索语言的功能主要有四个方面：一是对文献的内容特征及外部特征加以分类、标引；二是对内容相同或相关的文献加以集中或揭示；三是对大量文献加以系统化、组织化，使之有序；四是便于标引和检索用语进行相符性比较。

（一）检索语言的类型

按照表达文献的特征划分检索语言可分为两大类：一是描述文献内部特征的检索语言，包括主题检索语言和分类检索语言；主题检索语言又分为主题词检索语言和自由词检索语言两种。二是描述文献外部特征的检索语言，包括题名检索语言和作者检索语言等。下面简单介绍分类检索语言和主题检索语言。

1. **分类检索语言** 分类检索语言是指以数字、字母或字母与数字结合作为基本字符，采用字符直接连接并以圆点（或其他符号）作为分隔符的书写法，以基本类目作为基本词汇，以类目的从属关系来表达复杂概念的一类检索语言。它用分类号表达各种概念，将各种概念按科学性质进行系统排列，集中体现科学的系统性，反映事物的从属、派生关系，从总体到局部层层展开，构成等级体系，以实现从学科分类角度进行检索的目的。

分类检索语言按照分类方式的不同分为体系分类语言、组配分类语言和混合分类语言。其中最常用的为体系分类语言，它广泛用于图书分类和检索，是一种直接体现知识分类等级概念的标识系统。以科学分类为基础，以文献内容的学科性质为对象，运用概念的划分与概括的方法，按照知识门类的逻辑次序，进行层次划分，产生许多不同级别的类目。以知识属性来描述和表达信息内容的信息处理方法称为分类法。著名的分类法有《杜威十进分类法》、《国际十进分类法》、《美国国会图书馆图书分类法》、《国际专利分类表》和《中国图书馆分类法》等。其中《中国图书馆分类法》是新中国成立后编制出版的一部具有代表性的大型综合性分类法，是当今国内图书馆使用最广泛的分类法体系。该分类法始编于1971年，先后发布了5版，1999年起启用现名简称"中图法"。《中国图书馆分类法》是在科学分类的基础上，结合图书的特性所编制的分类法。它将学科分为5个基本部类、22个大类，采用汉语拼音字母与阿拉伯数字相结合的混合号码，用一个字母代表一个大类，以字母顺序反映大类的序列，在字母后用数字表示大类下类目的划分，数字的设置尽可能代表类的级位，并基本上遵循层累制的原则。表1-1为《中国图书馆分类法》（第5版）22个基本大类。

表 1-1 《中国图书馆分类法》（第 5 版）22 个基本大类

大类名称	大类名称
A 马克思主义、列宁主义、毛泽东思想、邓小平理论	N 自然科学总论
B 哲学、宗教	O 数理科学和化学
C 社会科学总论	P 天文学、地球科学
D 政治、法律	Q 生物科学
E 军事	R 医药、卫生
F 经济	S 农业科学
G 文化、科学、教育、体育	T 工业技术
H 语言、文字	U 交通运输
I 文学	V 航空、航天
J 艺术	X 环境科学、安全科学
K 历史、地理	Z 综合性图书

2. 主题检索语言　主题检索语言是使用自然语言字符，以名词术语为基本词汇，用一组名词术语作为检索标识的一类检索语言。主题检索语言直接代表文献的内容特征与科学概念。它按规范化程度可分为规范性主题检索语言和非规范性主题检索语言两类。规范性主题检索语言主要指主题词检索语言；非规范化主题检索语言主要指自由词检索语言或称关键词检索语言。

主题词是指用于描述主题事物或内容的规范化词汇。"医学主题词表"（Medical Subject Headings，MeSH）是美国国立医学图书馆（National Library of Medicine，NLM）研制的用于标引、编目和检索生物医学文献的英文受控词表。它是对生物医学文献进行主题标引以及检索生物医学文献数据库的指导性工具，对提高查全率及查准率具有十分重要的意义。MeSH 词表在世界范围内已得到了广泛应用，如中国医学科学院医学信息研究所等机构将英文版的 MeSH 词表翻译成了中文，并在"中国生物医学文献数据库"中提供 MeSH 表的中英文电子版，便于中文文献的主题标引和检索。

关键词是直接从文献的篇名、正文和摘要中抽出的具有表达文献主题内容、含有实质意义的词语。将文献中的一些主要关键词抽出作为检索标识，并排列组成查找文献用的语言即为关键词检索语言。由于关键词检索语言是非控制的，几乎所有具有检索意义的信息单元都可以作为关键词检索语言。

(二) 检索途径

检索途径是指对有序存储文献的某一特征，使用检索语言进行文献查询的方法。常用的检索途径有主题途径、分类途径、作者途径、题名途径、引文途径和序号途径等。

1. 主题途径　主题途径是一种主要的检索途径，是指通过文献的主题内容进行检索的途径。其实施的关键在于用户能根据课题内容提炼出主题概念，并确定好对应的检索词，即主题词或关键词。

主题词是经过人工规范化处理的最能表达主题概念的词语。使用主题词检索能对相关的同义词、近义词及缩写词同时进行检索，文献检索的查全率较高，能避免漏检。关键词又称为自由词，是作者写文章时选用的自然词语，主要来自于标题、关键词、文摘、全文。自由词不受主题词表的限制，文献的用词取决于作者的表述。

2. 分类途径　分类途径是指根据文献所属学科专业类别，以学科分类号为检索入口，按分类号和类名进行文献检索的方法。

3. 作者途径　作者途径是以文献作者姓名为检索入口的检索方法。

4. 题名途径　题名途径是以文献的篇名、书名、刊名为检索入口的检索方法。

5. 引文途径　引文途径是指从被引论文即文献所附参考文献检索引用论文的一种途径。

6. 序号途径　序号途径是通过文献特定的序号来检索文献的方法。例如，图书的ISBN号、期刊的ISSN号、索书号、专利号、标准号、报告号和合同号等。

综上所述，检索途径可分为描述文献内部特征的检索途径和描述文献外部特征的检索途径两种。文献内部特征检索途径可分为主题途径和分类途径等；文献外部特征检索途径可分为题名途径、作者途径、引文途径和序号途径等。

四、检索技术

检索技术主要用来构建不同作用的检索式，以达到用户对检索结果的控制，从而满足检索结果的查全与查准的不同要求。它主要包括布尔逻辑检索、位置算符检索、字段限定检索和截词检索。其中布尔逻辑检索与字段限定检索应用最为广泛，截词检索在外文文献检索中应用较多。

（一）布尔逻辑检索

布尔逻辑检索（Boolean Search）是用布尔逻辑运算符将检索词、短语或代码进行逻辑组配，指定文献的命中条件和组配次序，凡符合逻辑组配所规定条件的为命中文献，否则为非命中文献。它是机检系统中最常用的一种检索方法。布尔逻辑算符主要有"与"、"或"、"非"。假设有两个检索项A和B，它们的各种逻辑组配关系如图1-3所示，图中阴影部分即为命中的文献。

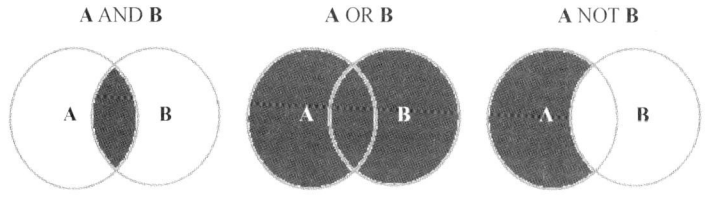

图1-3　布尔逻辑检索示意图

1. 逻辑与　逻辑与也称为逻辑乘，用"AND"或"*"表示，可用来表示其所连接的两个检索项的交叉部分。若两个检索词以AND（或*）相连，表示要检索同时包含两词的文献。因此，用逻辑与检索将缩小检索范围，见图1-3。例如，检索2011—2012年"肾功能衰竭并发症"方面的文献，检索式为：肾功能衰竭*并发症或肾功能衰竭AND并发症，然后将检索结果限定在2011—2012年。

2. 逻辑或　逻辑或也称为逻辑加，用"OR"或"+"表示，可用来连接并列关系的检索词。两个检索词以OR（或+）相连，表示要检索含有两词之一或者同时包含两词的文献。用逻辑或检索可扩大检索范围，见图1-3。例如，检索"婴儿患甲肝或者乙肝"方面的文献，检索式为：（甲肝＋乙肝）*婴儿或者（甲肝OR乙肝）AND婴儿，检索结果指包含患有甲肝疾病的婴儿或患有乙肝疾病的婴儿或者同时包含患有甲肝、乙肝疾病的婴儿方面的文献。

3. 逻辑非　逻辑非，用"NOT"或"－"表示，可用于连接排除关系的检索词，即排除不需要的和影响检索结果的概念。这种组配可以缩小检索范围，见图1-3。在含有检索词A的文献集合中，排除同时含有检索词B的文献，可表示为"A NOT B"或"A－B"。例如，查找"动物的乙肝病毒（不要人的）"文献的检索式为：hepatitis B virus（乙肝病毒）not human（人类）。

（二）位置算符检索

位置算符检索（Proximate Search）也称为邻近算符检索，是用一些特定的算符来表达检索词与检索词之间的邻近关系。

1. With　用于表示同时出现在同一文献一个字段的两个词，且两词之间的顺序不能颠倒。用With连接检索词A和检索词B，检索式为"A With B"，表示检索词A和检索词B不仅要同时出现在一条记录中，还要同时出现在一个字段里的文献才是命中文献。例如，drug（药物）With abuse（滥用），检索出的是同一个字段中同时出现这两个词的记录。

2. Near　用于表示不仅要同时出现在一条记录的同一字段里，还必须在同一个子字段（一句话）里的两个词，两词之间的顺序可以颠倒。用Near连接检索词A和检索词B，检索式为"A Near B"。表示检索词A和检索词B不仅要同时出现在一条记录中，还要同时出现在一句话里的文献才是命中文献（也可说成是两个词之间没有句号的文献）。例如，drug（药物）Near abuse（滥用），检索出的是同一句话中同时出现这两个词的记录。

另外，用near♯连接检索词A和检索词B，其中"♯"代表一个常数，检索式为"A near ♯ B"，表示检索词A和检索词B之间有0～♯个单词的文献（A和B在同一记录、同一字段的同一句话里）。在near后加一个数字，指定两个词的邻近程度，且不论语序。例如，information（信息检索）near2 retrieval（检索），表示检索词information和retrieval同时出现在一个句子中，且这两个检索词之间的单词数不超过两个的那些文献为命中文献。

3. 逻辑运算次序　在一个检索式中，可以同时使用多个逻辑运算符，构成一个复合逻辑检索式。复合逻辑检索式中，运算优先级别从高至低依次是not、and、near、with、or（不同检索系统顺序会略有不同），可以使用括号改变运算次序。例如，针对检索式（A or B）and C，系统将先运算（A or B），再运算and C。

检索中布尔逻辑算符使用是最频繁的，布尔逻辑算符使用的技巧决定检索结果的满意程度。用布尔逻辑表达检索要求，除要掌握检索课题的相关因素外，还应在布尔算符对检索结果的影响方面加以注意。另外，对同一个布尔逻辑提问式来说，不同的运算次序会有不同的检索结果。

（三）字段限定检索

字段限定检索（Field Limiting）是指限定在数据库记录中的一个或几个字段范围内查找检索词的一种检索方法。在检索系统中，数据库设置的可供检索的字段通常分为表示文献内容特征的字段和表示文献外部特征的字段两大类。内容特征的字段主要包括题名、关键词、主题词等；外部特征的字段主要包括作者、文献类型、语种、出版年等，每个字段都有用2个字母表示的字段标识符，常用的有标题（TI）、文摘（AB）、作者（AU）、语种（LA）、刊名（JN）、文献类型（DT）、年代（PY）等。有些标识符在不同的数据库系统有不同的表达形式和使用规则。

（四）截词检索

截词检索（Truncation）是指用给定的词干做检索词，查找含有该词干的全部检索词的记录，也称词干检索或字符屏蔽检索。它可以起到扩大检索范围、提高查全率、减少检索词的输入量、节省检索时间、降低检索费用等作用。检索时，若遇到名词的单复数形式，词的不同拼写法，词的前缀或后缀变化时，均可采用此方法。截词检索的方式有多种，按截断部位可分为右截断、左截断、中间截断、复合截断等；按截断长度可以分为有限截断和无限截断。

1. 右截断　截去某个词的尾部，是词的前方一致比较，也称前方一致检索。例如：输入geolog?（?为截断符号），将会把含有geological、geologic、geologist、geologize、geology等词的记录检索出来。若输入PY=199?，会把90年代的记录全部查出来。

2. 左截断　截去某个词的前部，是词的后方一致比较，也称后方一致检索。例如：输入?magnetic能够检出含有magnetic、electromagnetic、paramagnetic、thermo-magnetic等词的记录。

3. 中间截断　截去某个词的中间部分，是词的两边一致比较，也称两边一致检索。例如：

输入 organi?ation 可以检出 organization、organisation；输入 f??t 可查出 foot、feet。

4. 复合截断　是指同时采用两种以上的截断方式。例如?chemi? 可以检出 chemical、chemist、chemistry、electrochemistry、electrochemical、physicochemical、thermochemistry 等。

5. 有限截断　是指允许截去有限个字符。例如"acid?"表示截去一个字符，它可检出 acid、acids，但不能检出 acidic、acidicity、acidity 等词。又如 comput??? 可检出 compute、computer、computers、computing 等词，不能检出 computable、computation、computerize 等词。注意：词干后面连续的数个问号是截词符，表示允许截去字符的个数。

6. 无限截断　是指允许截去的字符数量不限，也称开放式截断。上面右截断、左截断所举的例子均属此类型。

由上述可见，任何一种截词检索，都隐含着布尔逻辑检索的"或"运算。采用截词检索时，既要灵活，又要谨慎，截词的部位要适当，如果截得太短（输入的字符不得少于 3 个），将增加检索噪声，影响查准率。另外，不同的检索系统使用的截词符不同，所支持的截断类型也可能有所不同。例如，PubMed 使用 " * "，中国生物医学文献数据库（CBM）用 "?" 作为单字通配符，"%" 作为任意通配符。

五、检索步骤

文献检索是一项实践性很强的活动，它要求用户善于思考，并通过经常性的实践，逐步掌握文献检索的规律，从而迅速、准确地获得所需文献。一般来说，文献检索可分为以下几大步骤。

（一）分析研究课题，明确检索需求

当用户需要研究和查找的课题确定之后，首先要将该课题的内容实质与所涉及的学科范围及其相互之间的关系进行周密的分析研究，明确课题所需文献的内容及性质，明确其学科或专业范围等。在此基础上形成检索的主题概念，明确课题主要解决什么问题，需要什么性质和内容的文献，并根据检索目的确定检索范围（包括学科范围、文献类型范围、时间范围等）。最后分析哪些是已知的检索线索，了解和掌握有关学科的专家学者以及研究机构等目前的有关课题，为检索提供充分而有利的条件。

（二）选择检索工具或检索系统

在现代检索条件下，常用的检索手段主要包括：手工检索（效率最低）、联机检索（花费高昂）、光盘检索（检索范围受限）和网络检索（缺乏系统有序化），每种检索手段都有各自的优缺点。选择检索手段时，一方面取决于用户或所在单位已有的检索条件、相关的资源，同时还将受到课题研究目的和要求等课题因素的影响。

当选择检索工具或检索系统时，要在充分利用检索手段的优势并进行课题分析的基础上，基于对检索工具的认知，选择最能帮助用户直接达到检索目标的检索工具。一般来说，选择检索工具的原则主要包括：①收录的文献信息需覆盖检索课题的主题内容；②就近原则，方便查阅；③检索工具尽可能质量较高、收录文献信息量大、报道及时、索引齐全、使用方便；④检索工具的记录来源、文献类型、语种等尽量满足检索课题的要求；⑤根据熟悉检索工具的程度。

（三）确定检索途径

大多数检索工具都能提供几种主要的检索途径，如分类、主题词、作者、刊名和关键词等。用户可根据课题要求和已掌握的信息来决定选择何种检索途径，输入检索词。检索词就是文献加工的标引词，也是在文献检索过程中所使用的"钥匙词"。它必须在课题分析的基础上提取出来，并尽可能地全部拟出。确定检索词时，首先选择与检索意图最为切合的词作为检索词，再根据检索结果需要调整检索词，直至找出满意文献为止。

(四)制订检索策略

检索策略(Search Strategy)是指在分析检索课题的基础上,选择检索的数据库、确定检索词,并弄清检索词之间的逻辑关系和查找步骤的科学安排。检索式(即检索用词与各运算符组配而成的表达式)仅仅是狭义上的检索策略。

制订检索式的前提条件是要了解信息检索系统的基本性能,基础是要明确检索课题的内容要求和检索目的,关键是要正确选择检索词和合理使用逻辑组配。

1. 产生误检的原因 一词多义的检索词的使用;检索词与英美人的姓名、地址名称、期刊名称相同;不严格的位置算符的运用;检索式中没有使用逻辑非运算;截词运算不恰当;逻辑运算符号前后未空格;括号使用不正确;从错误的组号中打印检索结果;检索式中检索概念太少等。

2. 产生漏检的原因或检索结果为零的原因 没有使用足够的同义词和近义词或隐含概念;位置算符用得过严、过多;逻辑"与"用得太多;后缀代码限制得太严;检索工具选择不恰当;截词运算不恰当;单词拼写错误、文档号错误、组号错误、括号不匹配等。

3. 提高查准率的方法 使用下位概念检索;将检索词的检索范围限在篇名、叙词和文摘字段;使用逻辑"与"或逻辑"非";运用限制选择功能;实施进阶检索或高级检索等。

4. 提高查全率的方法 选择全字段检索;减少对文献外表特征的限定;使用逻辑"或";利用截词检索;使用检索词的上位概念进行检索;进入更合适的数据库查找等。

(五)选择检索方法

1. 常用法 常用法又称直接法,是指直接利用检索工具(系统)检索文献信息的方法,这是文献检索中最常用的一种方法。它分为顺查法、倒查法和抽查法三种。

(1) 顺查法:顺查法指以检索课题的起始年代为起点,按照时间的顺序,由远及近地利用检索系统进行文献信息检索的方法。这种方法能收集到某一课题的系统文献,它适用于较大课题的文献检索。例如,已知某课题的起始年代,现在需要了解其发展的全过程,就可以用顺查法从最初的年代开始,逐渐向近期查找。优点是漏检、误检率低,但劳动量较大。

(2) 倒查法:倒查法是由近及远,从新到旧,逆着时间的顺序利用检索工具进行文献信息检索的方法。此法的重点是放在近期文献,只需查到基本满足需要时为止。使用这种方法可以最快地获得新资料,而且近期的资料总是既概括了前期的成果,又反映了最新水平和动向,可用于新课题立项前的调研。这种方法劳动量较小,但是容易造成漏检。

(3) 抽查法:抽查法是针对检索课题的特点,选择有关该课题的文献信息最可能出现或最多出现的时间段,利用检索工具进行重点检索的方法。它适合于检索某一领域研究高潮很明显的、某一学科的发展阶段很清晰的、某一事物出现频率在某一阶段很突出的课题。这是一种花费较少时间能查得较多有效文献的检索方法。

2. 追溯法 是指不利用一般的检索系统,而是利用文献后面所列的参考文献,逐一追查原文(被引用文献),然后再从这些原文后所列的参考文献目录逐一扩大文献信息范围,一环扣一环地追查下去的方法。它可以像滚雪球一样,依据文献间的引用关系,获得更好的检索结果。其缺点是查找出来的文献越来越旧。

3. 综合法 又称分段法或循环法,是将常用法与追溯法交替使用的一种方法。既利用检索工具检索文献,又利用文献后面的参考文献进行文献追溯,以期取长补短,相互配合,获得更好的检索结果。

(六)索取原始文献

如果获得的检索结果只有文献的题录和摘要,没有全文,还需进一步去获取原始文献。在尽可能完整地记录文献线索的基础上,可以通过以下六种途径获取原文:通过图书馆馆藏查找原文;通过数据库获取全文;通过馆际互借获取原文;查找原文收藏单位,再联系借阅或复制；根据作者及单位名称和地址，向作者索取；向出版机构购买。

六、检索效果的评价

检索效果（Retrieval Effectiveness）是指检索系统检索的有效程度，它反映了检索系统的能力。衡量检索效果有两个主要指标，即查全率（Recall Ratio）和查准率（Precision Ratio），分别用字母 R 和 P 表示，它们是评价检索效果好坏的主要因素，也是检索系统文献标引的重要评价指标。

（一）查全率

查全率也称为命中率、召回率，是衡量某一检索系统从文献集合中检出相关文献成功度的一项指标，即检出的相关文献与全部相关文献的百分比。普遍表示为：查全率＝（检索出的相关信息量/系统中的相关信息总量）×100%。

（二）查准率

查准率也称为相关率、检索精度，是衡量某一检索系统的信号噪声比的一种指标，即检出的相关文献与检出的全部文献的百分比。普遍表示为：查准率＝（检索出的相关信息量/检索出的信息总量）×100%。

对于一个检索系统来说，查全率与查准率是相互矛盾的两个指标，往往不能两全其美，查全率高时，查准率低；查准率高时，查全率低。使用泛指性较强的检索语言（如上位类、上位主题词）能提高查全率，但查准率下降。

第三节　文献数据库基础知识

一、文献数据库的概念

文献数据库（Literature Database）是指计算机可读的、有组织的相关文献信息的集合。它起源于二次文献编辑出版的计算机化。20 世纪 60 年代初，各文摘社为克服因信息爆炸带来的困难，纷纷引进了先进的计算机技术，将经过整理、加工的文献信息输入到计算机中，由计算机进行编辑和排版，输出后排版印刷成文摘刊物和各种索引。同时，将保留在计算机中的机读文献信息，作为二次文献编辑出版的副产品，发展成为文献数据库。早期的文献数据库有 1964 年正式对外发行的美国国立医学图书馆的医学文献分析与检索系统、美国化学文摘社的《化学文摘数据库》等。在文献数据库中，文献信息不是以传统的文字形式存在，而是将文字用二进制编码的方式表示，按一定的数据结构，有组织地存储在计算机中，从而使计算机能够识别和处理。

二、文献数据库的结构

数据库（Database）通常由若干个文档组成，每个文档又由若干条记录组成，每条记录则包含若干个字段。

（一）字段

一条记录通常由一些数据项组成，这些组成记录的数据项称为字段（Field）。字段是构成文献数据库的最基本单位。例如：一篇期刊论文的记录主要包括篇名、作者、作者单位、来源、文摘、主题词等字段。每一字段通常由两个字母所组成的标识符表示，通常包含某一专题信息。例如：TI（题名）、Au（著者）、SO（文献的出处）、AB（文摘）、AD（著者所在的机构）、AN（记录顺序号）等。当然，不同数据库中字段的标识符可能会存在着差别。

（二）记录

记录（Record）是构成数据库的基本单元，数据库的每条记录都描述了原始信息的外部特征与内容特征。如一般数据库的记录通常是描述一篇文献的题录、文摘、主题词等特征。

(三) 文档

文档（File）是数据库中某个学科或专题文献记录的有序集合。数据库里数以万计的记录通常被划分为若干文档。文档中的每篇文献是一条记录，而篇名、作者、刊名、摘要、主题词等外部和内部特征就是一个个字段。数据库可以由一个或多个文档构成。按编排结构和功能，文档可分为顺排文档和倒排文档两类。一般来说，顺排文档是描述文献内容特征和外部特征的集合，以文献记录作为信息存储单元，是按记录入藏的存取号从小到大的顺序排列而成的目录式文档；倒排文档则是以顺排文档中抽取出来的文献特征标志作为信息存储单元，按某种顺序排列，在每一个标志后面注明相应的文献记录存取号而构成。

三、文献数据库的类型

数据库类型的划分可采用的标准有多种。按存储内容性质可分为以下五种数据库。

(一) 书目型数据库

书目型数据库（Bibliographic Database）系统检索的对象为目录、题录、文摘等二次文献，又称为二次文献数据库。它主要为检索者提供文献出处，检索结果是文献的线索而非原文，是科研人员检索相关文献的常用工具。如 MEDLINE、中国生物医学文献数据库（CBM）等。

(二) 数值型数据库

数值型数据库（Numeric Database）主要提供数值型信息，包括各种统计数据、科学实验数据、科学测量数据等。医学上各种药品的化学成分、临床检验的各种参数值等，均可从数值数据库中查询。例如：化学物质毒性数据库 RTECS（Registry of Toxic Effects of Chemical Substances）由美国国立医学图书馆编制，包含有 10 万多种物质的急、慢性毒力试验的数据信息供用户使用。

(三) 事实型数据库

事实型数据库（Fact Database）又称指南型数据库或指示型数据库，是用于存储有关人物、机构、课题研究动态等一般事实性资料信息的数据库。电子版词典、百科全书、年鉴、手册、名人录、机构指南、产品目录、科研成果目录、研发或开发项目目录及大事记等，均可收录为事实型数据库。例如，美国的 MEDLARS 系统的医生咨询数据库（PDQ 数据库），它为医生们提供了有关癌症治疗和临床实验最新研究进展的内容，包括肿瘤的类型、预后、各种治疗方案，以及从事肿瘤治疗方案研究的医生和保健机构的名称等。

(四) 全文型数据库

全文型数据库（Full Text Database）是存储文献全文或其中主要部分原始文献的数据库，主要为检索者提供文献原文服务。最早的全文数据库是有关法律条文方面的，目前很多领域都出现了全文数据库，例如 CNKI（中国知网）。很多数据库均提供全文服务。全文数据库集文献检索和全文提供于一体，实现了"一站式"信息传递服务。

(五) 超文本型数据库

超文本型数据库（Hypertext Database）存储声音、图像和文字等多媒体信息。如美国的蛋白质结构数据库 PDB，可用于检索和查看蛋白质大分子的三维结构等。

四、文献数据库的选择与评价

(一) 文献数据库的选择

文献数据库众多，其选择主要取决于用户的检索目的与需求。文献数据库选择原则请参见本章第二节。此外，还需根据以下两种检索目的进行选择：

1. 基于查全目的　围绕某个主题的全面检索通常是文献检索的主要内容，如科研选题、规划和开发决策、文献综述写作等。为了达到以上要求，需要对以往的文献有较全面的了解，防止不必要的漏检。任何一个文献库都不可能囊括所有的文献，实际上将一些不可靠的文献摒弃，反而会节省时间，故应选择该学科领域可信度高、收集文献较全的数据库。必要时可综合使用多个检索工具或数据库，有助于达到检索目的，满足文献需求。

2. 基于查准目的　若想对某一专题相关知识进行了解，如一些数据、名词、事实的查询，信息服务部门所藏期刊、书目等的查询，期刊影响因子的查询，文献被引用情况查询，或是在实际工作学习中遇到一些专业问题的解决等，通常利用的是事实型和数值型数据库，如：字（词）典、指南、手册、百科全书、教科书、各种图表库等。

（二）文献数据库的评价

文献数据库之间差异很大，各自的适应对象、检索规则、收录范围（学科、年份）等都不尽相同。学会及时、客观地进行评价，可以为正确地选择数据库做好充分的准备。评价文献数据库需要考虑的因素有很多，主要包括：①收录的内容准确无误。数据库中收录的信息与实际情况应该是无差错的。②收录的广度与深度。在围绕主题的基础上收录内容注意广度和深度适宜，不应有较严重的缺漏。③来源权威可信。文献数据库的信息来源应具有权威性，值得信赖。④更新速度与规律。文献数据库中的信息要根据客观情况的变化及时有规律地做出更新，保持数据库旺盛生命力。⑤检索功能。文献数据库应提供高效能的检索途径，界面友好、导航清晰。⑥系统稳定性。文献数据库的软硬件以及网络通信应可靠稳定，能为用户提供全天候的检索服务。

小　结

本章介绍了医学文献检索课的意义、定位与如何学好医学文献检索课，还介绍了文献检索的基本知识、文献的分类与作用、文献检索的概念、文献检索语言与途径、文献检索技术与检索步骤、文献检索效果评价等内容。以上内容是学习医学文献检索课的基础知识。因此，要全面进行了解和掌握。同时，应把学习重点放在文献检索语言、检索途径、检索技术与检索策略的制订等方面，因为在后面各种数据库的学习中，经常要用到这些方法和技术。

练习题

1. 考核大学生信息素质能力的指标有哪些？
2. 什么是信息能力？信息能力由哪几种能力所构成？
3. 简述信息、知识、情报、文献的概念及其相互关系。
4. 简述文献的级别与相关关系。
5. 简述检索策略构建流程。
6. 简述常用的文献检索技术。
7. 依据本书相关章节，欲检索某一主题中文期刊论文方面的文献应选择什么数据库？（查全）
8. 依据本书相关章节，欲知道某一提取成分的药理活性方面的信息应选择什么数据库？（查准）
9. 简要叙述文献数据库的类型及特点。

第二章 图书文献检索

图书文献是最基本的文献类型，也是图书馆馆藏的主要组成部分。随着人们阅读方式与阅读习惯的改变，电子图书越来越凸显出其特有的优势。如何在数以十万、百万计的书海中快速查找到所需的图书，是用户查找文献时经常遇到的一个问题。因此，掌握纸本图书及电子图书的检索方法，已成为获取信息资源与积累知识的重要一环。

第一节 OPAC 系统查询

OPAC（Online Public Access Catalogue，联机公共检索目录）是一种通过联机书目检索实现图书馆书目信息资源共享的现代化检索系统。OPAC 将不同载体、不同类型的本地资源与远程资源整合于一体，通过因特网对图书馆馆藏资源、书目数据进行查询，是利用图书馆资源的切入点，具有检索方式灵活、用户界面友好、服务方式多样的特点。

一、使用单一图书馆馆藏目录

在网络环境下，每个图书馆都有自己特有的馆藏目录和查询系统。馆藏目录反映了特定图书馆的文献入藏情况，能够揭示和查询图书馆的文献资源，是连接图书馆与用户的桥梁。OPAC 系统是图书馆自动化管理集成系统中的一个重要组成部分，因其集成系统的不同，其系统平台、用户界面也各不相同，但其实现的功能基本相同，主要体现为以下几个方面。

（一）本馆馆藏信息查询

馆藏信息一般包括文献的书目信息、馆藏的流通状态（在馆、借出或被预约等）、已借出图书的应还日期、馆藏复本情况、随书光盘信息、期刊馆藏信息（订购状态、最新到馆卷期等）、馆藏文献位置等。

查询馆藏信息是 OPAC 系统最基本的功能。不同的 OPAC 系统提供的检索途径和检索方式不尽相同，一般分为简单检索和高级检索两种方式。

简单检索即选择单一字段进行检索。不同 OPAC 系统提供的检索字段有所不同，但基本包括了题名、作者、主题词、关键词、分类号、索书号、出版年、出版者、标准书号等。有的 OPAC 系统还可以选择不同的检索模式，以对检索词的匹配程度加以限制，如前方一致、后方一致、精确匹配、模糊匹配等。

高级检索支持布尔逻辑组配等复杂检索功能，对多个相同或不同字段的检索词进行逻辑"与（AND）"、"或（OR）"、"非（NOT）"的组配，从而使检索更精确、更灵活。有的 OPAC 系统的高级检索功能只提供逻辑"与（AND）"的组配方式，一般称为组合检索。

除了进行字段检索外，OPAC 系统还可以对检索范围进行限制，如对作品语种、出版年、文献类型等加以限制，进一步缩小检索范围，提高检索的精确度。有的 OPAC 系统还提供了分类浏览功能，按照图书分类法逐级浏览各学科的馆藏资源，方便用户了解某一学科或者专题的文献。例如点击"R 医药、卫生"的子类目"R4 临床医学"，就可以查看图书馆收藏所有临床医学方面的图书，并可以点击下位类目进行更精细的浏览。

第二章 图书文献检索

（二）个人图书馆——我的图书馆

本馆注册用户登录 OPAC 系统后，可以查询到自己的借阅权限、已借书刊的还回日期以及续借或预约图书的相关信息，进行续借、预约和取消预约的操作，还可以向图书馆推荐采购图书等。

（三）新书推荐与介绍

OPAC 系统根据本馆馆藏更新情况向用户通报最近到馆的新书目录。

（四）随书光盘管理系统

随着科技的进步，文献载体形式呈现多样化态势，随书附盘形式的文献资源越来越丰富。随书光盘通常与图书共同流通或者作为图书复本加工后流通，光盘具有易损坏、易丢失、时效性强的特点，传统的借阅流通方式往往满足不了用户的需求，因此，OPAC 系统中的光盘管理系统尤为重要。

由于很多 OPAC 系统采用了云管理的模式，利用网络与提供光盘加工存储服务的数据库厂商合作，当用户在 OPAC 系统中检索到带有光盘的图书，这些加工、存储在本地服务器中的光盘资源便可以直接浏览与下载，省时省力，便于管理维护。

（五）其他功能

提供借阅排行、书评等情况的统计查询，方便读者了解借阅。

二、使用联合目录

联合目录一般是某个较大的机构与某一类相近或有共性的图书馆联合形成的统一检索界面的目录，能够反映多个文献收藏单位所藏文献情况。按地域范围可分为国际性的、国家性的和地区性的联合目录；按文献类型可分为图书联合目录、期刊联合目录等；按收录文献的内容范围可分为综合性的、专科性的联合目录。联合目录能扩大用户检索和利用文献的范围，也便于图书馆藏书协调、馆际互借和实现图书馆资源的共建与共享。

（一）CALIS 联合目录公共检索系统

中国高等教育文献保障系统（China Academic Library Information System，简称 CALIS）联合目录数据库建设始于 1997 年，目前联合目录数据库已经积累了书目记录 560 余万条，按照语种划分，可分为中文、西文、日文、俄文四个数据库。CALIS OPAC 系统中的数据涵盖了印刷型图书、连续出版物和古籍等多种文献类型，书目内容丰富，囊括各学科领域。

用户通过网址 http://opac.calis.edu.cn，进入 CALLS 联合目录公共检索系统主页，见图 2-1。

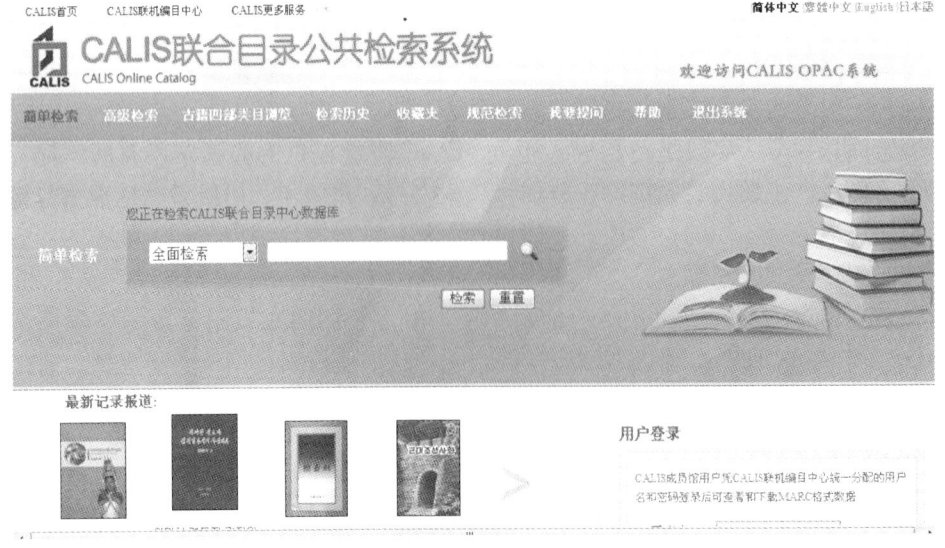

图 2-1 CALIS 联合目录公共检索系统主页

CALIS 联合目录公共检索系统提供简单检索与高级检索两种检索途径，检索限定字段对比如表 2-1 所示。此外，CALIS 联合目录公共检索系统的高级检索途径还提供内容特征、语种、出版时间、资源类型四种限定性检索，用以缩小检索范围，精确检索结果。

表 2-1　CALIS OPAC 简单检索与高级检索检索字段对比表

检索方式	检索字段
简单检索	全面检索、题名、责任者、主题、分类号、所有标准号码、ISBN、ISSN
高级检索	全面检索、题名、责任者、责任者模糊、主题、出版者、出版地、期刊题名、从编题名、统一题名、个人责任者、团体责任者、会议名称、分类号、所有标准号码、ISBN、ISSN、ISRC、记录控制号

用户在检索框中输入检索词即可运行检索。在检索结果中，选择要查询的文献题名，可以查看详细的书目信息及馆藏信息。根据馆藏信息可选择方便的图书馆通过馆际互借方式获取所需文献。

CALIS 联合目录公共检索系统能够提供古籍类目浏览，按照经、史、子、集四部分别提供树形列表浏览。此外，CALIS 联合目录公共检索系统还有许多辅助服务，如保留用户检索历史、对有权限的用户提供保存检索式与记录列表的收藏夹服务、检索结果的分库显示及排序功能，并提供多种显示与输出格式。

（二）国家图书馆联机公共目录查询系统

国家图书馆编辑全国书刊联合目录始于 1929 年，先后主持编制了《中国国家书目》《民国时期总书目》和《中国古籍善本书目》等 30 余种书目，建立起我国的中文图书书本式目录体系。20 世纪 90 年代，随着计算机技术与网络技术的迅猛发展，国家图书馆联合国内多家图书馆完成的《中国国家书目回溯数据库（1949—1987）》和《中国国家书目数据库（1988 年至今）》构成一个规模最大、覆盖面最广的中国国家书目数据库。1997 年成立的全国图书馆联合编目中心，在全国范围内组织和管理图书馆联机联合编目工作，共享书目资源。2011 年，中心开始向所有成员馆免费提供书目数据服务，积极推动信息资源共建共享。

用户通过网址 http://opac.nlc.gov.cn，进入国家图书馆联机公共目录查询系统主页，见图 2-2。

图 2-2　国家图书馆联机公共目录查询系统主页

该系统提供 ID 登录和匿名登录两种方式,默认的为匿名登录方式,即直接进行检索且仅限于使用检索功能。国家图书馆联机公共目录查询系统基本检索途径提供的限定字段及检索限制见表 2-2。

表 2-2　国家图书馆联机公共目录查询系统基本检索

检索方式	检索字段	检索限制
基本检索	所有字段、正题名、其他题名、著者、主题词、中国分类号、论文专业、论文研究方向、论文学位授予单位、论文学位授予时间、出版地、出版者、丛编、索取号、ISSN、ISBN、ISRC、条码号、系统号	语言、开始年份、结束年份、资料类型、分馆

国家图书馆联机公共目录查询系统提供多种高级检索途径,如多字段检索、多库检索、组合检索、通用命令语言检索,以及浏览与分类浏览两种浏览方式(表 2-3)。

表 2-3　国家图书馆联机公共目录查询系统高级检索

检索方式	概　述
多字段检索	同时检索多个词组,词组之间的逻辑关系是"AND"
多库检索	同时检索多个数据库,在选定的数据库中检索符合指定检索条件的一组记录
组合检索	使用多个关键词检索数据库,用下拉菜单指定检索字段,并定义检索模式,多个检索字段之间通过逻辑运算符"AND"处理
通用命令语言检索	可以在几个不同索引中检索关键词和标目,必须预先在系统中定义检索的词索引和目引的代码
浏览	基于来自书目记录或规范记录中的词或词组的字顺列表来检索查看记录
分类浏览	提供按《中图分类法》分类的图书馆馆藏书目浏览

检索结果页面可以按照著者、题名、年代分别组合排列,也可以选择封面视图、简洁视图等不同格式进行结果显示。此外,系统还特别提示了馆藏地与借出数,用户根据结果页面提示的相关信息,可以方便地借阅图书,获取文献信息资源。

三、使用 OCLC WorldCat 目录

OCLC(Online Computer Library Center)联机计算机图书馆中心是一个非营利的图书馆服务和研究组织,其宗旨是在加强公众对世界上各种信息检索的同时减少成本。WorldCat 联合书目数据库是由 OCLC 组织、全世界上万家图书馆共同参加的全球联合编目数据库,创建于 1971 年,是目前世界上最大的书目数据库。WorldCat 展现了世界图书馆的"集体馆藏",它由图书馆馆员倾力构建并借助个人、地区和国家计划实现扩充和增强。

WorldCat 联合书目数据库的记录每天更新,平均每 10 秒就有一个图书馆增加一条新纪录到 Worldcat 数据库。目前,WorldCat 包括 7000 多万种图书和其他资料的书目,以及这些资料的 13 亿多个馆藏地点。其资料类型包括图书、Web 站点和因特网资源、计算机程序、胶卷和幻灯片、期刊和杂志、文章、章节和论文、手稿、地图、乐谱、报纸、录音带、录像带等。

用户通过网址 http://www.oclc.org/worldcat.en.html,进入 WorldCat 主页,见图 2-3。

图 2-3　OCLC Worldcat 联合书目检索系统主页

WorldCat 提供基本检索（Search）与高级检索（Advanced Search）两种检索途径。高级检索的限定条件分为所有词组（All these words）、精确匹配（With the exact phrase）、匹配任一词组（With any of the words）、不含该词组（Without the words）。用户在检索结果（Search Results）页面中点击题名，可以查看该文献的详细信息，并提供打印、下载等服务。

四、有效查找图书信息应注意的问题

信息技术的不断进步促进了 OPAC 系统的发展，用户界面人性化、检索方式简易化的发展趋势使得用户查找图书更为便捷。由于不同的 OPAC 检索系统，其检索界面、检索方式、检索技巧不同，因此在查找图书的过程中除了要注意这些区别外，还需注意以下两个问题。

1. 注意使用规范化的检索词　应选择规范化、专业化的检索词进行检索，避免使用口语化或者存在歧义的检索词。外文检索词可以参照《医学主题词表》（MeSH）等权威性的主题词表进行选择。

2. 灵活选用检索限定条件　不同的 OPAC 系统一般都提供有相应的检索限定条件，如出版年代、文献来源等，尤其是高级检索途径。用户通过对不同限定条件的正确使用，可以达到对检索结果进行快速筛选的目的，达到事半功倍的效果。

第二节　电子图书检索

电子图书（Electronic book，E-book）又称数字图书，是随着电子出版、因特网以及现代通信电子技术的发展应运而生的一种图书出版形式。电子图书可以分为两类：一类是直接利用数字技术编辑出版，并以网络或光盘形式发行；另一类是将现有的印刷版图书进行数字化扫描加工而成。与传统的印刷型图书相比，电子图书具有存储信息量大、检索功能强、下载传输方便等优点。电子图书通常由所在机构向数据库商购买后方可使用。

一、中文电子图书

案例 2-1 某同学需要准备主题为"心血管疾病药物治疗"的小组讨论资料,在查阅了图书馆纸本图书之后,想进一步查阅更多的电子图书,请利用图书馆订购的电子图书数据库帮助查找。

(一)读秀学术搜索

1. **选取理由** 本案例选择利用读秀学术搜索(http://www.duxiu.com)图书频道进行检索。读秀学术搜索后台是一个海量全文数据及元数据组成的超大型数据库,它能够为读者提供260万种图书、6亿页全文资料等一系列海量学术资源检索及使用。同时,通过读秀学术搜索,还能一站式检索馆藏纸质图书、电子图书、期刊等各种资源,几乎囊括了图书馆内的所有信息源,是查找和获取各种类型学术文献资料的一站式平台。

2. **功能特色** 读秀学术搜索提供图书馆已购买图书的在线阅读服务、部分图书的原文试读服务以及参考咨询服务,是一个学术搜索引擎与文献资料服务平台,用户可以通过简单检索、高级检索、专业检索和分类导航等途径检索图书。图2-4为读秀学术搜索主页面,选择"图书"频道,可通过相应的检索方式检索图书。表2-4列出了读秀学术搜索的图书检索方式。

图 2-4 读秀学术搜索主页面

表 2-4 读秀学术搜索图书检索方式

检索方式	检索说明
简单检索	在检索框内输入检索词,该检索词可以定位到全部字段、书名、作者以及主题词等,点击"中文搜索"检索
高级检索	点击检索框右侧的"高级检索"进入高级检索界面,可以对书名、作者、主题词、出版社、ISBN、分类、中图分类号、年代、搜索结果显示条数等进行限定,输入检索词后点击"高级检索"搜索
专业检索	点击检索框右侧的"专业检索"进入专业检索界面,可根据页面下方的检索规则构建检索式进行检索
分类导航	点击检索框右侧"分类导航"进入分类导航界面。读秀将图书按中国图书分类法分成哲学、宗教、军事、经济、文学、艺术、生物科学、医药、卫生等22大类及古籍类,每类又分成若干小类,点击相应类别,可显示该类别的所有图书,从中浏览查找

图书频道的检索结果页面主要由三个区构成。在左侧导航区可以通过限定年代、学科、作者等缩小检索范围;在中间列表区可查找与检索词相关的所有图书信息,包括图书的封面图片、书名、作者、页数、出版日期、简介等;在右侧拓展区域可以扩大检索的范围,查找相关知识、词条、期刊等信息。

3. 检索技巧

技巧1 "在结果中搜索"功能的使用：针对案例2-1，当选择图书频道并输入检索词"心血管疾病"后，点选"书名"字段，点击"中文搜索"，检索结果页面将列出书名中含有"心血管疾病"的各种图书，用户按年代、学科、作者等条件对结果进行过滤的同时，在页面上方检索框输入检索词"药物治疗"后，使用"在结果中搜索"功能运行二次检索，可更加准确地定位所需图书。

技巧2 使用多个检索词运行检索：各检索词之间用一个空格隔开，系统默认的是逻辑"与"关系。在案例2-1中，选择图书频道，使用简单检索途径，点选"题名"字段，输入检索式"心血管疾病药物治疗"后，将找出书名中包含"心血管疾病"及"药物治疗"的全部图书。

技巧3 正确理解"全部字段"的限定范围：当选择"全部字段"进行检索时，系统将在书名、作者、主题词、出版社、ISBN等全部字段中运行检索，检出的结果不如"书名"、"作者"等单一字段检索精确，专指性强。

技巧4 注意利用同义词、近义词和上、下位词等不断调整检索的结果：当对检索结果不满意时，可通过采用相关的同义词、近义词或上、下位词等方式扩大或缩小检索的范围，直至满意为止。在案例2-1中，为了扩大检索结果覆盖范围，可以调整检索词为"心血管"及"药物治疗"。

4. 数据库使用过程中应注意的问题

1. **首次使用需下载并安装超星阅览器** 对于读秀学术搜索提供的所有电子书，只有安装了超星阅览器后方可进行阅读。因此，首次使用前用户需下载超星阅览器，双击安装程序后，按安装向导提示完成安装即可。

2. **需选用合适的图书获取方式** 当点击图书封面或者书名，用户除了可查看图书的详细信息，如封面、书名、作者、页数、ISBN号、中图法分类号、丛书名、原书定价、网络书店定价以及书评等内容外，还可查看获取方式及图书馆借阅等信息。用户可结合所在馆订购情况选择相应的图书获取方式。表2-5列出了系统提供的各类图书获取方式说明。

3. **注册用户不受图书加密的限制** 由于利用读秀学术搜索下载的图书都做了加密处理，因此，匿名用户下载的电子书只支持当前电脑使用，电脑重装系统或更换电脑后将无法阅读。而对于注册用户，登录后下载的电子书既可以在本机使用，也可以在其他联网的电脑上使用，用户阅读电子图书时只需使用与下载图书时相同的账号登录即可。

表 2-5 读秀学术搜索获取图书方式

图书获取方式	获取方式说明
馆藏纸本	可以到本校图书馆借阅纸本图书
包库全文	本单位购买了电子版的图书，用户可以查阅图书电子全文
图书下载	点击下载，进行保存，可获得图书电子版
阅读部分	可以试读图书的书名页、版权页、目录页、正文部分页等
图书馆文献传递	需要读者填写、提交咨询申请表单，咨询馆员将把所咨询的文献资料发送至用户邮箱。每本图书单次咨询不超过50页，同一图书每周咨询量不得超过全书的20%，所咨询内容的有效期为20天，20天内只允许打开20次
文献互助	填写所需图书信息，到读秀社区寻求帮助

（二）超星汇雅电子图书

超星汇雅电子图书数据库（http://www.sslibrary.com/）包含中图法22大类100多万种数字图书，涉及哲学、宗教、社会科学总论、经典理论、经济学、自然科学总论、生物科学、医药、卫生、计算机等各个学科。现有生物科学、医药及卫生类图书64 000余种。

超星汇雅电子图书有超星主站和镜像站点两种访问平台。主站提供了两种阅读方式：IE阅读和超星阅览器（SSReader）阅读；镜像站用户必须先下载并安装超星阅览器后才能进行阅读或将馆藏图书下载到本地计算机上进行离线阅读。超星图书阅览器可从超星汇雅电子图书网站和其镜像站点免费下载。用户可以通过快速检索、高级检索、分类浏览的途径来检索图书。

（三）书生之家数字图书馆

书生之家数字图书馆由北京书生公司创办，主要提供 1999 年以来中国内地出版的图书电子版全文。书生之家电子图书涉及社会科学、自然科学、人文科学和工程技术等类别，现有电子图书近 100 万种，其中医学类图书 5 万余种，图书总量每年增加 6 万种。

书生之家数字图书馆的访问方式有两种：远程包库及本地镜像方式，用户可根据自身需求和资源拥有情况选择不同方式进行访问。第三代书生之家数字图书馆可进行用户间的信息"提交"、"获取"、"交换"及实时咨询，实现用户之间、用户和图书馆馆员之间的多维和实时沟通。阅读书生之家电子图书全文之前，需在书生之家数字图书馆主页下载并安装书生阅读器。用户可以通过一般检索、分类检索、图书全文搜索、组合检索、高级全文检索的途径来检索图书。

（四）方正阿帕比数字图书馆

方正阿帕比（Apabi）数字图书馆是北大方正电子有限公司开发的数字图书系统。Apabi 是五个英文单词的首字母，意指：以因特网（Internet）为纽带，将作者（Author）、出版商（Publisher）、分销商（Artery）、购买者（Buyer）有机联系起来的系统解决方案。方正阿帕比数字图书馆收录了高等教育出版社、清华大学出版社、北京大学出版社、电子工业出版社、人民邮电出版社、上海科学技术出版社等全国数百家出版社出版的最新中文图书，内容涉及社会学、哲学、宗教、历史、经济管理、文学、数学、化学、地理、生物、医学、工程、机械等多种学科。该库电子图书基本上与出版社的纸质图书同时出版，每年新出版电子书超过 12 万种，现累计电子书近 70 万种，其中医药卫生类图书近 3 万种。

方正电子图书全文的专用阅读软件是方正 Apabi 阅读器，用户可以在方正 Apabi 数字图书馆主页下载、安装。下载到本地的电子书一般有效期为 2 周，2 周后电子书自动失效，需要续借或到 Apabi 数字图书馆中重新下载。可以通过分类检索、快速查询、高级检索、二次检索的途径来检索图书。

二、外文电子图书

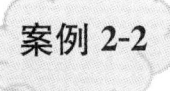

某教授要编写一本 RANi 方面的图书，需要了解国外 RNAi 相关的图书情况及一些图书的编写结构，请利用外文电子图书数据库帮助其查找 RNAi 相关图书。

（一）SpringerLink 电子图书

1. 选取理由　施普林格出版集团是世界著名的科技出版集团，通过 SpringerLink（http://link.springer.com/）系统提供学术期刊及电子图书的在线服务。2004 年底，Springer 与 Kluwer Academic Publisher 合并，原 Kluwer 出版集团出版的电子期刊合并至该平台。现在，SpringerLink 数据库提供包括原 Springer 和原 Kluwer 出版的全文期刊、图书、科技丛书和参考书的在线服务。2012 年 11 月上线的全新 SpringerLink 平台中的期刊及图书等所有资源划分为 24 个学科：建筑和设计、天文学、生物医学、商业与管理、化学、计算机科学、地球科学与地理、经济学、教育与语言、能源学、工程学、环境科学、食品科学与营养、法律、生命科学、材料学、数学、医学、哲学、物理学、心理学、公共卫生、社会科学、统计学。SpringerLink 已成为面向全球科研服务最大的在线全文期刊数据库和电子图书数据库之一，现有医学及相关图书近 5 万种。

2. 功能特色

（1）整洁，简单，易于导航的主界面：主界面分为三个部分：搜索区、浏览区、根据个人资料提供的相关推送内容。图 2-5 为 SpringerLink 新平台主页面。

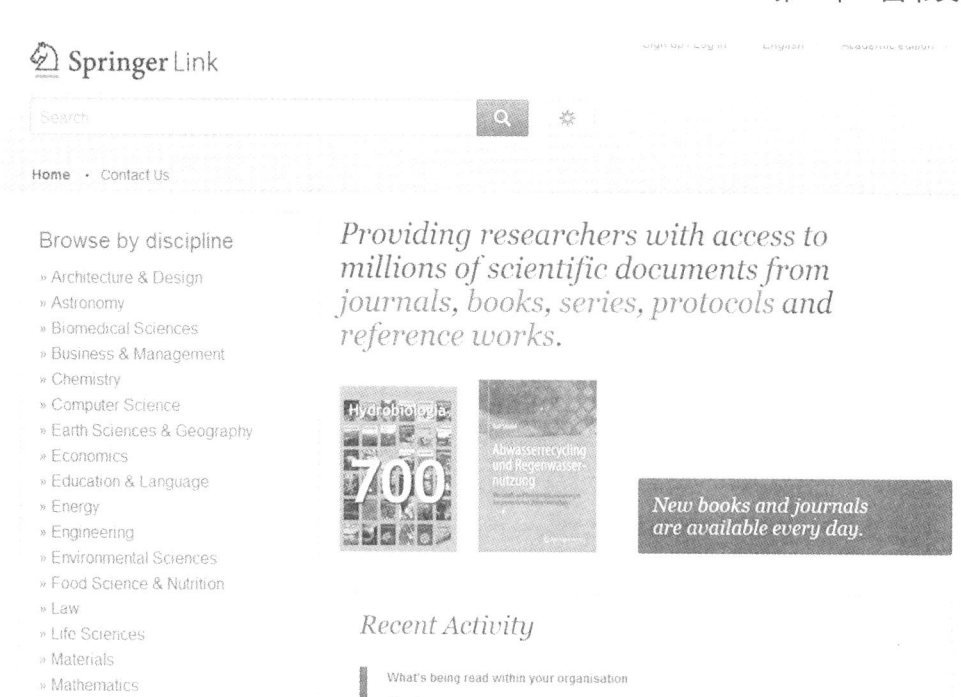

图 2-5　SpringerLink 新平台主页面

（2）Google 化：以 Google 关键字数据为准，搜索时自动建议关键词。

（3）优化移动阅读：标题和菜单的响应式设计允许在桌面计算机、平板计算机或手机上进行最佳浏览和展现且不会失去任何基本功能。

（4）提供可识别用户和匿名用户登录两种方式：如果匿名登录，"活动"（Activity）将显示为橙色，如果以机构名义登录，"活动"（Activity）将显示为粉红色。当用户在可识别的 IP 范围内登录 SpringerLink 时，系统自动地将其识别为该机构的一部分。用户在 SpringerLink 注册后，可在任何地点访问个人收藏页面。

（5）提供简单检索、高级检索和浏览三种检索方式：表 2-6 列出了 SpringerLink 不同检索方式。

表 2-6　SpringerLink 检索方式

检索方式	检索说明
简单检索 Search	类似于"Google"的搜索，系统会在用户输入检索词的过程中不断提供建议的检索词。如果想查找某一主题的文献，不知道出版物的任何信息，就可以采用这种检索的方式
高级检索 Advanced Search	单击主页简单检索框后面的"Open Search Options"图标，选择"Advanced Search"进入高级检索页面。在一个或多个提问框中键入检索词，对检索范围进行限定，多个检索条件之间为逻辑"与"关系；取消"Include Preview-Only Content"可将检索限定在本机构访问权限内搜索
浏览 Browse	在主页左侧的学科导航框中，点击某个学科，系统将指引用户进入该学科图书页面；在学科导航框的下方，系统又提供了按资源内容类型浏览的方式，主要包括期刊文章（Articles）、图书章节（Chapters）、参考文献（Reference Work Entries）和实验室指南（Protocols）等

3. 检索技巧

技巧 1　利用检索结果页面左侧"Refine Your Search"栏目中的过滤选项可进一步优化检索结果：主要包括 Content Type（内容类型）、Discipline（学科）、Subdiscipline（子学科）、

Published In(出版于…)、Language(语言)、Author(作者)等。针对案例2-2,首先在SpringerLink的简单检索框中输入"RNAi",点击搜索图标,在返回的结果页面左侧"Refine Your Search"栏目中的Content Type(内容类型)下再点选"Book"链接,系统会显示有关"RNAi"的电子图书。检索结果页面上方显示了检索命中条数。系统默认情况下,检索结果按相关性排序。用户也可以选择按时间顺序由新到旧或由旧到新进行排序。如若查找某位作者撰写的有关"RNAi"的图书,可采用高级检索方式查找。

技巧2 利用图书主页内的"Search within this book"功能可实现在本书各章节内进行检索:点击某图书书名链接,进入图书主页(图2-6),提供了出版年限、图书标题、图书子标题、作者、ISBN、图书章节列表、关于本书等信息。在图书章节页面(图2-7),提供了内容查看(预览)、摘要、导出文献、相关内容、补充材料、参考文献、关于本章节等信息。用户可以在本页面利用"Download"功能进行下载操作。

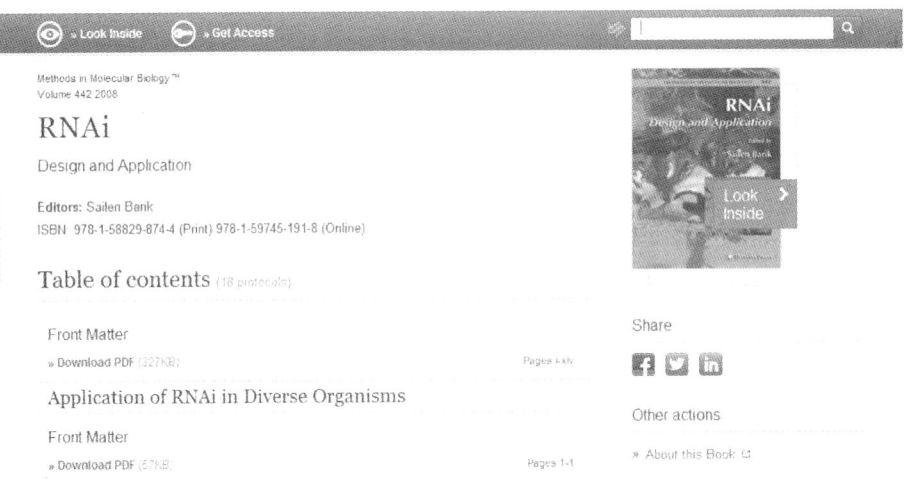

图2-6　SpringerLink图书主页面

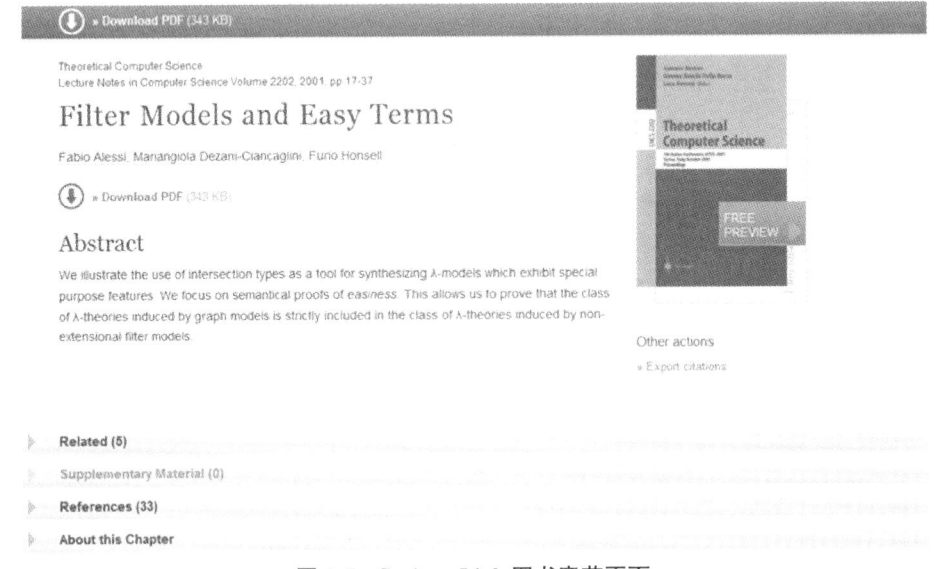

图2-7　SpringerLink图书章节页面

技巧3 注重检索技术的灵活使用:SpringerLink既允许基于单个词或词组的检索,也允许采用多个检索词进行布尔逻辑算符的组配检索,并可用优先级算符"()"设定逻辑运算的先后顺序。词组检索需使用引号" ";截词检索,以通配符"﹡"代替一个字符串,用于检索词词尾,涵盖了该检索词所有时态和单、复数形式。

4. 数据库使用过程中应注意的问题

1. 无阅读或下载全文权限的内容页面展现形式有所不同 在检索结果界面中，用户所在机构没有权限浏览的图书条目将会以黄色背景显示，并在每个项目前端有一个黄色锁标记，无下载链接，只出现免费预览链接（Look Inside）以及"获得章节全文权限"的链接。

2. 使用 PDF 软件阅读全文 由于 SpringerLink 提供的期刊文章、电子图书都是 PDF 格式，因此，需要安装 PDF 阅览器后才能进行阅读。

（二）Ovid 电子图书

1. 选取理由 美国 Ovid 公司（Ovid Technologies INC.）隶属于全球五大出版集团之一的荷兰威科（Wolters Kluwer）集团旗下的健康出版事业集团，是世界著名的数据库提供商之一。目前有包括人文、科技等多领域数据库 300 余个，绝大部分数据库是在 OvidSP 平台（http://ovidsp.ovid.com/）上为用户提供服务，提供电子期刊全文、二次文献、电子图书等多种类型。用户进入数据库后，系统首先显示的是数据库选择界面，选择 Books 即可进入 Ovid 图书主页，在线提供了 4000 余种医学及相关电子图书。

2. 功能特色 OvidSP 平台检索界面直观，检索途径较多，检索结果显示、输出方式灵活多样，可链接多种（网络、数据库及馆藏）资源，主要包括 PDF 及 HTML 两种格式的全文。它提供的个性化服务功能，既可以为用户提供个人空间，用于研究项目的管理，还可以让用户根据需要设置保存检索式、自动文献传递及最新期刊目次通报等功能。主要的检索方法有：基本检索（Basic Search）、字段限定检索（Search Fields）、高级检索（Advanced Search）和多字段检索（Multi-Field Search）。图 2-8 为 Ovid 图书检索页面，表 2-7 列出了 Ovid 图书检索方式。

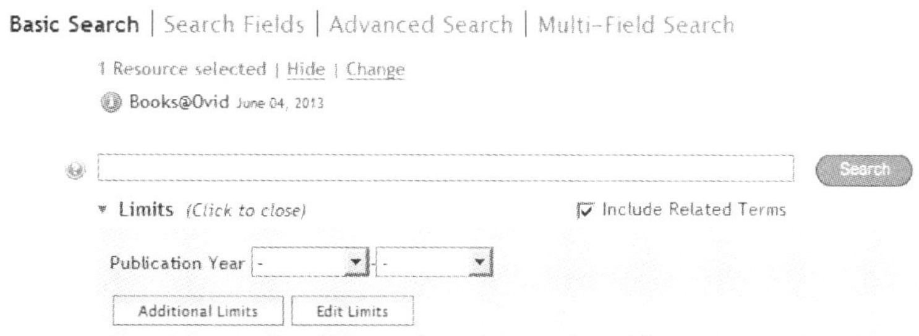

图 2-8 Ovid 图书检索页面

表 2-7 Ovid 图书检索方式

检索方式	检索说明
基本检索 Basic Search	提供自然语言检索。利用此方法检索时，可以不必考虑检索语言和语法规则，输入检索词或提问语句，系统会自动分析检索语句，在选择包含相关检索词后，系统将所输入的检索词的各种词形加以搜集并检索，常用缩写自动转换为全称。检索时应尽量使用名词来表达检索语义，以提高检索效率
字段限定检索 Search Fields	系统提供 27 个限定字段，包括题名、作者、ISBN、作者关键词、语言、出版社等。使用此项功能时，先在输入框内输入检索词，然后选择所要单个或多个限定的字段。选择多个字段时，字段间是"or"关系，表示检索词出现在任一字段即命中记录
高级检索 Advanced Search	提供关键词（Keyword）、作者（Author）、篇名关键词（Title）、书名（Book Name）、自然语言（Natural Language Search）五个字段的检索。可使用"\$"或"*"进行截词检索。作者字段检索要求采用姓在前、名在后（用首字母即可）的拼写方式。使用自然语言的检索词或句子进行检索，系统会自动分析检索语句，在选择包含相关检索词后，可将所输入的检索词的各种词形搜集并检索
多字段限定检索 Multi-Field Search	系统提供三个检索词输入框，如果需要输入多个检索词，也可通过点击"＋Add New Row"增加检索词输入框。检索之间可用"AND"、"OR"、"NOT"进行逻辑组配，每个检索词后的限定字段可在 27 个字段中任意选择

3. 检索技巧

技巧1 可应用 AND、OR、NOT 等布尔逻辑运算符，增加检索结果的准确性。

技巧2 善于采用"$"进行截词检索（truncation）：其中无限截词通常用于查找词干相同、词尾拼写不同的词，例如输入"disease$"，可查出 disease、diseases、diseased 等词；而有限截词通常用于查找在词干后可接受最大数量字符的词，例如"dog$1"，将只找出 dog、dogs，但是不会找出 dogma 等词。

技巧3 检索结果排序与显示：检索结果页面左侧显示了本次检出的所有文献信息，系统默认按照相关度排序。检索结果显示方式包括 Title、Citation、Abstract 三种。点击检索结果右侧 Full Text，可显示 HTML 格式的全文。

三、有效查找电子图书应注意的问题

1. 注意选择恰当的检索词　如果用户只确立了要查找的主题，而无确定的书名、作者等信息，就需要先根据自己的研究需要确定检索词，同时尽量使用主题词表中的规范词进行检索。

2. 注意使用二次检索和高级检索功能　检索结果过于宽泛时，在结果中进行二次检索可对检索结果进行再过滤。当需要更加准确地定位所需文献时可以使用高级检索。高级检索是一种简单易用的向导式检索方式，它克服了简单检索检索结果不精确且花费时间的不足，达到事半功倍的效果。

3. 注意阅览器的下载和使用　不同的电子图书数据库打开图书的方式不同，需要在本机下载相对应的阅览器。阅览器通常提供有页面的放大缩小、文字识别复制、图书打印、书内全文查询、书签等功能。

小　结

本章介绍了单一图书馆 OPAC 系统的功能和使用方法，介绍了三种中、外文联合目录查询系统的检索方式，并针对电子图书的特点，结合案例介绍了读秀学术搜索、超星汇雅电子图书、书生之家电子图书等中文电子图书数据库以及 SpringerLink 与 Ovid 两种外文电子图书数据库的功能特色、检索技巧及检索中应注意的问题。

练习题

1. 在本校图书馆 OPAC 系统中检索 2012 年出版的"人体解剖学"方面的纸本图书。
2. 分别使用 CALIS 和国家图书馆联合目录查询同一检索词的图书文献，比较书目信息和馆藏信息的区别。
3. 利用读秀学术搜索，检索王一镗主编的《现代临床急诊医学》。
4. 利用读秀学术搜索检索《病原生物学与医学免疫学》，并使用文献传递功能获取"免疫系统"相关章节。
5. 利用 SpringLink 检索 Cardiovascular System 主题英文电子图书。
6. 利用 SpringLink 检索由 Iqbal Shergill 等编著的《Surgical Emergencies in Clinical Practice》。
7. 利用 Ovid@Book 数据库查找临床麻醉学方面的英文图书。

第三章 文摘型医学期刊文献检索

> 医学期刊论文是医学科研工作的即时总结,它有助于研究者将自己取得的成果提高到理性认识水平,是医学科研工作者、从业者之间交流经验、分享发现的重要方式。而文摘型的医学期刊文献数据库因其全面地收集、整理了医学及相关学科的期刊论文,具有内容丰富、报道及时、检索方便、信息质量好等特点,因此是有效、全面检索医学文献不可或缺的重要工具。

第一节 主要中文文摘型医学期刊文献检索——SinoMed

案例 3-1 某医院肿瘤研究中心教授为其课题做准备,欲查找在肺癌治疗方面的研究进展情况,特别是近5年吉非替尼这种药物在治疗肺癌疾病方面的研究;研读在肺癌方面研究颇有建树的某单位某教授所发表过的文章;查看期刊《中国肺癌杂志》上所发表的吉非替尼治疗肺癌方面的相关文章。

一、使用中国生物医学文献服务系统

(一)选取理由

中国生物医学文献服务系统(SinoMed)由中国医学科学院医学信息研究所/图书馆开发研制。它整合了中国生物医学文献数据库(CBM)、中国医学科普文献数据库、北京协和医学院博硕学位论文库、西文生物医学文献数据库(WBM)、日文生物医学文献数据库等多种资源,是集检索、免费获取、个性化定题服务、全文传递服务于一体的生物医学中外文文献整合服务系统。其中的中国生物医学文献数据库(CBM)收录了1978年以来1600余种中国生物医学期刊,以及汇编、会议论文的文献题录;中国医学科普文献数据库收录2000年以来国内出版的医学科普期刊近百种,文献总量8万余篇;北京协和医学院博硕学位论文库收录1981年以来协和医学院培养的博士、硕士研究生学位论文;西文生物医学文献数据库(WBM)收录目前世界各国出版的重要生物医学期刊文献题录1800余万篇。

SinoMed可实现跨库检索,即同一检索词或检索式在多个数据库中同时检索,包括快速检索、高级检索、主题检索、分类检索四种跨库检索途径。本节以中国生物医学文献数据库为例讲解其检索方法和使用技巧。

(二)CBM 编排特点

1. CBM 是目前收录国内生物医学期刊最全面的文摘题录型数据库 它涵盖了预防医学、基础医学、临床医学、药学、中医学及中药学等生物医学的各个领域。

2. 对收录的文献内容揭示规范、全面 由于 CBM 注重题录信息的深度加工和规范化处理,严格依据美国国立医学图书馆(National Library of Medicine,NLM)的《医学主题词表(Medical Subject Headings,MeSH)》(中译本)、中国中医科学院中医药信息研究所的《中国中医药学主题词表》以及《中国图书馆分类法·医学专业分类表》对收录文献进行主题标引和分类标引,从而使文献内容揭示更加全面、准确。

3. 具有智能检索、检索结果分析等功能 CBM 提供快速检索、高级检索、主题检索、

分类检索、期刊检索和作者检索六种检索途径，见图3-1，可自动实现检索词、检索词对应主题词及该主题词所含下位词同步检索的智能检索，且自动实现作者、出处、关键词、主题词、主题相关等知识点的快速链接。CBM支持对检索结果从年代、作者、作者单位、来源期刊、主要主题词、文献类型等多角度进行辅助分析。同时，提供多种原文获取方式，包括维普原文直接链接、免费全文直接下载、电子馆藏直接调用、原文传递服务系统进行原文索取等。

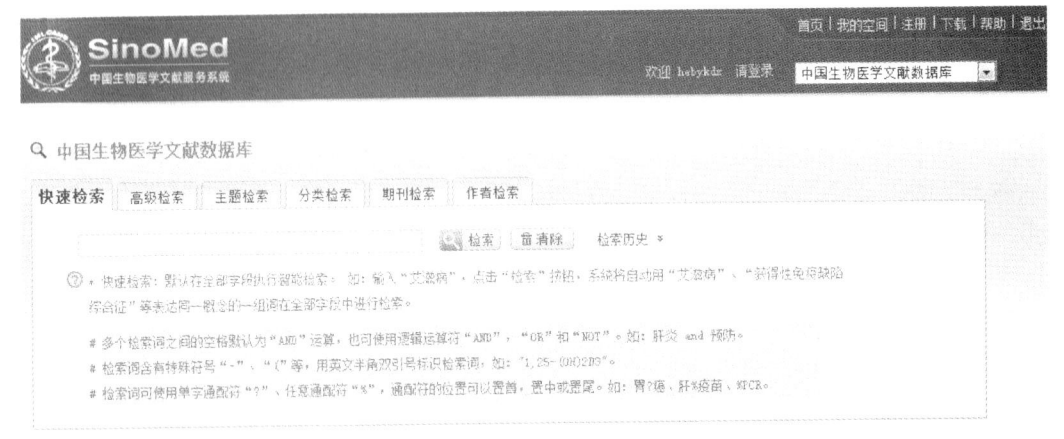

图3-1　CBM检索途径

（三）CBM功能特色

1. **主题检索**　主题检索是指利用规范化的主题词进行检索。在检索过程中，经常会遇到一个主题概念可以由很多词汇来表达的情况。例如，癌症同时可以用肿瘤、瘤、癌等词汇进行表达。若通过主题检索途径进行检索，便可方便地检索出含有肿瘤、瘤、癌等词汇的文献。另外，检索过程中，可通过主题树所提供检索词的上位类、下位类来确定自己所检索主题最专指的检索词。如查找妊娠期糖尿病预防与治疗方面的文献，若不能确定妊娠期糖尿病对应的主题词，可通过主题词糖尿病的主题树来查找其下位类主题词"糖尿病，妊娠"。

主题检索途径中，还可根据检索需要选择是否添加相应副主题词、是否加权、是否扩展检索等。

（1）副主题词：副主题词是对某一主题概念自然属性的限定性描述。在医学研究中，往往只涉及所研究主题的某个或某些方面，而不是该主题的所有方面。如在疾病研究中，会涉及该病的病因学、诊断、治疗、预防与控制等方面；在药物研究中，会涉及该药的副作用、生物合成、药理学等方面。因此，在检索过程中利用规范化的主题词组配相应的副主题词进行检索，既可提高检索的准确性，也可节省检索时间。

组配副主题词过程中可选择"扩展"或者"不扩展"。"扩展"是指对标有"（＋）"的副主题词及其下位副主题词同时进行检索；"不扩展"是指只对当前所选择的副主题词进行检索。系统默认情况下为"扩展"检索。

（2）加权检索：加权检索是指对增加了权重（加星号＊）的主题词进行检索。一篇期刊论文、会议论文、学位论文等所论述的不只某一方面问题，往往会涉及多个方面，因此在对文献等进行著录标引时对该文献的主要方面主题词加星号标注以示区别。加权检索便是对加星号标注过的主题词进行检索。系统默认情况下为非加权检索。

（3）扩展检索：扩展检索是指对当前主题词及其下位主题词进行检索。不扩展则仅对当前主题词进行检索。比如主题词冠心病，其下位主题词有冠状动脉瘤、冠状动脉疾病、冠状动脉血栓形成、冠状血管痉挛等。如若选择扩展检索，则同时对冠心病及冠状动脉瘤、冠状动脉疾病等主题词进行检索，通常会增加检出文献量。系统默认情况下为扩展检索。

2. 高级检索 CBM 中的高级检索提供了检索字段、智能检索、限定检索和检索历史等功能，见图 3-2。

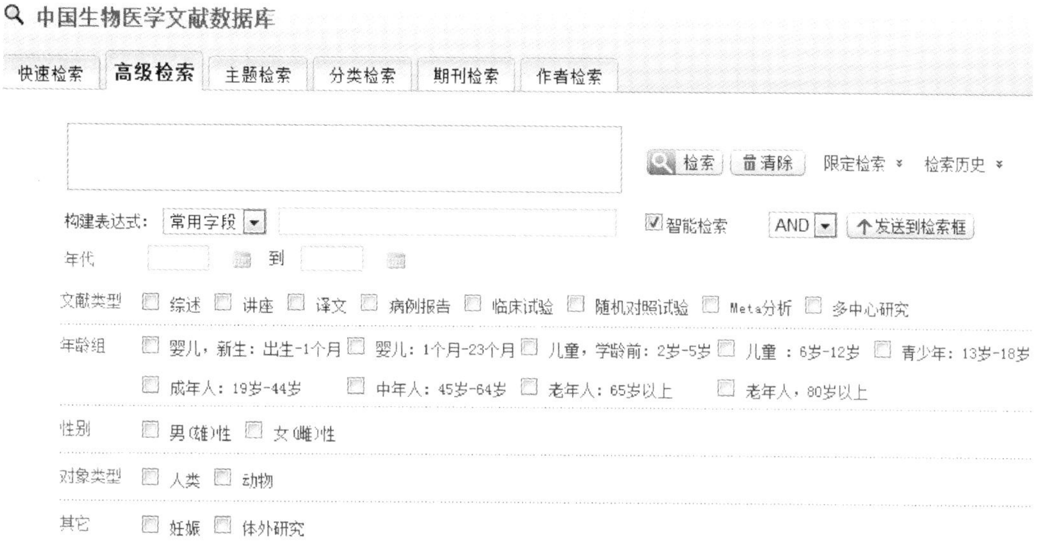

图 3-2 CBM 高级检索界面

（1）检索字段：高级检索中可选字段包括常用字段、全部字段、中文标题、英文标题、摘要、关键词、主题词、特征词、分类号、作者、第一作者、作者单位、国省市名、刊名、出版年、期、ISSN、基金。其中常用字段是中文标题、摘要、关键词、主题词的组合。

（2）智能检索：智能检索是自动实现检索词、检索词对应主题词、该主题词的其他款目词及下位词同步扩展检索。如输入检索词"脑中风"，系统会自动对"脑中风"、脑中风相应主题词"卒中"、卒中其他款目词"脑血管意外"、"脑血管中风"进行同时检索，以提高检索的查全率。

（3）限定检索：限定检索指对文献的发表年代、文献类型等文献的外在特征进行限定，以帮助检索者更加快速准确地找到所需文献。主要包括对年代范围、文献类型、年龄组、性别、对象类型的限定。限定检索时组内的逻辑关系为"or"，组间的逻辑关系为"and"。

（4）检索历史：检索历史中保存了每次检索的检索步骤，包括序号、检索表达式、检出文献量、时间及推送。通过检索历史可以清晰地分析自己的检索策略，调用以往的检索结果。同时，在检索历史中可根据需要对一条或者多条检索表达式进行"and"、"or"、"not"逻辑关系组配。

3. 结果显示与输出

（1）结果显示：CBM 自动对检索结果按全部文献、核心期刊文献、中华医学会期刊文献、循证文献进行分类，见图 3-3。同时，可按入库、年代、作者、期刊、相关度对所有文献进行排序，并给出三种显示方式：题录、文摘、详细。题录格式列出了标题、作者、作者单位、出处、相关链接；文摘格式列出了标题、流水号、作者、作者单位、摘要、出处、关键词、相关链接；详细格式列出了标题、流水号、分类号、英文标题、作者、作者单位、摘要、出处、ISSN、国内代码、关键词、主题词、特征词、相关链接。

（2）结果输出：检索结果输出支持保存、打印和 E-mail 三种输出方式。用户可根据需要选择输出范围：标记记录、全部记录（最多 500 条）、当前页记录，当然也可自行规定记录号。保存格式包括题录、文摘、详细、自定义四种，见图 3-3。

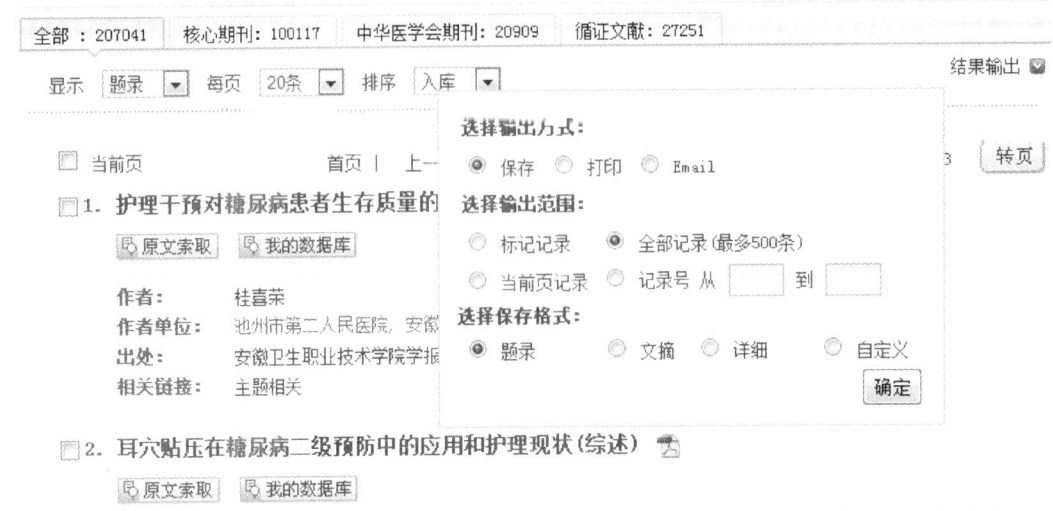

图 3-3　CBM 结果显示与输出

4. 结果分析与链接

（1）结果分析：CBM 提供强大的检索结果分析功能。用户可以从不同角度对所检索出来的文献进行分析，以了解该领域的主要研究人员、研究热点、学科发展轨迹和趋势、核心期刊等信息。例如，从疾病、诊疗技术及设备、生物科学、化学物质和药物、医疗保健、解剖学等方面可对文献进行主题分析；从内科学、基础医学、药学、临床医学、外科学、儿科学、神经病学与精神病学等学科可对文献进行学科分析；从期刊、作者、时间、地区等方面可对文献进行相应视角的揭示与分析。

（2）检索结果链接：CBM 为全方位满足在检索过程中的新发现、新需求，在检索结果中，添加了相关知识点的快速链接功能。主要包括作者链接，即检索该作者发表的文献；出处链接，即检索该出处（期刊）收录的所有文献；关键词链接，即对该关键词进行快速检索；主题词链接，即对该主题词进行主题检索；相关链接，即检出按内置算法判定的该文献的相关文献。

5. 原文获取　2004 年，CBM 通过与重庆维普资讯有限公司合作，实现了二次文献数据库与全文数据库的无缝链接。用户在 CBM 检索得出结果后，可通过题录后的"pdf"小图标获得全文文献；亦可通过 CBM 的"原文索取"功能获得所需文献。中国生物医学文献服务系统将在用户发出原文请求后 2 个工作日内，以电子邮件、普通信函、平信挂号、传真或特快专递方式提供所需原文。同时，也可在中国生物医学文献服务系统首页点击"原文索取"获得所需全文。

6. 定题检索　定题检索可方便用户根据保存的检索策略跟踪检索某一课题的最新文献。用户注册账号后，可进入"我的空间"，在此可以查看用户信息、已保存的策略、邮箱订阅、RSS 订阅及我的数据库。在检索历史中可保存检索策略，进行 E-mail 或 RSS 推送；在我的空间中可查看"我的检索策略"、"我的订阅"，并可以进行重新检索及最新文献检索。在检索结果的文献题名后点击"我的数据库"，可把文献信息保存到我的空间中"我的数据库"。

（四）CBM 检索方法

1. 分类检索途径　进入中国生物医学文献服务系统，选择 CBM，再选择分类检索。分类检索是从文献所属的学科角度出发进行检索。既可以从输入的类名或类号进行检索，也可以从分类导航进入检索。

（1）输入类名或类号进行检索：在类名检索入口输入"肺肿瘤"，点击查找，再选择肺肿瘤，进入肺肿瘤注释信息页面，在该页面可选择扩展检索、添加"治疗学、药物疗法化学疗法、中药疗法、中西医结合疗法、膳食营养疗法"五个复分号，点击"发送到检索框"，最后进行分类检索。

扩展检索是指对该分类号及其全部下位类号进行检索。不扩展则仅对该分类号检索。

复分组配检索是指检索词与系统自动给出的可与分类号组配的复分号进行组配检索。可不选择复分号,也可选择一个或多个复分号进行组配检索。

(2) 从分类导航逐级展开检索:分类导航将各学科按《中国图书馆分类法·医学专业分类表》进行分类标引。在分类导航中选择"肿瘤学"学科,选择其下一级类目"呼吸系肿瘤",在其下一级类目里选择"肺肿瘤",进入肺肿瘤注释信息页面,选择是否扩展或是否添加复分号进行检索。

2. 高级检索途径　进入中国生物医学文献服务系统,选择CBM,选择高级检索。通过分析检索要求,确定所需要检索的主题概念。本案例中的主题概念包括"肺癌"及"吉非替尼",且可以通过查找"综述"类文献了解课题的研究状况。

在构建表达式中选择常用字段,输入"肺癌",勾选智能检索,点击"发送到检索框",再输入"吉非替尼",勾选智能检索,布尔逻辑关系选择"AND",点击"发送到检索框";在限定条件中,年代选择"2008—2013",文献类型选择"综述",最后点击检索,得出2008年到2013年发表的在中文标题、摘要、关键词、主题词字段中既包含肺癌及其主题词、同义词又包含吉非替尼及其同义词的综述型文献。

3. 主题检索途径　进入中国生物医学文献服务系统,选择CBM,选择主题检索。在中文主题词检索入口输入"肺癌",查找肺癌的主题词,通过浏览款目词确定所需要的主题词"肺肿瘤",进入"肺肿瘤"主题词页面,浏览相关主题词注释信息,并分析主题树,查看肺肿瘤下位类目"癌,支气管原"、"癌,非小细胞肺"、"硬币病变,肺"等是否有所需要的更符合需求的主题词。本课题选择"肺肿瘤"作为主题词。

根据检索需要选择"加权检索"。查看与"肺肿瘤"可组配的与治疗相关的副主题词进行添加,选择"TH 治疗(+)",点击"扩展",点击添加,即可选择所有与治疗相关的副主题词,点击"发送到检索框",进行主题检索,见图3-4。

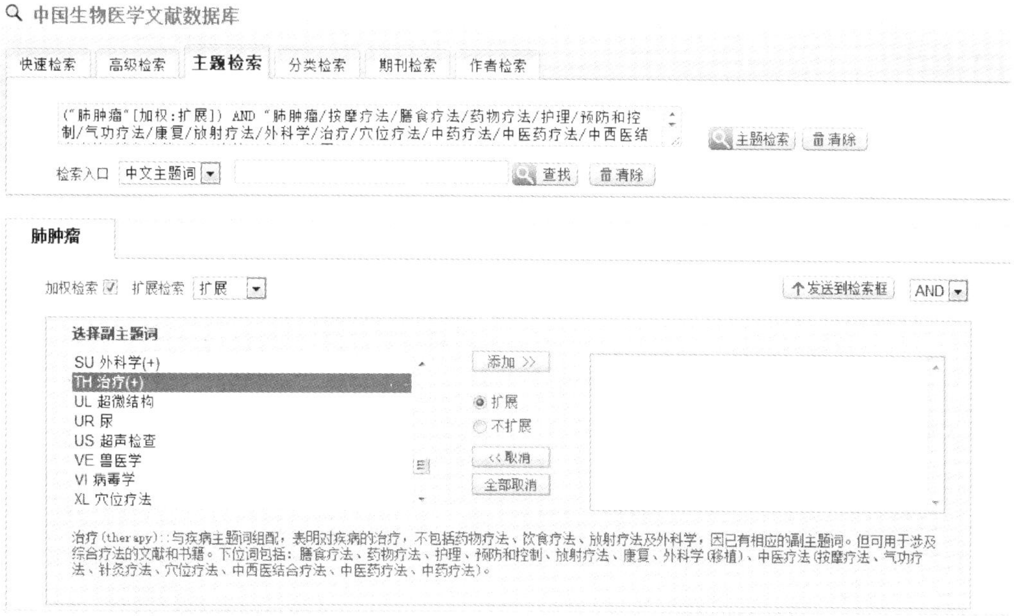

图 3-4　CBM 主题检索界面

4. 快速检索途径　进入中国生物医学文献服务系统,选择CBM,选择快速检索。在检索框中输入"肺癌",点击检索。通过详细检索表达式可知,检索系统在全字段中检索了"肺癌"、"肺肿瘤"、"肺部癌症"、"肺部肿瘤",并对肺癌相应的主题词"肺肿瘤"进行了主题检索。在检索结果页面的检索框中输入"吉非替尼",选中"二次检索",点击检索,进行二次检索,见图3-5。

第三章　文摘型医学期刊文献检索

图 3-5　CBM 快速检索界面

5. 作者检索途径　进入中国生物医学文献服务系统，选择 CBM，选择作者检索。在作者检索页面，输入作者某教授姓名，若为第一作者，则勾选"第一作者"，点击查找，可进行下一步操作，选择作者所在机构，通过选择单位进行查找。

6. 期刊检索途径　进入中国生物医学文献服务系统，选择 CBM，选择期刊检索。在期刊检索入口处选择"刊名"字段，输入"中国肺癌杂志"，点击查找，进入期刊《中国肺癌杂志》，可在此页面进行进一步操作。在本刊中检索框内输入"吉非替尼"，选中"含更名期刊"，选择"全部年"、"全部期"，点击浏览，则可查看在《中国肺癌杂志》期刊及其更名前的期刊中介绍吉非替尼药物在肺癌治疗方面的相关文章。

（五）检索技巧

技巧1　合理使用检索技术：CBM 支持逻辑组配检索、截词检索、强制检索。逻辑组配检索技术支持布尔逻辑运算符 AND（逻辑与）、OR（逻辑或）、NOT（逻辑非），逻辑运算符优先级顺序为：NOT＞AND＞OR，可通过括号来改变优先顺序。截词检索可通过"?"作为单字通配符，"%"作为任意通配符。强制检索指将检索词作为词组进行检索，可通过对检索词加半角双引号来实现。

技巧2　充分发挥主题检索中"英文主题词"的作用：中文主题词表是美国国立医学图书馆《医学主题词表（MeSH）》的中译本，有些翻译的中文主题词并不符合中文的表达习惯，所以一些中文主题概念，尤其是药物名称词汇，查找不到其主题词时，可通过其相应的英文主题词找到主题词表中对应的中文主题词。

技巧3　重视分类导航的使用：在分类检索中，如果选择输入类名或类号进入检索，如果类名不是系统所标引的名词，往往查询不出相符的文献，而非专业检索人员一般又不能确定具体类号，所以分类检索中，利用分类导航逐级类目查找所需文献是更好的选择。

技巧4　充分利用结果分析功能：在文献检索中，充分利用结果分析功能，可帮助进一步找到所需文献。例如在"肺癌"课题检索完成后，想了解在此方面研究比较深入、比较权威的专家有哪些，便可通过结果分析中的"作者分析"，了解所发表文献的作者分布情况。若想查看期刊《中国肺癌杂志》所发表的文献，可通过结果分析中的"期刊分析"功能进行查看。

技巧5 重视检索结果显示格式的变换：系统默认"题录"格式为检索结果的显示格式。当在大量的文献中找到了所需文献，并需要进一步查看文献摘要时，可选择"摘要"格式进行显示浏览。

（六）易犯错误

错误1 检索词选择不当、不全造成误检、漏检：表达生物医学基本概念的词或词组往往有多种形式，包括常用语、书面语、缩写等。例如艾滋病，同时可用"爱滋病"、"获得性免疫缺陷综合征"、"AIDS"表示，因此在检索时注意检索用词选择的全面性与准确性。

错误2 检索字段选择不当造成检索结果不符合实际检索需求：检索工具中检索字段包括常用、中文标题、英文标题、摘要、关键词、作者等。根据检索词的不同来选择相应的检索字段是检索出所需文献的前提。如若在标题字段中输入作者姓名，则检索不出所需文献。另外，也可通过对字段的调整来完善检索策略。若在标题字段中进行检索，检索结果较少，不能满足检索需求，可通过选择摘要字段或常用字段来增加检索结果数量。

错误3 限定条件设置不当影响检索结果：在检索中对年代、文献类型、年龄组等限定条件进行设置后，系统在随后的检索中会默认其存在。因此，在运行新的课题检索时，切记重新进行限定条件设置。

二、有效查找中文摘要型医学文献应注意的问题

1. 注意充分发挥智能检索的作用　在检索过程中，检索系统默认智能检索，智能检索可自动实现检索词及其同义词（含主题词）的同步扩展检索，可提高检索的查全率。

2. 注意主题检索与高级检索结合使用　CBM中的文献主题标引为人工标引，有一定滞后性，利用主题检索途径时往往查不到最新发表的文献。因此，在主题检索的同时进行高级检索，往往会提高检索结果的全面性。

3. 注意及时保存检索历史中的检索策略　检索历史中保存的检索策略，系统自动保存只有24小时。因此，对于自己较为满意的检索策略，可及时保存到"我的空间"中，方便及时跟踪了解所检索的内容及其更新。

4. 重视"含更名期刊"小功能的应用　在期刊中检索，选择"含更名期刊"，可检索出该期刊在更名前的文献。例如，在"北京大学学报·医学版"中检索，选择"含更名期刊"，可检出"北京大学学报·医学版"及其更名前"北京医科大学学报"、"北京医学院学报"三种期刊的文献。

第二节　主要外文文摘型医学期刊文献检索——PubMed

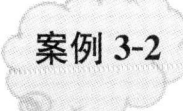

案例3-2　某教授的研究领域为肝肿瘤中细胞因子的相关作用，近期其在科研小组中安排新入科学生对肝细胞癌与血管内皮生长因子（VEGFs）、p53基因（p53 gene）关系进行深入了解，请帮助进行相关文献的检索。

一、选取理由

PubMed（http://www.ncbi.nlm.nih.gov/pubmed）是美国国立医学图书馆（NLM）的国家生物技术信息中心（National Center for Biotechnology Information，NCBI）开发的用于检索MEDLINE、In Process Citations等数据库的网上检索系统，是NCBI Entrez系统的数据库之一，自1997年6月起面向网上用户免费开放。PubMed中的文献记录来自于MEDLINE、生命科学期刊和在线图书等，收录范围覆盖生物医学、健康、行为科学、化学、生物工程等多个领域，具有收录广泛、更新速度快、检索系统完备等特点。作为文摘型的检索系统，PubMed除提供所有文献的题录信息外，部分文献记录还提供了摘要、全文链接图标等信息。

PubMed 中的记录主要来自下列三个数据子集。

1. MEDLINE MEDLINE 收录 1946 年以来的文献记录，文献量超过 1900 万条，覆盖生命科学的各个领域。每条记录均进行了 MeSH 标引，并带有［PubMed-indexed for MEDLINE］标识。Old MEDLINE 数据收录 1946—1965 年之间的 Cumulative Index Medicus (CIM) 中的题录和 Current List of Medical Literature (CLML)，约有 200 多万条数据。该部分数据没有文摘，每条数据带有［PubMed-OLDMEDLINE］标识。

2. In Process Citations In Process Citations 主要收录期刊出版商所提供的，未经过标引的引文记录。该记录具有基本的引文数据和摘要，带有［PubMed-in process］标识。In Process Citations 数据每天更新，每周会把加工过的数据加入到 MEDLINE 库中，同时从 In Process Citations 中删除。

3. Publisher Supplied Citations Publisher Supplied Citations 数据来自于数据出版商，属于 MEDLINE 收录范围的记录会被转入到 In process 中，带有［PubMed-in process］的标识；不属于 MEDLINE 收录范围，但保留在 PubMed 数据库中，带有［PubMed-as supplied by publisher］的标识。另外，出版商会先于印刷版文献向 PubMed 系统提供电子版文献题录，该类记录通常带有［Epub ahead of print］标识。

二、功能特色

（一）自动词语匹配（Automatic Term Mapping）

指未经标引的检索词可以在系统中实现词语的自动匹配和转换。输入检索词后，系统依次在 MeSH 转换表、刊名转换表、作者转换表、作者索引等转换表中依次进行自动搜索对比。当匹配到合适的结果后，即停止继续搜索。自动词语匹配功能可以将不规范的检索词转换成相对应的 MeSH 主题词，并自动完成对转换后的 MeSH 主题词进行扩展检索，同时对输入的各个检索词进行自由词检索。

1. 检索词为多个，系统会把多个词作为完整的检索词进行匹配，如果没有匹配到合适的结果，系统会自动拆分所输入的检索词，直到匹配出合适的检索词为止。如输入检索词"liver cancer gene therapy"，系统经过匹配转换后，会分解出"liver cancer"和"gene therapy"两个检索词。

2. 匹配出的各具有实际概念的检索词会分别进行［MeSH Terms］、［All Fields］等字段的检索，每个实际概念的检索词之间用逻辑"与"（AND）组配。如分解出的两个检索词"liver cancer"、"gene therapy"分别进行检索后，检索结果进行逻辑"与"的组配，见图 3-6。

```
Translations:
gene         "genetic therapy"[MeSH Terms] OR ("genetic"[All Fields] AND "therapy"[All Fields]) OR "genetic therapy"[All Fields] OR
therapy      ("gene"[All Fields] AND "therapy"[All Fields]) OR "gene therapy"[All Fields]
liver        "liver neoplasms"[MeSH Terms] OR ("liver"[All Fields] AND "neoplasms"[All Fields]) OR "liver neoplasms"[All Fields] OR
cancer       ("liver"[All Fields] AND "cancer"[All Fields]) OR "liver cancer"[All Fields]
```

图 3-6 PubMed 自动词语匹配功能

3. 每个实际概念的检索词除了进行［MeSH Terms］检索外，这个检索词本身还会进行［All Fields］检索，其检索结果之间用逻辑"或"（OR）组配。如检索词"liver cancer"系统进行如下的翻译并检索：（"liver neoplasms"［MeSH Terms］OR（"liver"［All Fields］AND "neoplasms"［All Fields］）OR "liver neoplasms"［All Fields］OR（"liver"［All Fields］AND "cancer"［All Fields］）OR "liver cancer"［All Fields］）

在 PubMed 检索系统中使用自动词语匹配功能后，系统自动匹配的结果及过程可以在屏幕右侧的"Search Details"中查看，并根据实际检索需要重新调整检索词。

（二）短语检索功能（Phrase Searching）

短语检索也叫强制检索，当开启该功能后系统将关闭自动词语匹配功能。许多词组可以通过自动词语匹配功能进行检索，但当输入的检索词不能匹配到相应的结果，系统会按照自动词语匹配原理把词组拆分，然后每个检索词之间用逻辑"与"（AND）进行组配，有时这样的检索方式会造成检索结果不准确。如果不希望对检索词进行拆分，可以开启短语检索功能，即可以把所输入的检索词作为整体进行检索。

方法有四种：使用双引号，如"kidney allograft"；在检索词后面使用字段标识符，如 kidney allograft [tw]；使用连接符号，如 first-line；使用截词符，如 kidney allograft＊。

（三）截词功能（Truncating Search）

PubMed 允许使用"＊"截词符进行截词检索。在使用截词检索时，系统只检索前 600 个词形变异，如果词形变异超过 600 个，系统将给出警告信息。使用截词检索后，系统将关闭自动词语匹配功能和 MeSH 主题词扩展检索功能。例如输入"heart attack＊"，系统不会自动检索其主题词"Myocardial Stunning"以及其下位主题词"Shock"、"Cardiogenic"等。

（四）逻辑组配功能（Boolean Operators Search）

系统支持布尔逻辑检索，分别是逻辑"与"（AND）、逻辑"或"（OR）、逻辑"非"（AND），均需采用大写形式。运算顺序为从左到右，可以通过（）来改变运算次序。

（五）字段限定功能（Limits）

PubMed 系统支持字段限定检索，既可以在基本检索又可以在高级检索中使用，常用的字段介绍见表 3-1。在基本检索中，其形式为检索词后加上带有"［］"的字段标识符号。例如"toothache [mh]"表示将检索词限定在 MeSH 字段中进行检索。在高级检索中，使用方式为在下拉菜单中选择要限定的字段，输入检索词，在检索框的下方会出现包括所输入检索词的索引表，以方便选择使用。

表 3-1　PubMed 常用字段介绍

字段名称	字段标识符	简　介
作者姓名	AU	一般为姓名简写，部分数据亦支持全名检索。如：Lederberg J [AU]
标题	TI	可以使用全部标题，也可以是标题关键词。如：liver transplantion [TI]
期刊名称	TA	可以使用期刊全称、刊名缩写、ISSN 号等。如：Biomed Res Int [TA]
第一作者机构名称等	AD	第一作者机构名称、地址等。如：Department of Surgery, Karadeniz Technical University, School of Medicine, 61080 Trabzon, Turkey.
出版时间	DP	出版日期，采用 YYYY/MM/DD [DP] 格式。如：2013/06/25 [DP]
主题词	MH	MeSH 主题词。如 liver neoplasms [MH]
主要主题词	MAJR	主要主题词。如：heart failure [MAJR]
出版类型	PT	文献出版类型，包括临床试验、综述等。如：review [PT]
文献出版语种	LA	文献出版的语种与文摘的语种并不一致。如：Chinese [LA]

（六）过滤器（Filters）

Filters 功能是通过对检索结果进行各种条件限定达到精炼的目的。该功能嵌入检索结果显示界面的左侧，可以直接对检索结果进行"Article types"、"Text availability"、"Publication dates"等过滤限定。如需要其他限定条件，可以点击"Show additional filters"添加其他过滤限定条件。在进行过滤限定时，组内不同过滤条件之间的逻辑关系是逻辑"或"（OR），每组过滤条件之间的逻辑关系是逻辑"与"（AND）。过滤条件一旦选定后一直有效，如要进行其他内容检索，需点击"Clear all"清除已有过滤条件。

三、检索方法

(一) 基本检索 (Basic Search)

基本检索是 PubMed 系统默认的检索方式，见图 3-7。在该检索方式中可以综合使用自动词语匹配功能、截词检索、短语检索、布尔逻辑检索、字段限定等检索功能进行词语检索、作者检索、刊名检索等。

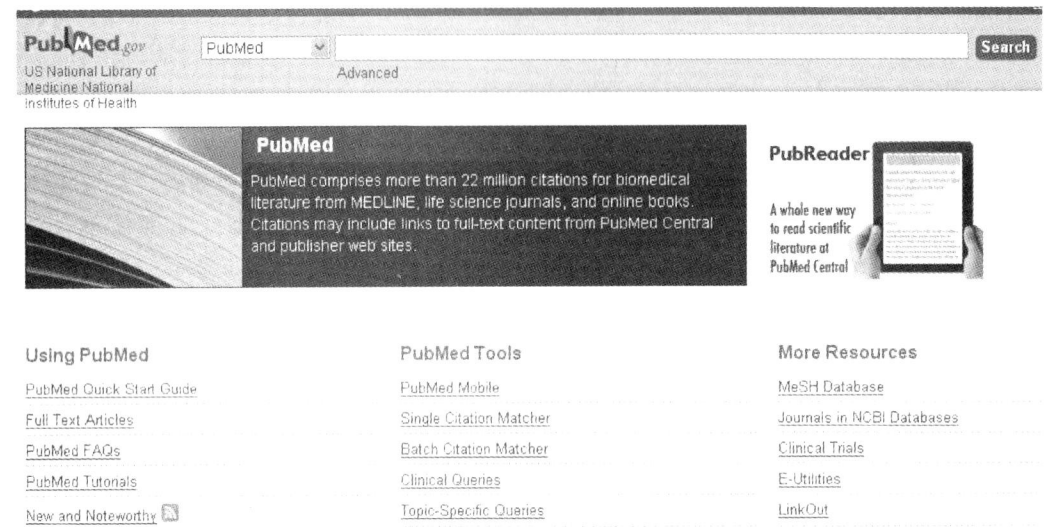

图 3-7　基本检索界面

分析案例 3-2，检索点有三个：肝细胞癌（hepatocellular carcinoma）、血管内皮生长因子（VEGFs）、p53 基因（p53 gene）。利用 PubMed 基本检索，在检索词输入框中同时输入三个检索词，点击"Search"，系统自动完成检索并返回检索结果页面。通过页面右侧的"Search Details"窗口可以查看自动词语匹配过程，见图 3-8。用户可以对检索式进行调整后，点击"Search"重新进行检索。

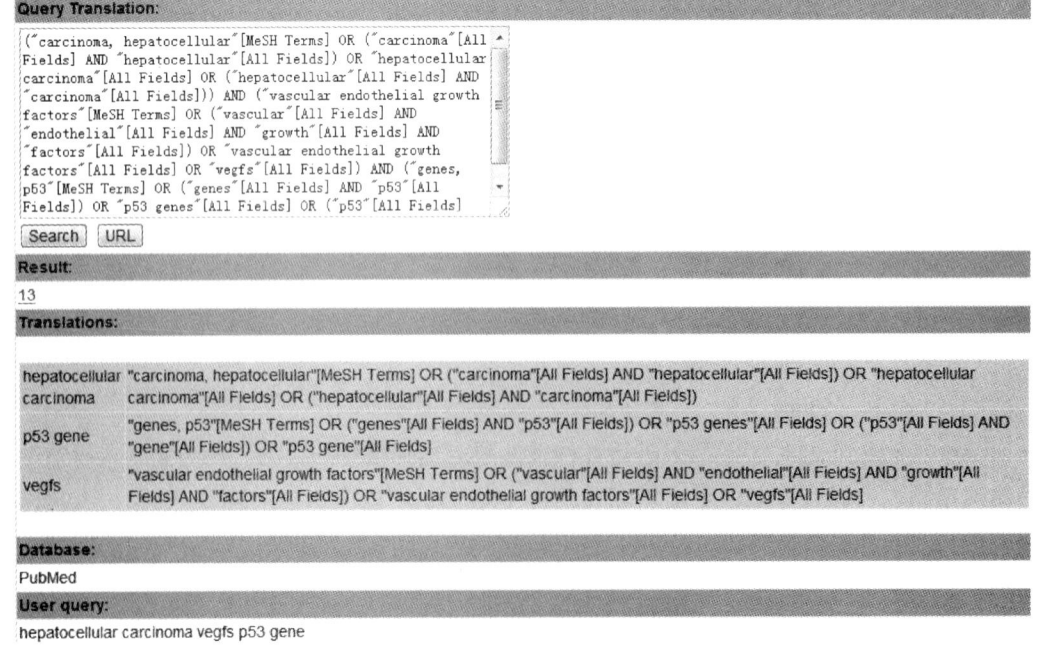

图 3-8　Search Details 界面

（二）高级检索（Advanced Search）

高级检索界面由检索提问栏（Search Box）、检索式构建器（Builder）、检索历史（History）、检索细节（Search Details）组成，见图3-9。

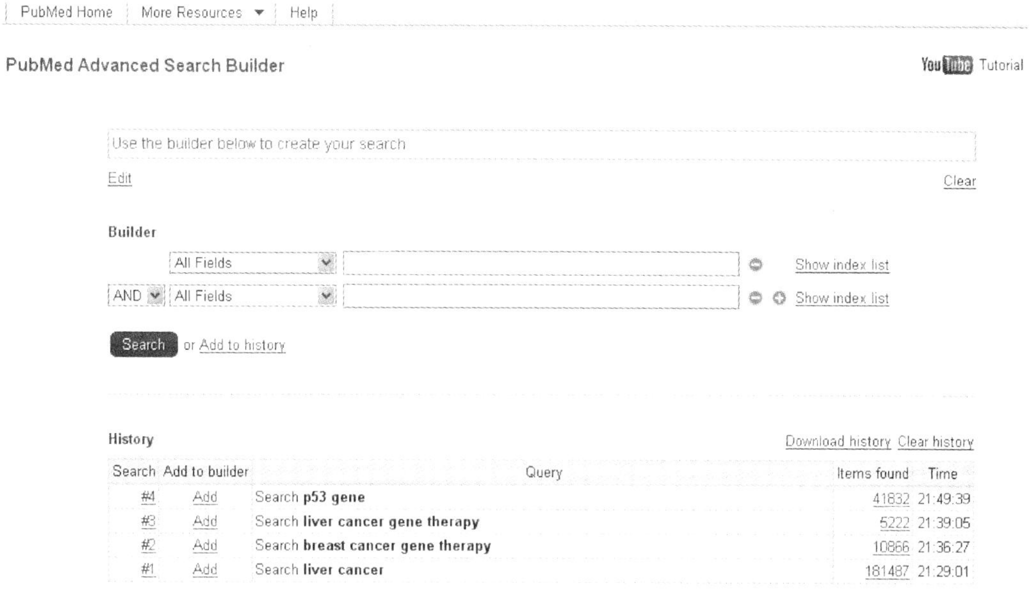

图3-9 高级检索界面

1. 检索提问栏 在检索提问栏中，可以利用检索式构建器来直接建立检索表达式进行检索。也可以点击"edit"，使检索提问栏进入编辑状态，直接输入检索表达式进行检索，在编辑状态可综合使用自动词语匹配功能、截词检索、短语检索、布尔逻辑检索、字段限定等检索功能。

2. 检索式构建器 检索式构建器可以帮助用户构建检索式。使用方法是选择检索字段，并输入检索词，或者输入检索词后点击"Show Index List"，在索引表中选取合适的检索词，可以根据实际需要继续选择检索词及逻辑关系，从而组建一个复杂的检索表达式。构建的检索式会自动出现在上方的检索提问栏中，并可以通过"edit"进行编辑及修改。构建结束后点击"Search"进行检索，也可以点击"Add to History"在检索结果栏中得到检索式及结果数量。

3. 检索历史 检索历史里记录了在PubMed系统中的所有操作过程，见图3-10，可通过"Add"按钮对每个检索结果进行进一步的编辑及限定。点击检索式的序号，可以查看该检索表达式的"Search Details"，亦可以把该检索表达式添加到"My NCBI"中。

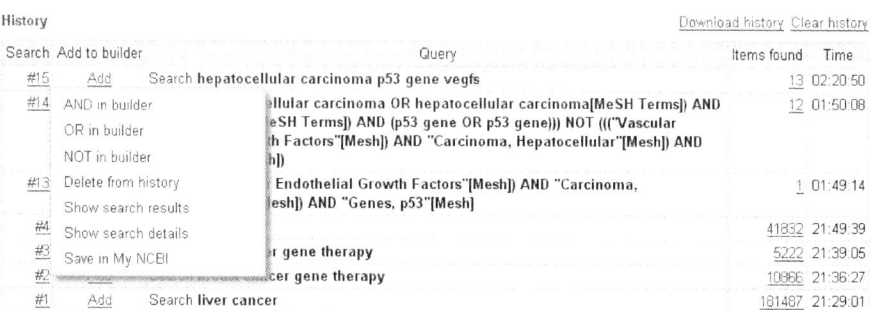

图3-10 检索历史

4. 检索细节 在检索历史中点击"Show Search Details"，或在检索结果页面中点击"Search Details"下方的"see more"，系统会详细显示输入的检索词或检索式被PubMed进行自动词语匹配、检索语法转换后的详细信息。在"Query Translation"栏中可直接修改检索式并点击"Search"进行再次检索。点击"URL"按钮，系统返回结果显示界面，可以使用浏览器的收藏夹功能，将该结果存储在书签中，方便以后使用。

本案例所要检索的课题，同样可以使用高级检索来完成，见图3-11。在"Builder"中选择合适的字段（"All Fields"或"MeSH Terms"）分别输入检索词"hepatocellular carcinoma"、"VEGFs"和"p53 gene"。对于不能确定的检索词，可以点击"Show Index List"来帮助选词。检索式的逻辑关系是从上到下依次运算，如有需要可以在检索提问栏中点击"edit"后使用"（）"来改变逻辑运算次序。

图3-11 检索式构建

（三）主题词检索（MeSH Database）

使用PubMed的MeSH Database可以浏览MeSH词表，选择规范的主题词、副主题词，并查看主题词注释、浏览树形结构等；可根据检索要求，利用"PubMed Search Builder"构建检索表达式进行检索。

1. 确定主题词　在MeSH Database的检索词提问框中输入检索词，点击"Search"即可在MeSH Database中查找相对应的主题词。如输入检索词"Kidney Failure"，系统显示所有相关的主题词。通过主题词解释可以判断该词的对应主题词为"Renal Insufficiency"。点击该主题词，即进入主题词注释界面。

2. 构建检索表达式　在确定主题词后，如果不需要选择副主题词或者不需要对该主题词进行限定，可以选中该词后，直接点击"Add to Search Builder"把检索词送入检索式编辑器中，匹配其他所需要的主题词一起进行检索。

如果该主题词需要进行副主题的组配，则需要点击该主题词进入主题词注释界面，在其下的"副主题词（Subheadings）"列表中对所需要的副主题词进行勾选。副主题词可以是多个，每个副主题词之间是逻辑"或"的关系。选择副主题词后，点击"Add to Search Builder"把主题词/副主题词送入检索式编辑器中。依次按照这样的操作来确定其他的主题词/副主题词，每个送入检索式编辑器中的主题词之间默认的逻辑关系为逻辑"与"（AND），该逻辑关系可以根据实际需要进行更改。全部检索词确定后，完成检索式的构建，点击"Search PubMed"完成检索。

如检索要求该主题词为主要概念，可以在主题词注释界面中勾选"Restrict to MeSH Major Topic"，则该主题词作为主要主题词进行检索。

本案例所要检索的课题，可以使用主题词检索来完成。首先通过 MeSH Database 分别确定三个检索概念的主题词："hepatocellular carcinoma" 的主题词是 "carcinoma, hepatocellular"，"VEGFs" 的主题词是 "vascular endothelial growth factors"，"p53 gene" 的主题词是 "genes, p53"，见图 3-12。在选择主题词时，应该详细阅读主题词说明，以避免相似概念的混淆。确定主题词后，可根据实际需要确定是否组配副主题词。本案例三个检索点不需要副主题词的组配，直接对三个主题词进行逻辑组配，见图 3-13，即可得到检索结果。但是该检索方式由于其检索入口为 "MeSH Terms"，可能会漏检尚未进行主题词标引或新进入系统的文献。

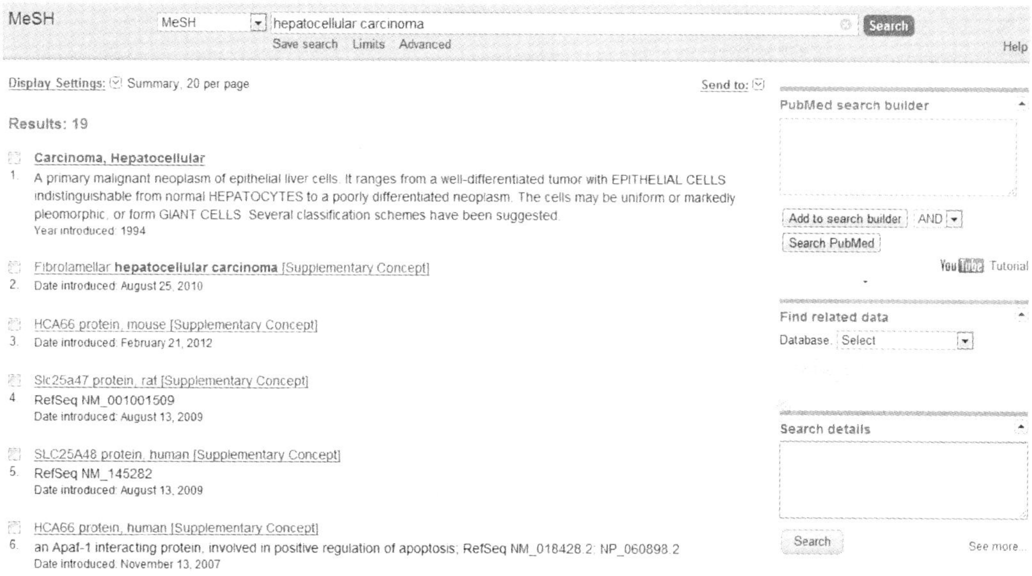

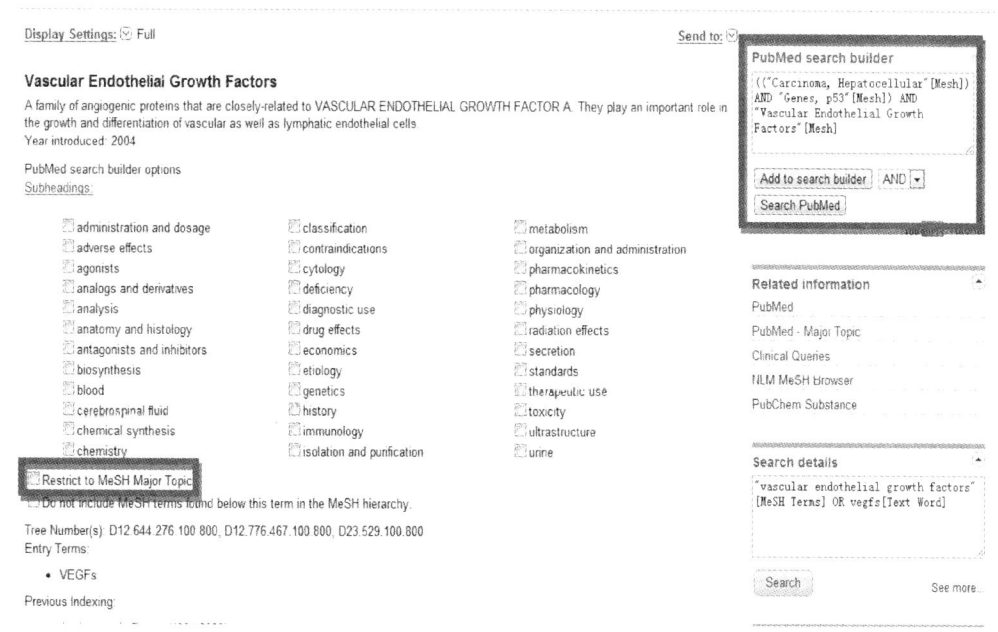

图 3-12　MeSH 查找界面

图 3-13　MeSH 词注释界面及组配

（四）期刊数据库（Journals in NCBI Databases）

可实现通过刊名主题、刊名全称、刊名缩写、ISSN 号查询 PubMed 收录的期刊发表文献情况。查询的结果，显示该期刊的具体信息，包括刊名缩写与全称对照，在 NLM Catalog 界面点击

"Add to Search Builder"可构建合适的检索表达式,见图 3-14,从而得到被 PubMed 收录期刊所发表的相关文献。系统亦提供高级检索功能,使用方式与 PubMed 的高级检索功能相同。

图 3-14　Journals in NCBI Databases 界面

(五) 特定文献检索(Citation Matcher)

点击"Single Citation Matcher",按照要求填写相关的文献题录信息,如刊名、年、卷、期、起始页码、作者名、文献标题中的词等,即可查找到某篇特定文献。或点击"Batch Citation Matcher",按照格式要求输入一个文件,即可得到一批所需文献。

(六) 临床证据查询(Clinical Queries)

PubMed 临床证据查询是为临床医生专门提供的内嵌式检索过滤器,它通过预先编制好的检索式帮助临床医生快速查找文献,包括 Clinical Study Categories、Systematic Reviews、Medical Genetics 等三类检索。其中 Clinical Study Categories 检索设置了临床疾病的诊断、治疗、病因、预后和临床预测指南 5 个范畴。如要检索"diagnosing cystic fibrosis"的内容,在"Clinical Queries"的页面,输入检索词"cystic fibrosis",在"Category"下拉菜单中选择"diagnosis",在"Scope"下拉菜单中选择"narrow"(代表不扩展检索),点击"Search",见图 3-15。

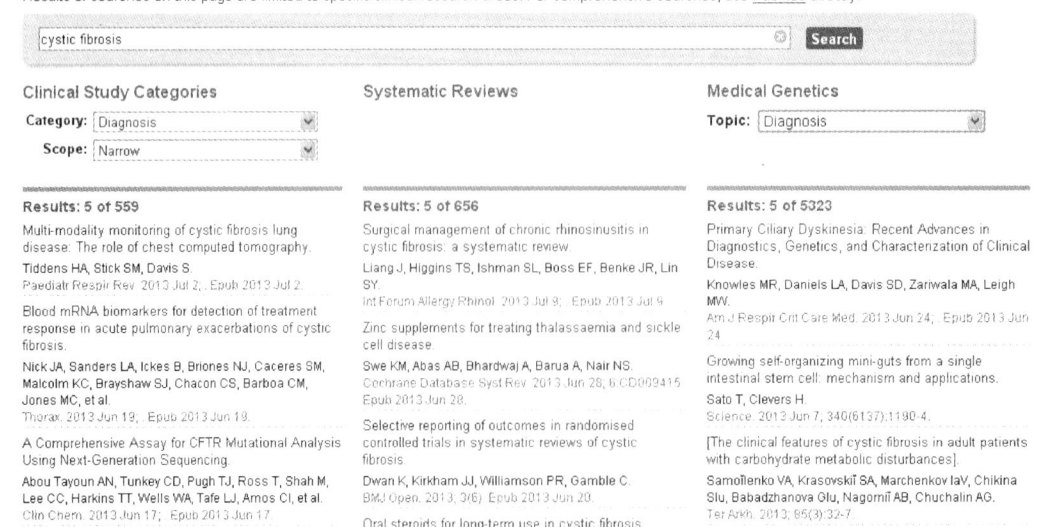

图 3-15　Clinical Queries 检索界面

四、检索结果处理

（一）检索结果显示

PubMed 提供多种显示格式，默认的是 Summary 格式，在结果显示界面点击"Display Settings"下拉式菜单，可以对检索结果的显示格式、每页显示记录数、检索结果的排序进行设定，见图 3-16。在 Abstract 格式中点击"Related citations"可以获得相关主题的文献信息；打开"Publication Types，MeSH Terms，Substances"的扩展按钮，可以看到出版类型、主题词等内容，每个词均可检索；在 Abstract 格式中部分结果中有全文链接图标，可以点击该图标获取全文。另外，在 MEDLINE 格式中，所有记录将以字段标识符作引导，为纯文本格式，主要用于将选定的文献输出到 EndNote、NoteExpress 等参考文献管理软件中。

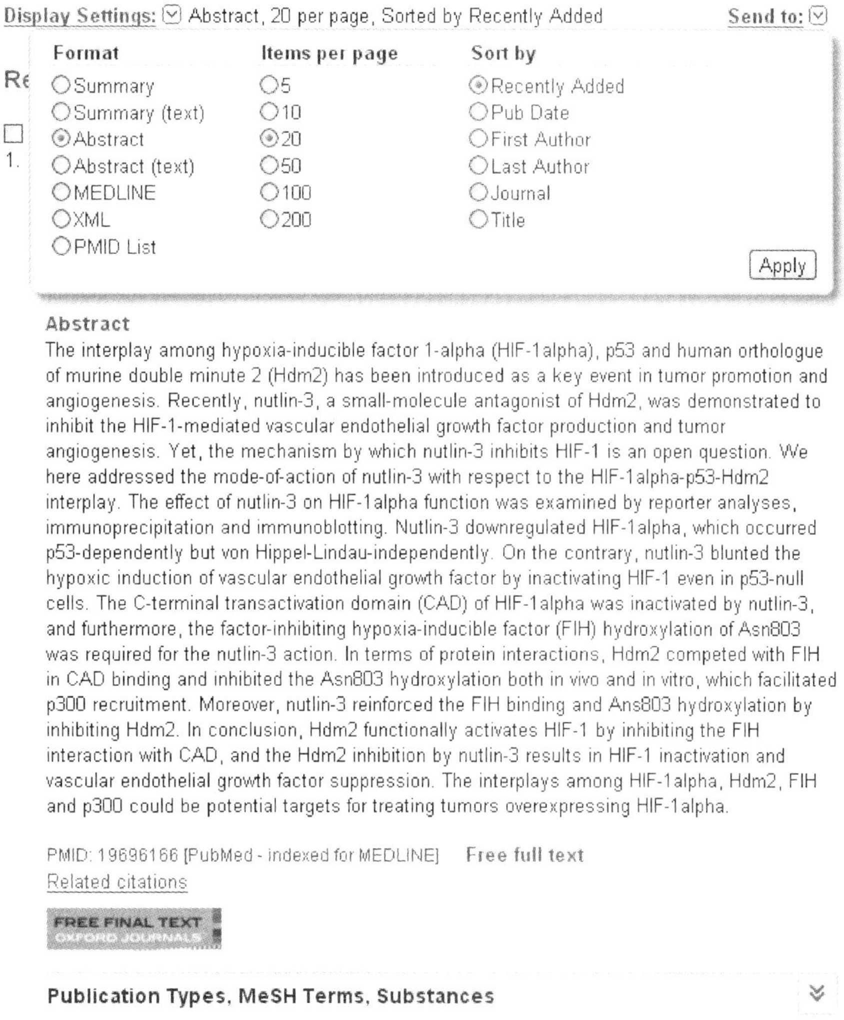

图 3-16 结果显示界面及相关链接

（二）检索结果输出

在检索结果页面，点击"Send to"下拉式菜单，打开结果输出功能。选择"file"，默认保存所有记录，最多可保存 10000 条记录；选择"Clipboard"，把选择的结果保存到剪贴板中，最多可以保存 500 条记录，最长不超过 8 小时；选择"E-mail"，可将检索结果发送到指定邮箱；选择"Order"，可通过付费方式订购全文；如注册了"My NCBI"账号，可以选择"Collections"、"My Bibliography"对检索结果进行输出处理。

(三) My NCBI

PubMed 提供每个注册用户一定容量的个人空间,可以存储检索策略、检索结果以及相关的书目信息等,可以对存储的内容进行编辑整理,可以编制个性化的过滤限定条件。用户在 My NCBI 中可直接进行检索,方便对检索方向的定题跟踪以及对检索结果的重复性使用与保存。

(四) 检索式的浏览与保存

在高级检索界面"History"中,可以对检索式进行浏览以及下载。如注册了"My NCBI"账户,可在检索结果显示界面点击"Save search"或在"History"部分点击检索式序号中"Save in My NCBI"对检索式进行保存。

(五) 订阅文献

点击结果显示页面上的 RSS 可以订阅 RSS Feed,随时跟踪最新的订阅内容。

五、检索技巧

技巧1 单个概念的检索方法:该种检索应用较少;单个检索词进行检索时,可选择检索方法较多,一般可以利用自动词语匹配功能、短语检索、主题词检索等方式。由于检索概念少,检索结果的控制就比较重要,可以通过检索细节等判断检索范围是否合适,从而调整检索策略及检索词。

技巧2 多个概念的检索方法:分两种情况:一是两个概念进行检索。首先需要判断每个概念之间是否有从属关系,可首先考虑使用主题词检索功能。如要检索"白血病治疗方面的文献",可以把白血病(Leukemia)作为主题词,治疗(therapy)作为副主题词进行检索。如要检索"利用骨髓移植治疗白血病",该检索内容同样有两个主题概念,但是骨髓移植、白血病这两个概念没有从属性,不能使用主题词搭配副主题词的方式,则应分别使用主题词骨髓移植(Bone Marrow Transplantation)和白血病(Leukemia)进行组配检索。如要检索"思密达对胃炎的作用",同样是两个主题概念,但是通过主题词查找会发现"思密达"并没有匹配的主题词,则该检索内容就变成了自由词检索与主题词检索的结合使用。两个概念进行检索时,由于 PubMed 的来源数据中有一部分是没有进行主题标引的,因此在使用主题词检索功能时,要注意组配其他的检索方法,避免漏检。二是三个以上概念进行检索。多个概念检索时,检索方式类似两个概念的检索。但多概念进行逻辑"与"(AND)组配时,根据检索要求可以组配所有副主题词进行检索,以避免漏检。

技巧3 检索结果为 0 时的处理方法:当检索结果为 0 时,要对检索词、检索范围、逻辑关系等进行调整。可通过文献判断所使用的检索词是否正确,如该检索词没有标准的 MeSH 词,则应查看该词有没有其他的同义词。如果检索词没有问题,则可以利用树形结构找到上位主题词,从而扩大检索范围,或调整检索词之间的逻辑关系,或去掉一些非必需的检索词进行检索。

六、易犯错误

错误1 在利用系统的自动词语匹配功能时,未查看"Search Details"中检索词的转换过程。系统的自动匹配功能的匹配度并不是完全正确,如果不进行调整,有时得到的检索结果是完全错误的。因此在使用该功能时,要结合"Search Details"选择是否利用其他检索功能进行检索。

错误2 在某些课题中,相关检索概念并没有相对应的主题词,用户只是根据给出的检索词进行检索,这样得到的检索结果并不全面。对于这类没有主题词的检索概念,应该尽可能地把相应的同义词、近义词查找完全,再进行检索,以避免重要文献的漏检。

错误3 "Filters"的过滤限定功能一旦选定将一直有效。如进行重新检索时,要删除原来的过滤条件,重新进行设置。

第三节 其他外文文摘型期刊文献检索工具

一、使用 EMBASE

案例 3-3 某医学院临床专业四年级李同学协助老师做有关三氧化二砷（Arsenic Trioxide，ATO，分子式为 As_2O_3）与反式维 A 酸（all-trans-Retinoic acid，ARTA）治疗急性早幼粒细胞性白血病（Acute Promyelocytic Leukemia，APL）的临床疗效比较研究，并计划以此为主题写一篇系统综述，争取在国外期刊发表。在检索了 PubMed 数据库后，还需要扩大相关文献的检索范围。

（一）选取理由

EMBASE 全称为 Excerpta Medica Database，由荷兰爱思唯尔（Elsevier）公司出版，是印刷型检索工具 Excerpta Medica（荷兰《医学文摘》）的电子版，也是最重要的生命科学文摘型数据库之一。

EMBASE. com（http://www.embase.com/）是 EMBASE 与 MEDLINE 强强联合而成的生物医学与药理学信息专业检索引擎。EMBASE. com 将 1974 年以来的 EMBASE 生物医学文献记录与 1966 年以来的 MEDLINE 记录相结合，囊括了 70 多个国家/地区出版的 7000 多种期刊，内容覆盖了整个临床医学和生命科学的广泛范围，尤其涵盖了大量欧洲和亚洲医学刊物，包含了各种疾病和药物信息，是其他同类型数据库所无法匹敌的，从而真正满足生物医学领域的用户对信息全面性的需求。

EMBASE. com 数据更新及时，一般在收到原始刊物 10 个工作日内即可将文献记录添加到数据库中，系统中 80% 的记录包含摘要。另外，EMBASE. com 还可通过主要出版商如 Elsevier、Science、Cell Press 等直接链接全文。

（二）功能特色

1. EMBASE 记录包含多个可检索字段　除常见的作者、地址、期刊等字段之外，还有一些 EMBASE 独有的字段，如 Device Manufacture（器械制造商，DF）、Device Trade Name（器械商标名称，DN）、Drug Manufacturer（药物生产商，DM）、Drug Trade Name（药物商标名称，TN）、Drug index term（药物标引词，DD）等。这些字段反映了 EMBASE 检索功能的特色，特别是对于检索有关药物、医疗器械等方面的文献很有帮助。

2. 通过一些字段，实现与其他数据库记录的有效关联　如 EMBASE 记录通过化学物质登记号（Register Number，RN）字段可与化学文摘数据库（网络版 SciFinder）及生物学文摘数据库（网络版 BIOSIS Previews）中的记录相关联；通过分子序列号（Molecular Sequence Number，MS）字段可与美国国家生物技术信息中心（NCBI）的信息相链接。

3. EMBASE. com 提供了强大的检索工具——EMTREE 词库　EMTREE 词库由 48 000 多个主题词组成等级体系，共分 14 个大类，从一般概念到专指概念，层层划分。除了主题词以外，还包含了近 200 000 个同义词，可指引用户从自由词查到 EMBASE. com 使用的主题词。EMTREE 词库中收集的药品术语同义词尤为突出，包括多国的通常叫法（INN，USAN，BAN）、化合物名称、所有权名称（药品商标名）和实验室代码（在研药品）。与 PubMed 数据库使用的 MeSH 词表相比较，2013 版的 MeSH 词表收录有 26 853 个主题词（descriptor）以及 213 000 个入口词（entry term）。无论是从主题词的专指度，还是对同义词的网罗范围看，EMTREE 词表都是一个强大的检索工具。

（三）检索方法

EMBASE. com 主页为用户提供了 4 个检索选项：基本检索（Search）、主题词检索

(Emtree)、期刊检索（Journals）和作者检索（Authors）。在基本检索（Search）这一选项下，用户可以进一步选择快速检索（Quick Search）、高级检索（Advanced Search）、药物检索（Drug Search）、疾病检索（Disease Search）和文章检索（Article Search），见图3-17。

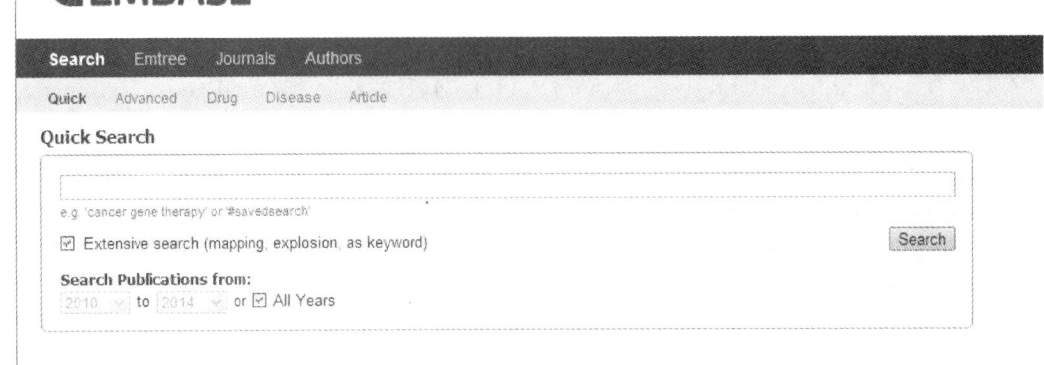

图 3-17　EMBASE.com 检索界面

1. 基本检索（Search）

（1）快速检索（Quick Search）：是系统默认的检索方式，在检索框中可以输入单个检索词、词组或检索式，词组检索时需加单（双）引号，词序无关，且不分大小写。快速检索支持AND、OR、NOT 布尔逻辑检索，可使用多字符通配符"＊"代表0或若干个字符及单字符通配符"？"代表一个字符，可在一个单词中或在其末尾使用，最适合用于查找英式及美式等不同拼法的检索词。

检索框下面有扩展检索选项"Extensive search（mapping, explosion, as keyword）"。勾选了此选项，对于输入的检索词，系统首先自动在 Emtree 词表中查找对应的主题词。若存在对应主题词，将该检索词转化为 Emtree 中的主题词及主题词的下位词进行扩展检索，同时将该检索词在全字段范围内进行检索，再将上述结果执行布尔逻辑运算，得到最终的检索结果。如案例3-3，可直接输入以下检索式：（Arsenic Trioxide or ATO or As_2O_3 or all? trans? Retinoic acid or ARTA）and（Acute Promyelocytic Leuk? emia or APL）。

作为试检索，可以先选择扩展检索，同时选择 All Years，视检索出的相关文献数量再考虑是否需要缩小检索范围，提高检出文献与课题的相关性。

（2）高级检索（Advanced Search）：高级检索提供了多种对检索式进行修饰或限定的检索方法，支持布尔逻辑检索、截词检索、词组检索、邻近算符检索及字段限定检索，点击检索式输入框下面的 fields limits 链接，可打开 EMBASE.com 提供的可检索字段列表。选择合适字段，在检索框中直接输入检索式，完成对复杂课题的检索。

高级检索提供了5种检索式修饰方法：一是选择 Map to preferred terminology（with spell check）（与 EMTREE 主题词匹配）后，系统将检索词自动转换成 EMTREE 主题词进行检索；二是 Also search as free text，以自由词在全部字段中进行检索；三是 Include sub-terms/derivatives（explosion search），指利用 EMTREE 主题词树状结构，对检索词与对应于 EMTREE 主题词的同位词及下位词进行扩展检索；四是 Search terms must be of major focus in articles found，指基于主要 EMTREE 药物或医学索引主题词字段，仅检索以检索词为重点内容的文章，提高相关性；五是 Search also for synonyms, explosion on preferred terminology，指既对检索词进行 EMTREE 主题词匹配检索，又同时作为文本词在全部字段中进行检索。

在高级检索中对检索结果提供了更多的限定条件，点击"Advanced Limits"可对循证医学、文献类型、学科、语种、性别、年龄、是否带有分子序列号、动物研究类型等进行限定，同时可以检索自特定日期以来新增的记录。

（3）药物检索（Drug Search）：可以在检索框内直接输入药物属名、专利商品名、实验室代号和化学名检索药物信息。药物检索一是提供了药物副主题词（Drug Subheadings）检索，如药物副作用反应、临床试验、药物分析等；二是用药方式（Routes of Drug Administration）检索，包括口服、肌内注射、静脉注射等，可以增强检索的专指性，提高查全率和查准率。如案例 3-3，当检出文献量过大时，对于检索点三氧化二砷和反式维 A 酸，可以选择合适的副主题词限定检索，提高检索的针对性。

此外，药物检索还提供了两项扩展检索功能：Also search as free text，指以自由词在全部字段中进行检索；Include sub-terms/derivatives（explosion search），指利用 EMTREE 主题词树状结构，对检索词与对应于 EMTREE 主题词的同位词及下位词进行扩展检索。

（4）疾病检索（Disease Search）：可以在检索框中输入疾病或病理过程的名称，并利用系统提供的疾病副主题词（Disease Subheadings）更精确地检索疾病的某方面或几方面的相关文献，提高相关性。如案例 3-3，当检出文献量过大时，对于检索点急性早幼粒细胞性白血病，可以选择副主题词 Drug therapy 限定检索，提高检索的针对性。

（5）文章检索（Article Search）：当掌握有一篇文献的不完整线索时，在作者（姓在前，名的缩写在后）、期刊名称、期刊缩写名称、ISSN、期刊卷期及文章首页数等检索字段中输入检索词，然后点击"Search"按钮，就可以快速找到这篇文献的记录，获取完整的引文信息。

2. 主题词检索（Emtree）　点击 Embase 主页上方主工具栏的 Emtree 按钮，即可进入 Emtree 主题词检索页面。页面上部分为构建检索式的区域（Query Builder），下部分为 Emtree 词表查询区域，见图 3-18，系统默认为查找主题词（Find Term）状态。也可选择 Browse by Facet，按分类浏览 14 大类主题词。

图 3-18　EMTREE 检索界面

下面结合案例 3-3，说明 Emtree 主题词检索的操作过程。

首先在 Find Term 模式下，输入已知的检索词"Arsenic Trioxide"，查找 Emtree 词表中对应的主题词。点击该主题词，展开的页面下方有该主题词在 Emtree 树状结构中的位置，包括其上、下位词及历史注释等内容，对于判定该主题词选择是否恰当很有帮助。对于这个主题词，可勾选 Explosion 进行扩大检索（Extend your search）。当检出文献量过大且相关性不高时，放弃扩大检索，调整为 As major focus，即将该主题词作为主要主题词检索，提高检出文献的相关性。EMBASE.com 提供了人性化的链接"Take this Query to Drug Search"（对于疾病类主题词，则是 Take this Query to Disease Search），方便用户充分利用药物检索界面的各种药物副主题词检索、给药方式检索等功能。

对于复杂课题，需要用到逻辑算符组配多个主题词才能完整表达检索内容，此时可以点击 Add to Query Builder，把这个主题词作为检索式的一部分先放在 Query Builder 中，再依次对"All-Trans-Retinoic acid"和"Acute Promyelocytic Leukemia"这两个检索词重复之前的步骤，直到构建成如下的检索式：('arsenic trioxide'/exp or 'retinoic acid'/exp) and 'promyelocytic leukemia'/exp。

这个检索式基本表达了案例 3-3 中课题的检索要求。在 Query Builder 下面，EMBASE.com 也提供了人性化的链接"Take this Query to Advanced Search"，点击则以上检索式被自动复制到高级检索界面，方便用户进一步利用高级检索界面的各种限定选项，补充完善检索式。也可以直接点击 Query Builder 下面的 Search 执行检索，得到初步的检索结果，再利用 EMBASE.com 结果显示页面上的各种 Filter 选项，分析、过滤检出的文献。具体操作参见"4. 检索结果的处理"部分。

3. 期刊检索（Journals）和作者检索（Authors） EMBASE.com 的期刊检索界面按刊名首字母顺序，列出了 EMBASE.com 收录的全部期刊（不包括 MEDLINE 独有的期刊）。用户可以点击每种刊后所附的概况（About）链接，了解该刊的出版商、出版国家、出版频次等信息，点击刊名可浏览到该刊被 EMBASE.com 收录的所有卷期，点击某一卷期可看到该卷期上发表的、被 EMBASE.com 收录的文献。EMBASE.com 的作者检索，要求以姓全拼在前、名缩写在后的方式输入要检索的作者名，并提供了作者姓名不同拼写方式的索引。

4. 检索结果的处理 EMBASE.com 的检索结果页面（Session Results）分为两部分，上方为检索史区域（Search Query），下方为检索结果显示区，见图 3-19。

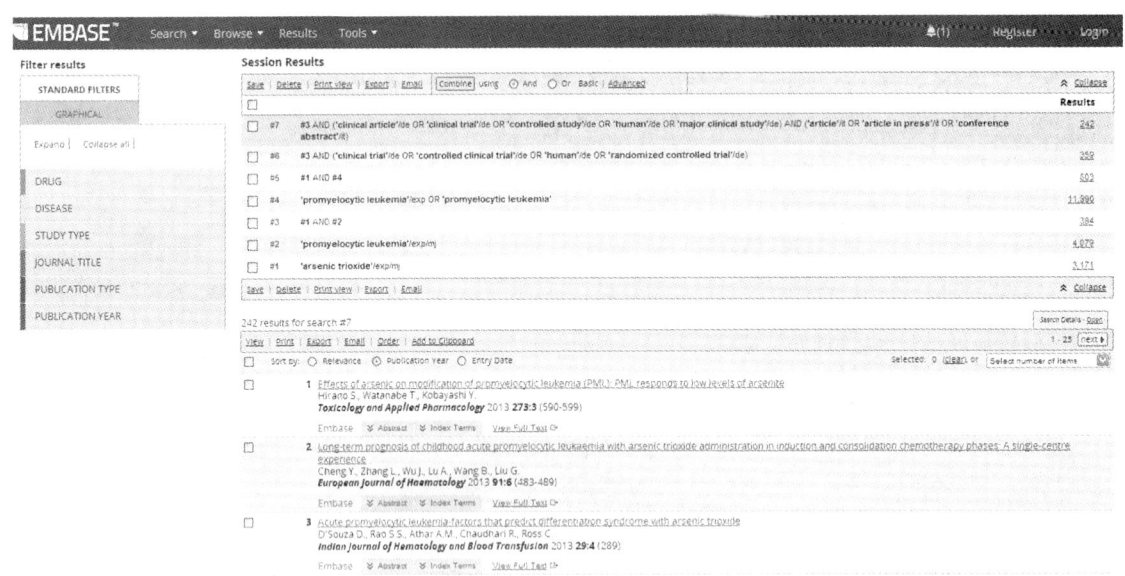

图 3-19 EMBASE 检索结果页面

检索史区域详细列出了检索过程中实际运行的检索式及检索结果。每个检索式右侧都有 View results、Edit、Copy to advanced search、Set email alert 和 RSS 等链接。点击 Edit 链接可以对检索式进行编辑、修改并重新检索；而 Copy to advanced search 可以把选中的检索式复制到高级检索界面再进行编辑、修改、重新检索，可以充分利用高级检索界面的丰富限定功能；点击 Set email alert 和 RSS 即可通过不同方式接收本检索式定期更新的检索结果，这两项功能需要在 EMBASE.com 中注册了账号方可使用。EMBASE.com 允许对选中的检索式进行保存（同样仅对注册了账号的用户有效）、删除（Delete）、打印（Print）、电子邮件发送（Email）和输出（Export）等操作。利用命令行中的 Combine 命令可以对选中的多个检索式进行逻辑组配运算。

检索结果显示区域显示命中的检索结果，默认按出版年排序（Publication Year），也可按相关性（Relevance）或入库日期（Entry Date）排序。每篇文献默认显示格式为 Citation Only，提供篇名、作者、出处等基本信息以及数据来源（EMBASE 或 MEDLINE）信息。文献出处后的 Cited by 链接显示该文在 Scopus 数据库中的被引用次数。每条记录之下的 Abstract 链接，显示该文的摘要信息；Index Terms 链接，显示该文标引的药物主题词（Drug Terms）、医学主题词（Disease Terms）及其他主题词（Other Terms）；View Full Text 链接，订购了全文的机构用户可链接到出版商的电子期刊全文。点击文献的篇名显示该文的全记录（Full Record）格式，包含所有字段的详细信息。此外，还提供引文加摘要（Citations and abstracts）和引文加标引词（Citations and index terms）的显示格式。

对于检出的文献记录，系统提供了打印（Print）、输出到文献管理软件（Export）、发送电子邮件（Email）等多种输出方式。

检索结果显示区左侧列出 6 种 Filter 选项，可以从药物（Drug）、疾病（Disease）、研究类型（Study type）、来源期刊（Journal title）、出版物类型（Publication type）和出版年（Publication year）等角度对检索结果进行再过滤。其中，前三个筛选条件具有对检出文献的内容分析功能。例如，对于案例 3-3，可以通过"药物"这一筛选项分析急性早幼粒细胞性白血病的防治中用到过哪些药物。

5. 个性化服务功能　用户首先需要在 EMBASE.com 注册一个账号，才能使用个性化服务。当注册并登录后，可以在检索结果页面的检索历史中保存检索策略、删除检索策略，创建检索结果更新的电子通告。

（四）检索技巧

技巧 1　在快速检索方式下，如需提高检索的针对性，一是可以用引号明确词组或短语检索；二是利用字段限定检索词出现的范围，以提高查准率。字段限定符有":"及"/"两种。对于一般用户而言，因很难牢记并正确运用数据库的各个字段代码和检索式编写规则，建议利用高级检索界面进行字段限定检索的操作；三是利用邻近算符运行邻近检索。邻近算符"NEXT/n"表示连接的两个检索词之间最多可插入 n－1 个单词，且两个检索词之间的顺序不变；邻近算符"NEAR/n"表示连接的两个检索词之间最多可插入 n－1 个单词，但两个检索词的前后顺序不限；四是利用结果显示页面左侧的各种 Filters（过滤）选项，从不同角度在结果中筛选出更具针对性的文献。

技巧 2　EMBASE.com 提供了丰富的检索途径，特别是对于药学、疾病相关的课题，有专门的药物检索（Drug Search）和疾病检索（Disease Search）界面，根据药学、疾病研究的常见内容，设置了专门的药物和疾病副主题词，可以更专指地表达检索要求，提高相关文献检索的查准率和查全率。

技巧 3　EMBASE.com 既通过提供 Emtree 主题词检索帮助用户实现查准和查全相关文献的目标，又通过提供查找和浏览两种方式和在 Emtree 主题词表中纳入超大量的入口词来易化用户为自己的检索词查找到对应的 Emtree 主题词这一过程。

另外，在 Emtree 主题词检索完成后，EMBASE.com 也提供了人性化的链接"Take this Query to Advanced Search"，点击则检索式被自动复制到高级检索界面，方便用户进一步利用高级检索界面的各种限定选项，补充完善检索式。

（五）易犯错误

错误 1　高级检索提供了多达 5 种对检索式进行修饰或限定的检索方法，不同限定条件会

对相关文献的查全或查准有不同影响,需要根据检出结果的数量和质量判断需要扩大还是缩小检索范围,正确地选择设置。

错误2 在将检索词转换成对应的Emtree主题词,根据课题研究内容为主题词选择合适的副主题词过程中,由于对课题理解不深或对Emtree主题词涵义理解错误,出现选择错误,不能正常表达课题的检索要求。

二、使用BIOSIS Previews

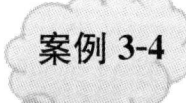

案例3-4 查找有关"腺病毒与肿瘤的基因疗法"近10年的文献,并调查分析从事这一研究方向的活跃研究人员。

(一) 选取理由

BIOSIS Previews 数据库(简称 BP)由原美国生物学文摘生命科学信息服务社(Bioscience Information Service of Biological Abstracts, BIOSIS, 现隶属于 Thomson Scientific)编辑出版,是目前世界上最大、影响较深的关于生命科学的著名文摘数据库。BP 包括生物学文摘数据库(Biological Abstracts, 1969年至今)所收录期刊, Biological Abstracts/RRM(1980年至今)所收录的报告(Reports)、评论(Reviews)、会议(Meetings)和《生物研究索引》(BioResearch Index, 1969—1979)的内容,它提供了当今最新的生命科学和生物医学研究领域的综合资源。除收录期刊文献外,还包括了会议、专利、书籍等内容。

BP 收录的文献内容偏重于基础和理论方法研究,涵盖了传统生物学(分子生物学、植物学、生态与环境科学、医学、药理学、兽医学以及动物学)、跨学科的研究课题(农业、生物化学、生物医学、生物技术、实验临床兽医药学、遗传学、营养学以及公共卫生学)及实验仪器与方法等相关研究领域。

另外,BP 提供 MeSH 疾病术语、CAS 注册号、序列数据库注册号等检索途径,可以与其他生命科学、医学数据库的记录相关联。BP 特定的生命科学领域的专业检索字段如 Major Concepts(主概念)、Super Taxa(生物分类)等为深度挖掘生物学基础研究文献提供了保障,可获取高度相关和全面的检索结果。

(二) 功能特色

1. BP 界面友好实用,提供了包括中文在内的 7 种语言界面 用户通过美国科学情报研究所 Web of Knowledge 平台,可实现多个数据库的跨库检索,即通过一个统一检索界面同时检索 Web of Knowledge 的所有数据库。

2. BP 提供的可检索字段十分丰富 除篇名、作者、出处等常见字段,还设置了主要概念、生物物种分类等特定字段深度揭示生物学文献。以下几个字段体现了 BP 的检索特色。

(1) 主题(Topic):选择主题字段检索时,系统将对篇名、文摘、主要概念、生物物种分类、生物系统代码、生物系统的部分结构、疾病名称、化学及生物化学名称、化学物质登记号、核酸或蛋白质的序列数据、实验方法和设备等字段进行全面检索。

(2) 生物物种分类及生物系统代码/名称(SuperTaxa or Biosystematic Code/Name):生物物种分类检索是 BP 特有的一种检索方式,可以利用"生物分类索引"(是根据生物物种进化和亲缘关系的自然分类体系,即界、门、纲、目、科、属等,按等级列出物种所属类别的拉丁名词列表)对物种所属类别进行选择,也可以输入生物系统代码/名称进行检索。

(3) 主要概念(Major Concept):可以浏览系统提供的主要概念词表选择主要概念。在 BP 中,文献是按所属学科来分类的,每一类别有特定的主概念词即 Major Concepts,主概念词不是自由词,有专门的词表供查找。用 Major Concepts 检索可以提高查全率,得到某学科或领域的全部相关文献。

（4）概念代码/标识（Concept Code/Heading）：每一类别除了有特定的主概念词来标示外，还有类似于分类号的概念代码用于标示文献内容。可以浏览系统提供的概念代码/标识列表选择概念代码。

（5）化学和生物化学（Chemical and Biochemical）：是对化学名称、基因名称和化学物质登记号等进行的检索。

另外，因为 BP 在期刊之外，还收录了专利文献、会议论文等文献类型，相应地提供了专利权人（Patent Assignee）、会议信息（Meeting Info）等可检索字段。

3. BP 提供了强大的结果分析功能　Analyze Results 是 ISI 推出的一种全新的检索结果分析工具。它针对检索结果进行多角度分析，利用它用户能从检索结果中挖掘有用的知识，获得本学科或领域潜在发展趋势、重要期刊、最具领导力和号召力的学术带头人及学术机构等综合性信息。

4. BP 通过与出版社网络版全文建立链接，方便用户直接在记录中跳转到该文献的全文。

（三）检索方法

Web of Knowledge 平台上的 BP 提供了普通检索（Search）、高级检索（Advanced Search）和检索历史（Search History）三种检索功能。

1. 普通检索（Search）　在利用 BP 进行文献检索时，可以根据课题选择适当的字段，提高检索的针对性。BP 的基本检索界面提供了字段选择、不同字段间逻辑组配和文献发表时间限定等功能，见图 3-20。下面以案例 3-4 为例简要介绍 BP 基本检索方法。

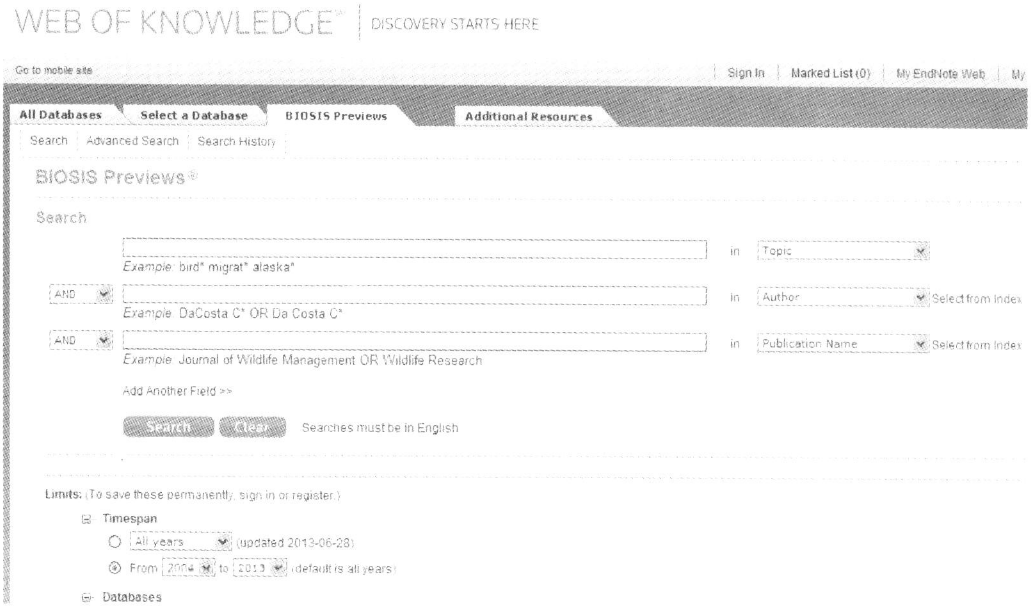

图 3-20　BP 基本检索界面

案例 3-4 这一课题涉及三个检索点：腺病毒、肿瘤和基因治疗。腺病毒科（Adenoviridae）从腺样组织分离出来，故名为腺病毒。腺病毒有四属，其中人类的腺病毒（HAd）约有 51 种血清型，猪腺病毒（PAV）有 5 种血清型，羊腺病毒（OAV）有 6 种血清型，牛腺病毒（BAV）又被分为两个族群。检索时，用上位词"Adenoviridae"或单一列举其中之一都不能保证查全所有相关文献。BP 的生物分类数据（Taxonomic Data）检索途径可用于查找涉及生物种属方面的信息，即通过输入生物分类名称或生物分类代码等对"生物分类数据表"（Taxonomic Data Table）进行检索。对生物种属不太熟悉，需要某类生物作针对性检索时，可通过点击检索项右边的"🔍"图标在 Super Taxa 列表中查找或浏览选择。

"基因疗法"（gene therapy）是个专指性较强的词组，可以通过主题（Topic）字段检索。主题字段是检索 BP 时比较常用的检索途径，相对于 Title、Abstract 等专指性更强的字段，主题字段的检索范围比较宽，在不了解一个课题的相关文献量时，可以先用它作预检索。BP 采用相关索引技术，提供基于自然语言的检索机制。选择"主题"字段，输入检索词或检索表达式后，系统自动对 15 个字段（Field）和数据表（Data Table）如标题（Title）、外文标题（Foreign Title）、摘要（Abstract）、学科（Major Concepts）、分类数据表（Taxonomic Data table）、疾病数据表（Disease Data table）等进行检索。

"肿瘤"是个比较宽泛的概念，涉及一类疾病，如果用主题字段，要考虑它对应的多个同义或近义词，这时可以考虑利用 BP 的 Major Concepts（主要概念）字段检索。主要概念属于受控词，适用于相关领域的大范围检索，可通过点击检索项选择右边的"🔍"图标浏览 Major Concepts Hierarchy（主要概念等级表）选择合适的主要概念词。也可以利用 BP 的疾病数据（Disease Data）字段，在这个字段中，BP 支持疾病的 MeSH 主题词检索，可以保证较好的查全效果。

在分析了案例 3-4 这一课题并结合 BP 数据库的特点选择了适当的字段后，具体操作如下：

步骤 1　选择 Taxa Data 字段，点击旁边的 Super Taxa 超链接，进入 Super Taxa 页面，输入 aden*查找并添加找到的 Adenoviridae 到 Taxa Data 字段输入框中。在 Super Taxa 页面，还可以点击"H"查看种属类名在分层结构中的位置，或者点击"T"查看分类注释。

步骤 2　选择 Topic 作为检索字段，在输入框中输入"gene therapy"，这里采用双引号的作用是使 gene therapy 作为一个词组出现在命中记录中。

步骤 3　选择 Major Concepts 作为检索字段，点击旁边的 Major Concepts Hierarchy 超链接，链接到 Major Concepts Hierarchy，逐级浏览选择适当的 Major Concepts 词来表达肿瘤这一检索点，或直接输入 neopl*，点击 FIND 查找到相关的主要概念词 tumor biology，点击 ADD 后，这一主概念词出现在 Major Concepts 输入框中。

步骤 4　点击"Search"按钮，系统开始检索并显示检索结果。

2. 高级检索（Advanced Search）　高级检索功能适用于对 BP 各字段含义比较熟悉的用户，可以在检索式输入框中直接编写检索式。构建检索式时在 23 个双字符字段标识（Field Tags）中选择合适的字段标识，利用 BP 支持的 4 种逻辑运算符（same、not、and 和 or）组配检索词，构建复杂的检索式完成检索。需要注意 BP 执行几种逻辑运算符的先后顺序，依次为（）、same、not、and 和 or。检索式编辑完成后，第一要核查有无拼写错误，第二检查各检索词之间设置的逻辑算符是否合理并理清系统执行运算时的先后顺序，以免发生错误造成漏检或误检。

对于案例 3-4 这一课题，如果对 BP 的字段和检索规则熟悉，也可以直接在高级检索界面，输入以下检索式：TS＝"gene therapy" AND（MC＝Tumor Biology OR DS＝Neoplasm）AND TA＝adenoviridae。

3. 检索历史（Search History）　实际文献查找中，比较复杂的课题检索需要编制一个庞大、精细、正确的检索式，对于一般用户来说不太容易做到，针对每个检索点分步检索是可行之策。这样在检索结果不满意时，可以更容易辨别出哪部分检索式有误。BP 提供了检索历史（Search History）这一功能，罗列历次检索式和检索结果，并支持对各检索式进行布尔逻辑运算。

4. 检索结果的处理　通过 BP 基本检索界面执行的检索，会直接以简单格式呈现命中记录列表。显示的信息包括篇名、作者、来源等引文必备信息，有些提供了全文链接（有些可免费下载，有些需付费或用户所在机构已经购买才可下载）。如需阅读摘要，需要逐一打开每条记录中的摘要部分；如需了解更详细的记录内容，需要点击记录中的篇名超链接，打开完整的记录页面。通过 BP 高级检索界面执行的检索，只呈现检出的记录数量，需要点击该数字超链接，才可以看到具体的命中文献记录。

在结果页面的最上一行和最下一行都列出导出记录的几种方式，用户可以通过打印、文档保存、发送 Email 或导出到常用的几种参考文献管理软件等几种方式保存选中的记录。

（四）检索技巧

技巧1 在充分理解各检索字段含义的基础上，根据检索结果，选择更恰当的检索字段或以不同字段作为检索入口，合理设置逻辑运算关系，构建更有效的检索式。

上面的检索式产生了大量的检出结果，稍稍浏览会发现其中一些命中文献和所检课题相关性不太高。如果要提高检出结果的相关度，就要减少检出的文献量。对于基因治疗这一检索点，可以选择标题字段替换上面的主题字段。对于肿瘤这一检索点，可以采用主题字段。调整后产生如下的检索式：TI="gene therapy" AND TS=（cancer* OR carcinoma* OR neoplasm* OR sarcoma* OR tumor*）AND TA=（adenoviridae）。

因为肿瘤这一概念对应的英文表达方式较多，并且同一单词存在单复数等多种变化形式，所以在检索式里用了截词符号*。

技巧2 充分利用 Web of Knowledge 检索平台对检索结果的再过滤功能：该平台的"精炼检索结果"（Refine Results）这一功能，可进一步在检索结果中有针对性地筛选文献。筛选的标准，从内容分析的角度，有主要概念（Major Concepts）、生物分类（Super Taxa）和研究领域（Research Area）等；从课题研究者分析的角度，有作者（Author）、团体作者（Group Author）、国家/地区（Countries/Territorries）；从文献分析角度，有来源期刊（Source Titles）、文献类型（Literature Types）、发表时间（Publication Years）等，见图 3-21。

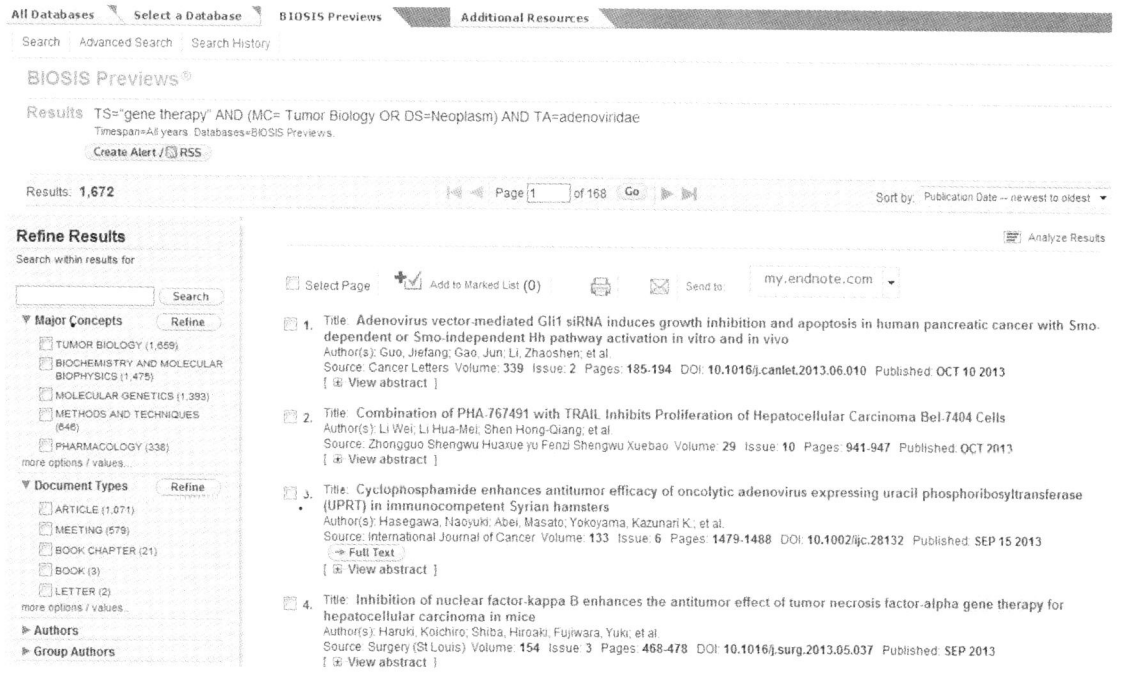

图 3-21 BP 检索结果页面

技巧3 充分利用 Web of Knowledge 检索平台对检索结果的分析功能："分析检索结果"（Analyze Results）功能是 Web of Knowledge 平台提供的另一种分析工具。它针对检索结果支持从文献创作者（专利权人、作者、编者、团体作者）、文献内容（概念代码、主要概念、研究方向、生物分类）、文献来源（国家地区、来源出版物）、文献类型、文献语种和文献出版年

等多角度进行分析，提供数字化、可视化的分析结果，见图 3-22。用户利用这一分析功能可获得本学科或领域潜在发展趋势、重要期刊、最具领导力和号召力的学术带头人及学术机构等综合性学术信息。

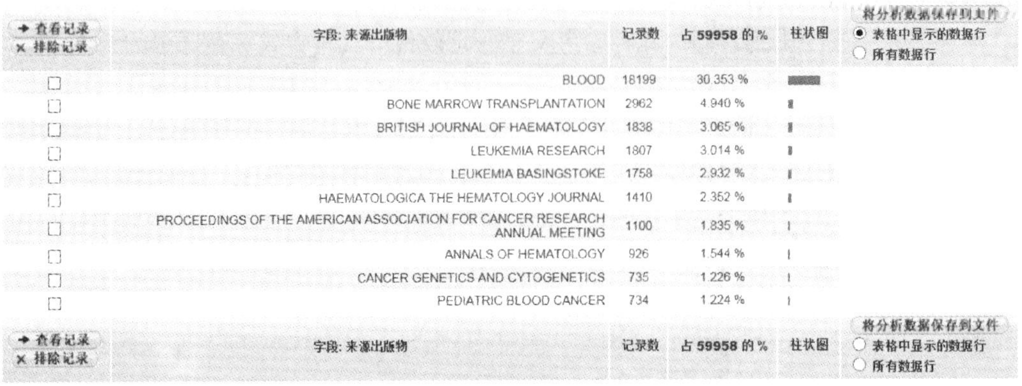

→ 查看记录 × 排除记录	字段: 来源出版物	记录数	占 59958 的 %	柱状图	将分析数据保存到文件 ◉ 表格中显示的数据行 ○ 所有数据行
☐	BLOOD	18199	30.353 %		
☐	BONE MARROW TRANSPLANTATION	2962	4.940 %		
☐	BRITISH JOURNAL OF HAEMATOLOGY	1838	3.065 %		
☐	LEUKEMIA RESEARCH	1807	3.014 %		
☐	LEUKEMIA BASINGSTOKE	1758	2.932 %		
☐	HAEMATOLOGICA THE HEMATOLOGY JOURNAL	1410	2.352 %		
☐	PROCEEDINGS OF THE AMERICAN ASSOCIATION FOR CANCER RESEARCH ANNUAL MEETING	1100	1.835 %		
☐	ANNALS OF HEMATOLOGY	926	1.544 %		
☐	CANCER GENETICS AND CYTOGENETICS	735	1.226 %		
☐	PEDIATRIC BLOOD CANCER	734	1.224 %		
→ 查看记录 × 排除记录	字段: 来源出版物	记录数	占 59958 的 %	柱状图	将分析数据保存到文件 ○ 表格中显示的数据行 ○ 所有数据行

图 3-22 BP 检索结果分析页面

如案例 3-4 中，要求调查分析该课题的活跃研究人员，就可以在完成相关文献检索的基础上，在“分析检索结果”页面，对发文最多的作者、发文最多的国家/地区作统计分析。

技巧 4 BP 的用户界面支持中文等 7 种语言显示，但检索语言只支持英文，即检索词或检索式须用英文表达。

技巧 5 主题、标题、摘要等字段检索属于自由词检索，使用自由词最常见的问题是容易造成同义词、近义词的漏检。

技巧 6 利用主要概念检索时，需要先检索主要概念词表，把自由词转换为主要概念词才能检索。另外，这种分类检索的结果往往范围过大，较少单独使用。若与主题、标题等其他字段结合起来，就可对某学科中涉及到某一方面的文献进行查找，在查全的基础上提高查准率。

三、使用 SciFinder Scholar

（一）选取理由

SciFinder Scholar（简称 SFS）是美国化学学会（American Chemical Society，ACS）的分支机构化学文摘服务社（Chemical Abstract Service，CAS）所出版的化学文献电子数据库学术版。它是全世界信息量最大、最具权威的化学数据库，是化学化工、药学、生命科学等领域重要的信息检索工具，其前身是创刊于 1907 年的世界著名的检索工具——美国《化学文摘》（Chemical Abstracts，CA）。CA 报道了世界上 150 多个国家及 56 种文字出版的 20000 多种科技期刊、科技报告、会议论文、学位论文、资料汇编、技术报告、新书及视听资料等，摘录了世界范围约 98%的化学化工文献。对于从事药学，特别是药物化学、药学基础研究的科研人员，SciFinder Scholar 是个十分重要的数据库。

SFS 可检索数据库包括：CAPLUS（化学文摘数据库）、CAS REGISTRY（CAS 登记号数据库）、CASREACT（化学反应数据库）、CHEMCATS（化学品目录数据库）、CHEMLIST（管控化学品目录数据库）和 MEDLINE 数据库。

（二）检索功能简介

SciFinder Scholar 提供三种检索路径：信息检索（Explore）、定位检索（Locate）和浏览（Browse）。

1. 信息检索（Explore） SciFinder Scholar 将信息检索方式分为文献检索、反应检索、物质检索三个子区域。

(1) 文献检索（Literature）：用于从文献的研究主题、作者、组织机构等途径检索相关文献。

(2) 反应检索（Reactions）：可通过系统提供的结构绘制窗口，绘制出化学结构图并设定物质在反应时的角色（反应物、试剂、产物等），即可进行反应检索。通过反应检索可以得到如下数据：含有结构和官能团的化学结构式；化学反应式相关的数据资料；管制化学品目录及其法规等。

(3) 物质检索（Substances）：利用物质的化学结构或分子式进行检索。化学结构检索是指通过系统提供的工具绘制化学结构进行检索（可细分为"相同结构检索"、"亚结构检索"和"相似结构检索"），可获得和该物质相关的文献信息、生产该化学制品的厂商信息、该物质的3D模型等信息。

分子式检索是指通过分子式检索某一化学物质。输入分子式时要区分大小写。

2. 定位检索（Locate） 分为文献定位和物质定位两种检索途径，用于查找某一特定文献或物质信息。

(1) 文献定位检索：可以通过已经掌握的书目信息（如期刊名、作者、出版年等）检索某一特定文献的完整信息；也可以通过专利号、CAN号或PubMed编号等线索检索某一特定文献。

(2) 物质定位检索：通过化学物质的商品名、化学名、CAS登记号检索某一化学物质。

3. 浏览（Browse） 提供大约1990余种期刊的最新目次。选中某种期刊后，该界面"Select issue"、"Previous issue"和"Next issue"功能按钮可帮助用户通过年、卷、期查找所需文献。

四、使用 Ei Compendex

（一）选取理由

Ei Compendex 即美国工程索引数据库，是全世界最早的工程文摘来源数据库，收录了1969年以来工程领域的文献，涵盖175种专业工程学科。Ei Compendex 每年新增的50万条文摘索引信息分别来自5100种工程期刊、会议文集和技术报告。在 Ei Compendex 收录的文献中，大约22%为会议文献，90%的文献是英文文献。这个数据库对于生物医学工程、医学物理、生物信息学等交叉学科的文献检索意义重要。

（二）功能简介

Engineering Village 2 平台上的 Ei Compendex 提供三种检索方式：快速检索（Quick Search）、高级检索（Expert Search）和受控词检索（Thesaurus Search）。

1. 快速检索（Quick Search） 允许用户从一个下拉式菜单中选择要检索的字段（如 All Fields、Subject/Title/Abstract、Abstract、Title、Conference Information、ISSN、Author、Author Affiliation、Controlled Term、Serial Title、Publisher 等），不同字段间可以设置 AND、OR 或 NOT 进行逻辑组配检索。

2. 高级检索（Expert Search） 适用于对 Ei Compendex 各字段含义比较熟悉的用户，可以在检索式输入框中直接编写检索式。构建检索式时选择合适的字段标识（在检索式输入框下面有字段标识列表），利用 Ei Compendex 支持的逻辑运算符组配检索词，构建复杂的检索式完成检索。

3. 受控词检索（Thesaurus Search） Ei Compendex 中的 Ei 受控词（Ei Controlled Term）可以从 Ei 词表中查找。第4版 Ei 词表含有18000个词，其中包括9000个受控词（Controlled Term），9000个入口词（Entry Term）。利用受控词检索可以保证较好的检索效果，提高相关文献的查准率和查全率。

五、有效查找英文文摘型医学期刊文献应注意的问题

1. 根据课题内容选择合适的数据库进行检索。初步分析课题，根据课题研究内容所属学科，结合不同数据库对不同领域文献的收录情况，挑选合适的数据库；明确文献收集的目的和对文献查全或查准的特别要求，确定只需针对一个数据库检索相关文献还是需要全面检索多个数据库。据统计，世界上现有生物医学或相关专业的期刊近 14 000 种，目前没有哪个数据库完全收录这些期刊。已有的研究表明，对于生物医学不同研究主题，各数据库检索出的相关文献重合比率从 10% 到 87% 不等，但没有一个数据库可以提供全部相关文献。

2. 熟悉所选用的数据库的检索功能，充分利用不同数据库提供的特色检索途径。现在有不少跨库检索平台，如 Web of Knowledge、OVID 检索平台等，可以实现对不同数据库的一站式检索，方便用户快捷获取相关文献。跨库检索的缺点是一般只能针对各个数据库普遍都有的字段，如篇名、摘要、作者等进行字段限定检索，不支持对不同数据库所特有的、对文献有深度揭示作用或聚合作用的字段，如 BIOSIS Preview 的生物分类（Super Taxa）字段、PubMed 的医学主题词（MeSH）字段等进行字段限定检索，从而会影响检索效果。因此，建议在文献查全、查准要求比较高的情况下，分别检索不同数据库。可以通过把不同数据库检出的记录导入到参考文献管理软件如 EndNote 中，作重复记录的剔除。

3. 在前两点的基础上，深度分析课题，提炼出反映课题内容的检索词，构建检索式，进行试检索。根据试检索得出的相关文献数量和文献内容与课题的相关程度，调整检索式后再进行正式检索。

4. 结合检出文献后面所附的参考文献（References）、相关文献（Related Articles），可以从纵向、横向两方面去网罗与该课题研究内容相关的其他文献。还可利用命中文献中与所检索课题研究特别相关的某篇文献的作者、作者研究机构等途径，检索该作者或该机构其他作者发表的相关文献，以便从不同途径来完成该课题相关文献系统、全面地查询。

小　结

文摘型数据库是系统、全面地检索文献信息的重要工具，只有了解了各个数据库的功能特色、各种字段的含义和作用，才能高效地使用这一类检索工具。本章介绍了用于医学及相关学科中外期刊文献检索的几个文摘型数据库。中文数据库以中国生物医学文献服务系统中的中国生物医学文献数据库为介绍重点；外文数据库着重介绍了 PubMed、EMBASE.com 和 BIOSIS Previews，同时对生命科学、医学交叉学科的两个重要文摘型数据库 SciFinder Scholar 和 Ei Compendex 进行了简单介绍，最后总结了有效查找中外文文摘型医学期刊文献应注意的问题。科学引文索引（SCI）也是一个重要的外文文摘型数据库，由于第五章对该数据库进行了详细介绍，所以本章不再赘述。

练习题

1. 如何利用中国生物医学文献数据库中高级检索途径，检索近 5 年发表的有关肺癌的综述类文献？
2. 如何利用中国生物医学文献数据库中主题检索途径，检索治疗肺癌疾病方面的文献？
3. 某研究生要进行博士开题，其研究内容为"动脉粥样硬化疾病进行基因治疗的可行性"，请你帮助其检索相关的英文文献。
4. 请根据下列信息查找文献：Lee HJ, Oh MJ. A case of peripheral gangrene and osteo-

myelitis secondary to terlipressin therapy in advanced liver disease. Clin Mol Hepatol. 2013 Jun；19（2）：179-84，并确定是否能获取免费全文。
5. 请利用 EMBASE.com 检索有关京尼平（Genipin）和环氧氯丙烷（EC）单独、联合处理对组织工程心脏瓣膜预防钙化的影响及其机制研究的文献。
6. 请利用 EMBASE.com 检索有关乳腺癌化疗引起骨髓抑制与预后相关性研究的文献，要求近 10 年发表的、临床研究类英文文献。

第四章　全文型医学期刊文献检索

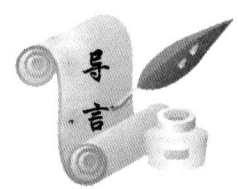

在文摘型数据库中检索到期刊文献的线索后，有时候需要获取文献全文详细阅读。全文型数据库不但可以检索文献，而且可以直接获取全文。另外，全文型数据库还提供了文献分析等实用的功能，是现代文献检索中常用的数据库类型之一。

第一节　中文医学期刊全文检索

阿司匹林是一种历史悠久的药物。它除了具有解热镇痛的作用外，还能抑制血小板聚集。人们很早就开始了阿司匹林治疗脑梗死的研究，直至今天相关报道仍有很多。现在想了解最近一年相关研究的中文期刊文章有哪些，并获取全文。

一、使用CNKI中国知网

（一）选取理由

本案例首先选择利用CNKI中国知网（http://www.cnki.net）检索。CNKI中国知网《中国学术期刊网络出版总库》收录了国内1915年至今出版的8000余种重要学术类期刊，以学术、技术、政策指导、高等科普及教育类期刊为主，内容覆盖自然科学、工程技术、农业、哲学、医学、人文社会科学等各个领域，部分期刊回溯至创刊。本节以CNKI中国知网检索平台期刊检索界面介绍文章的查找方法。

（二）功能特色

1. 根据学术研究的特点，提供了期刊论文、学位论文、会议论文、专利、标准等类型文献的统一跨库检索。用户既可以在跨库检索平台一次检索出各种类型的相关文献，也可以进入各文献类型的独立检索平台进行单一类型文献的检索。

2. 基于学术文献查全、查准的核心需求，提供了"三步骤"的标准检索模式。即首先输入检索控制条件，再输入检索内容条件，最后对检索结果分组筛选，使检索过程规范、标准、高效。

3. 通过知网节功能，提供以节点文献为中心的知识网络。用户可以看到所引用参考文献的记录、被引用情况及相关文献的记录。

（三）检索方法

在CNKI中国知网首页点击"期刊"可以检索期刊文献。点击"高级检索"进入CNKI中国学术期刊网络出版总库高级检索界面。

页面左侧可以看到包括10大专辑和168个专题的文献分类目录，用户既可以点击单一类目名称检索该类目的所有文献，也可以同时选择多个类目进行检索，实现文献系统调研和文献的精准查找。

页面右侧包含了检索条件输入区和检索结果显示区两个部分，可选择快速检索、标准检索、专业检索、作者发文检索、科研基金检索、句子检索、来源期刊检索7种检索方式进行检索。

分析本案例，共有两个检索关键词：阿司匹林、脑梗死，要求检索最近一年的文章。

1. 利用"检索"或"高级检索"

（1）选择检索限定的字段，输入相应的检索词：在字段下拉式菜单中有主题、篇名、关键词、作者、单位、刊名、ISSN、CN、期、基金、摘要、全文、参考文献、中图分类号共计14个字段可供选择使用。其中"主题"字段是指分别在篇名、关键词、摘要三个字段中检索；不同的检索项之间可选择"并含"、"或含"或"不含"的逻辑关系；"词频"指限定该检索词在字段中出现的次数要大于等于选择的次数，可选的范围为2~8；点击检索项前的"+"号，可以添加检索提问框，并与上一行检索提问框自由组配逻辑关系；检索项后面的"精确"、"模糊"选项可以控制检索项的匹配方式。不同的检索项匹配规则不同。

针对本案例，在检索条件输入区域选择"主题"字段，在第一个检索框中输入"阿司匹林"，第二个检索框中输入"脑梗死"；二者之间的逻辑关系选择"并含"；匹配方式选择"模糊"。

（2）在时间条件控制区域选择或输入最近一年的时间：若起始时间不填写，系统默认为从文献收录最早时间为起始时间；若截止时间不填写，系统默认检索到当前日期的文献。

（3）来源期刊、来源类别、支持基金、作者、作者单位等条件限定在本例中采用默认选项或留空，系统默认为对该检索项不限定。

（4）点击"检索"按钮进行检索：若要检索出更多的相关文献，可以通过增加同义词方式进一步查找。例如与"脑梗死"相关的词有"脑血栓"、"脑栓塞"、"脑梗塞"等，检索的步骤为：

步骤1 在检索条件输入区域第一个检索框中输入"脑梗死"，第二个检索框中输入"脑血栓"，第三个检索框中输入"脑栓塞"，第四个检索框中输入"脑梗塞"；四者之间的逻辑关系均选择"或含"；字段均选择"主题"；匹配方式选择"模糊"。

步骤2 其他选项同第一次检索。

步骤3 点击"检索"按钮进行检索。

步骤4 在检索结果页面清除检索框中的检索词，重新选择"主题"字段，输入"阿司匹林"，点击"在结果中检索"。

2. 利用"专业检索"　专业检索需使用逻辑运算符和检索词编制检索式进行检索，它支持对以下检索项的检索：SU＝"主题"，TI＝"题名"，KY＝"关键词"，AB＝"摘要"，FT＝"全文"，AU＝"作者"，FI＝"第一责任人"，AF＝"机构"，JN＝"中文刊名"＆"英文刊名"，RF＝"引文"，YE＝"年"，FU＝"基金"，CLC＝"中图分类号"，SN＝"ISSN"，CN＝"统一刊号"，IB＝"ISBN"，CF＝"被引频次"。

CNKI可使用的运算符见表4-1。

注意事项：

（1）使用"AND"、"OR"、"NOT"等逻辑运算符，前后要空一个字节；三种逻辑运算符的优先级相同；"（）"中的检索式优先检索。

（2）使用"同句"、"同段"、"词频"时，需用一组西文单引号将多个检索词及其运算符括起，如：AB＝'阿司匹林/NEAR 5 脑梗死'。

（3）所有符号和英文字母，都必须使用英文半角字符。

在本例中第一次检索的检索式为：SU＝阿司匹林＊脑梗死；第二次检索的检索式为：SU＝阿司匹林＊（脑梗死＋脑血栓＋脑栓塞＋脑梗塞）；如果进一步查找阿司匹林的同义词，检索式为：SU＝（阿司匹林＋醋柳酸＋乙酰水杨酸）＊（脑梗死＋脑血栓＋脑栓塞＋脑梗塞）。

第四章 全文型医学期刊文献检索

表 4-1 CNKI 可使用的运算符

运算符	检索含义	举例	适用检索项
='str1'*'str2'	包含 str1 和 str2	TI='转基因'*'水稻'	所有检索项
='str1'+'str2'	包含 str1 或者 str2	TI='转基因'+'水稻'	所有检索项
='str1'−'str2'	包含 str1 不包含 str2	TI='转基因'−'水稻'	所有检索项
='str'	精确匹配词串 str	AU='袁隆平'	作者、第一责任人、机构、中文刊名 & 英文刊名
='str/SUB N'	第 n 位包含检索词 str	AU='刘强/SUB 1'	作者、第一责任人、机构、中文刊名 & 英文刊名
%'str'	包含词 str 或 str 切分的词	TI%'转基因水稻'	全文、主题、题名、关键词、摘要、中图分类号
='str'	包含检索词 str	TI='转基因水稻'	全文、主题、题名、关键词、摘要、中图分类号
='str1/SEN N str2'	同段，按次序出现，间隔小于 N 句	FT='转基因/SEN 0 水稻'	全文、主题、题名、关键词、摘要、中图分类号
='str1/NEAR N str2'	同句，间隔小于 N 个词	AB='转基因/NEAR 5 水稻'	主题、题名、关键词、摘要、中图分类号
='str1/PREV N str2'	同句，按词序出现，间隔小于 N 个词	AB='转基因/PREV 5 水稻'	主题、题名、关键词、摘要、中图分类号
='str1/AFT N str2'	同句，按词序出现，间隔大于 N 个词	AB='转基因/AFT 5 水稻'	主题、题名、关键词、摘要、中图分类号
='str1/PEG N str2'	全文，词间隔小于 N 段	AB='转基因/PEG 5 水稻'	主题、题名、关键词、摘要、中图分类号
='str $ N'	检索词出现 N 次	TI='转基因 $ 2'	主题、题名、关键词、摘要、中图分类号

3. 查看检索结果

方法 1 可以按照学科、发表年度、基金、研究层次、作者机构分组浏览检索结果：分组浏览可以对检索结果进一步筛选，以快速地找到所关注的文献。例如，点击文献分组浏览中的"学科"项，分组浏览下方显示分组得到的学科类别，点击其中的学科类别，可以查看该学科下的所有文献；点击"发表年度"，可帮助了解某一主题各年度发文的多少，掌握该主题研究成果随时间变化的趋势，进一步分析出所查课题的未来研究热度和走向；点击"基金"可以将研究过程中获得的基金资助课题文献按资助基金名称进行分组，帮助了解各级机构对该领域的科研投入情况，便于对口申请课题；点击"研究层次"可以查到相关的国家政策研究、工程技术应用成果、行业技术指导等，实现对整个学科领域全局的了解；点击"作者"可以帮助找到该领域的学术专家、学科带头人；点击"机构"可以帮助查找在该领域有价值的研究单位，全面了解研究成果在全国的全局分布，跟踪重要研究机构的成果。

方法 2 可以按不同的排序方法浏览检索结果：其中主题相关度排序是根据检索结果与检索词的相关程度进行排序，越相关的越排前，帮助找到最相关的文献；发表时间排序是按照文献最新发表或最早发表先后顺序排序，可实现学术跟踪；下载频次排序是根据文章被下载次数进行排序，下载频次多的文章往往传播广、价值高；被引频次排序是根据文献被引用次数进行排序，帮助选出被学术同行认可的高质量文章。

方法 3 点击文章的题目，可进入知网节页面：知网节一般提供了单篇文章的详细信息和扩展信息。详细信息提供了文章的篇名、作者、机构、摘要、关键词等信息；扩展信息通过概念相关、事实相关等方法提示了知识之间的关联关系，达到知识扩展的目的。其中"本文的引文网络"展示了本文与其他文章的引用和被引用的关系；"参考文献"反映本文研究工作的背景和依据;"相似文献"列出了与本文内容上较为接近的文献;"同行关注文献"列出了与本文同时被多数读者关注的文献,这些文献具有科学研究上的较强关联性;"相关作者文献"列出了与本研究相关的作者的文献;"相关机构文献"列出了与本研究相关机构的文献;"文献分类导航"列出本研究所属分类及相关文献,从分类导航的最底层可以看到与本文研究领域相同的文献,从上级分类可以浏览更多相关领域的文献。

4. 导出题录与下载全文

方法1 选择一篇或多篇感兴趣的文章点击"导出/参考文献":可以按参考文献格式或常用文献管理软件格式导出文本文档,也可以导出到 Excel 或 Word 文档中。导出时可以选择默认字段,也可以自定义导出的字段。

方法2 点击"下载"列中的下载图标可以直接下载当前文章 CAJ 格式的全文。

方法3 点击文章题名,打开知网节页面,查看其摘要等信息后,点击 CAJ 下载或 PDF 下载。

5. 查看全文

技巧1 文章全文是通用的 PDF 文档格式或者 CAJ 格式:CAJ 格式的全文都必须使用中国知网的 CAJ Viewer 阅读器打开。该阅读器可以在中国知网网站下载,下载完成后运行安装,按默认的选项直到安装完毕即可。

技巧2 文本或图像等内容的复制:使用 CAJ Viewer 点击菜单项"工具-文本选择",选择一段文字后点击鼠标右键,选择"复制",可以将选择的文字作为文本粘贴到 Word 等文字编辑软件中;点击菜单项"工具-选择图像",选择一个图像区域后点击鼠标右键,选择"复制",可以将选择的区域作为图片粘贴到 Word 等文字编辑软件中。

技巧3 CAJ Viewer 阅读器还提供了标注、书签、查看知网节等实用的功能。

6. 利用其他检索途径进一步调研

(1) 利用"作者发文检索":作者发文检索是指通过作者姓名、单位等信息,查找某作者或某机构发表的全部文献及被引用、下载等情况。在本例中,可以通过对检索结果的作者分组和机构分组查找到相关研究发表文献较多的作者和机构,再利用作者发文检索进一步查找该作者或机构发表的全部文献,全方位地了解某学者或机构主要研究领域、研究成果等情况。

(2) 利用"科研基金检索":科研基金检索是指通过科研基金名称查找受该科研基金资助的文章。通过对检索结果的基金分组了解到对该研究方向资助较多的基金,再利用基金检索查找到该基金资助的所有文献。通过对检索结果的分组浏览,还可以全面了解某科研基金资助的学科范围、科研主题领域等信息。

(3) 利用"句子检索":句子检索是指查找同时包含输入所有检索词的句子。由于句子中包含了大量的事实信息,通过检索句子可以为用户提供有关事实问题的答案。句子检索的检索结果以摘要的形式展示,并将关键词在文章中出现的句子摘出来,起到解释或回答问题的作用。

本例中如果想了解阿司匹林与脑梗死的关系,可以用句子检索,选择在全文"同一句"或"同一段"话中,含有"阿司匹林"和"脑梗死"的文章。浏览查到的结果可以看出阿司匹林对脑梗死有治疗作用。用户可对结果进行分组排序,筛选出有价值的文献,下载文章进一步阅读了解信息。

(4) 利用"来源期刊检索":来源期刊检索是指以发表文章的期刊为检索目标的检索方式。可以点击"期刊导航"按照期刊分类或期刊名称字顺找到某期刊;也可以在检索框中直接输入期刊名称作为检索词查找到某期刊;也可以根据期刊所属类别,选择全部期刊、SCI 来源期刊、EI 来源期刊或者核心期刊;也可以检索指定年期的期刊。

(四)检索技巧

技巧1 检索结果为 0 时,可以尝试更换检索词、增加同义词检索等方式重新检索:例如

本例中阿司匹林的同义词有醋柳酸、乙酰水杨酸。如果开始用"SU=醋柳酸*脑梗死"检索，结果可能为0。换用"SU=阿司匹林*脑梗死"就会检索出相关的文献。采用的同义词越多可能检索到的相关文献也越多。

技巧2 检索结果不准确，可以尝试更换检索词、更换检索字段等方式重新检索：例如本例中如果选择"全文"字段检索，很多不相关的文章或相关度不高的文章也检索出来了；选择"主题"或"篇名"字段，检索的准确率提高的同时，也许会存在着漏检的情况。

（五）易犯错误

错误1 当选择"篇名"和"全文"字段时，"精确"匹配指字段中需完整包含检索词，不能将检索词拆分：例如用"阿司匹林治疗脑梗死"精确查询，查询结果包含"阿司匹林治疗脑梗死"这一完整词串；"模糊"匹配是指定字段中包含检索词，检索词可以拆分，排序不分先后顺序。例如用"阿司匹林治疗脑梗死"模糊查询，可能将包含有"阿司匹林治疗急性脑梗死"这样词串的文章也查出来。一般情况下，选择"模糊"匹配即可。

错误2 当逻辑关系复杂时，最好分步运行检索：例如本案例第二次检索时，选择主题字段后在检索框中依次输入"脑梗死"、"脑血栓"、"脑栓塞"、"脑梗塞"，四者之间的逻辑关系均选择"或含"，如果在第五个检索框中输入"阿司匹林"，逻辑关系选择"并含"，会检索出错误的结果，因为此时的检索式为"SU=脑梗死+脑血栓+脑栓塞+（脑梗塞*阿司匹林）"。因此，当检索式存在多种逻辑关系时，最好实施分步检索或使用专业检索功能。

二、使用万方数据知识服务平台

（一）选取理由

万方数据知识服务平台（http://www.wanfangdata.com.cn/）数字化期刊全文数据库收录自1998年以来国内出版的理、工、农、医、哲学、人文、社会科学、经济管理与教科文艺等大类100多个类目的各类期刊7400余种，其中包括中华医学会和中国医师协会独家授权的期刊，论文总量2000多万篇。

（二）功能特色

1. 具有一框式检索方式 一框式检索支持使用多个字段和逻辑关系组配检索策略，给逻辑关系复杂的检索带来方便。

2. 智能推荐检索词功能 系统可以根据用户输入的一段文本，比如查新委托书的科学技术要点、立项报告正文等，自动推荐一些候选的检索词作为参考。

3. 检索结果采用智能排序方式 排序时对时间指标、质量指标、相关度指标综合考虑，提供了三种排序方式：相关度优先、新论文优先、经典论文优先。不同的排序方式实际上是调整了各个排序指标在排序时的权重。当然，也可以按照仅采用某一指标的方式排序。

（三）检索方法

进入万方数据知识服务平台首页点击"期刊"，在检索框中输入检索式可以检索期刊文章。也可以通过不同分类方式的期刊导航检索期刊。点击"高级检索"可以看到高级检索和专业检索两种检索方式。

分析本案例，共有两个检索关键词：阿司匹林、脑梗死，要求检索最近一年的文章。

1. 利用"高级检索"

（1）选择检索限定的字段，输入相应的检索词：在字段下拉式菜单中分别有全部、主题、题名或关键词、创作者、作者单位、关键词、摘要、日期、期刊-来源、期刊-期等字段可供选择使用。其中"主题"字段是指分别在标题、关键词、摘要三个字段中检索。

本案例中各个检索条件均选择"全部"字段，在第一个检索框中输入"阿司匹林"，第二个检索框中输入"脑梗死"；二者之间的逻辑关系选择"与"；匹配方式选择"模糊"。

（2）在时间条件控制区域选择最近一年的时间。

（3）点击"检索"按钮进行检索：要检索出更多的相关文献，可以通过增加同义词方式进一步查找。例如"脑梗死"的相关词有"脑血栓"、"脑栓塞"、"脑梗塞"等。检索的步骤为：

步骤1 在第一个检索框中输入"脑梗死"，第二个检索框中输入"脑血栓"，第三个检索框中输入"脑栓塞"，第四个检索框中输入"脑梗塞"；四者之间的逻辑关系均选择"或"；第五个检索框中输入"阿司匹林"，与前四者的逻辑关系选择"与"；字段均选择"全部"；匹配方式选择"模糊"。

步骤2 选择最近一年的时间后点击"检索"按钮进行检索。

2. 利用"专业检索" 专业检索需使用逻辑运算符和检索词编制检索式进行检索。

万方数据为论文检索提供了多种字段，每个字段允许多种表达方式。如"题名"字段可以用"title"、"标题"、"题目"、"篇名"等表示，"关键词"字段可以用"keyword"、"关键字"等表示，"作者"字段可以用"author"、"责任者"、"著者"等表示。

逻辑运算符 and 可以用"＊"表示，or 可以用"＋"表示，not 可以用"－"表示。

本例中如果要限定检索词出现在题名字段中，检索式可以写为："题名：脑梗死＋题名：脑梗塞＋题名：脑栓塞＋题名：脑血栓＊题名：阿司匹林"。如果要求检索词在全部字段中，检索式可以写为："脑梗死＋脑梗塞＋脑栓塞＋脑血栓＊阿司匹林"。

3. 利用"快速检索" 在万方数据知识平台首页点击"期刊"，在检索框中输入"脑梗死＋脑梗塞＋脑栓塞＋脑血栓＊阿司匹林"，点击"检索"，在检索结果页面左侧的聚类选项选择年份为"近一年"，可以得到相同的检索结果。

4. 导出题录与下载全文

方法1 选择一篇或多篇感兴趣的文章点击"导出"，可以以指定的格式导出文章题录信息。

方法2 点击文章题录下面的"下载全文"链接可以直接下载当前文章 PDF 格式的全文。

方法3 也可以点击文章题名，打开文章详细信息页面，查看其摘要等信息后，点击"下载全文"按钮可以下载 PDF 格式的全文。

（四）检索技巧

技巧1 利用系统提供的自动分组聚类功能实现精确检索。系统对检出文献在不同来源刊、不同时间以及不同学科领域的分布情况进行自动分组，帮助用户对检索结果进行筛选，使检索更精准。

技巧2 利用系统提供的扩展信息增加检出的文献量。检索结果页面提供了相关文章中出现频次较高的关键词和相关词以及相关文章、相关专家和机构等信息，可启发用户进行扩展检索和阅读。

技巧3 可以使用知识脉络等功能调研课题发展状况。知识脉络是以关键词为核心，根据对所发表论文的知识点和知识点的共现关系的统计分析，向用户揭示知识点新的研究方向、趋势和热点的一种服务。以本例说明：在知识服务平台首页中左上角点击"知识脉络"链接进入知识脉络服务页面，在检索框输入"阿司匹林"后点击"知识脉络搜索"，可以看到"阿司匹林研究趋势"；或者在浏览文章详细信息时点击关键词"阿司匹林"后面的"知识脉络"图标，也可以看到"阿司匹林研究趋势"：阿司匹林治疗脑梗死或相关研究长时间以来一直较多，自 2004 年至今阿司匹林与氯吡格雷联合应用研究成为热点。

（五）易犯错误

下载的文章打不开，可能是因为没有安装 PDF 阅读软件；打开 PDF 文章资源的时候出现文章空白、乱码、需要输入口令、水印覆盖文字等问题，可能是当前的 PDF 阅读软件版本过低，需要升级或更换阅读软件。

三、使用重庆维普《中文科技期刊数据库》

(一)选取理由

重庆维普资讯有限公司的主导产品《中文科技期刊数据库》(http://www.cqvip.com)收录1989年至今的中文期刊12000余种,全文2300余万篇,引文3000余万条。分社会科学、自然科学、工程技术、农业科学、医药卫生、经济管理、教育科学和图书情报共八个专辑定期出版。

(二)功能特色

1. 提供了基本检索、传统检索、高级检索和期刊导航等检索方式。

2. 在单篇文章的详细信息展示页面上,除了有文章的基本信息以外,还提供了查看高影响力作者、查看高影响力机构、查看高影响力期刊和查看高被引论文以及参考文献、相似文献等附加功能。

(三)检索方法

进入维普网首页,点击左上角的"专业版"进入维普期刊资源整合服务平台。本案例共有两个检索关键词:阿司匹林和脑梗死,要求检索最近一年的期刊文章。

1. 利用"基本检索"

(1) 选择检索限定的字段,输入相应的检索词:在字段下拉式菜单中有任意字段、题名或关键词、题名、关键词、文摘、作者、第一作者、机构、刊名、分类号、参考文献、作者简介、基金资助和栏目信息共计14个字段可供选择使用。

本案例中第一个检索条件选择"题名或关键词"字段,在检索框中输入"阿司匹林",第二个检索条件选择"题名或关键词"字段,在检索框中输入"脑梗死";二者之间的逻辑关系选择"与"。

(2) 在时间条件控制区域选择最近一年的时间。

(3) 范围和学科等选项均选择默认值。

(4) 点击"检索"按钮进行检索:要检索出更多的相关文章,可以通过同义词进一步查找。例如"脑梗死"的相关词还有"脑血栓"、"脑栓塞"、"脑梗塞"等,具体步骤为:

步骤1 点击检索框前面的"+"增加检索框。各个检索条件均选择"题名或关键词"字段,在检索框中依次输入"脑梗死"、"脑血栓"、"脑栓塞"、"脑梗塞",四者之间的逻辑关系均选择"或"。

步骤2 在时间条件控制区域选择最近一年的时间。

步骤3 范围和学科等选项均选择默认值。

步骤4 在检索框下方的检索方式中选择"重新搜索"。

步骤5 点击"检索"按钮进行检索。

步骤6 在检索结果页面,检索条件选择"题名或关键词"字段,在检索框中输入"阿司匹林"。

步骤7 在检索框下方的检索方式中选择"在结果中搜索"。

步骤8 点击"检索"按钮进行检索。

2. 利用"高级检索" 高级检索提供了两种方式供读者选择使用:向导式检索和直接输入检索式检索。向导式检索为读者提供分栏式检索词输入的方法。除了可选择逻辑运算、检索项、匹配度外,还可以进行相应字段扩展信息的限定,最大程度地提高了"查准率"。

直接输入检索式检索可在检索框中直接输入逻辑运算符、字段标识、检索词等,并可以对更多检索条件进行限制。使用逻辑运算符时,"*"代表"并且","+"代表"或者","-"代表"不包含"。检索字段用代码表示:U="任意字段",M="题名或关键词",K="关键词"，A＝"作者"，T＝"题名"，C＝"分类号"，R＝"文摘"，S＝"机构"，J＝"刊名"，F＝"第一作者"。

因此，本例可以在检索框中输入"（M＝（脑梗死＋脑梗塞＋脑血栓＋脑栓塞））＊M＝阿司匹林"，选择最近一年的时间后进行检索。

3. 利用"传统检索" 在数据库检索区点击"传统检索"，即可进入传统检索页面。

步骤1 检索入口选择"题名或关键词"字段。

步骤2 在检索式输入框输入"阿司匹林"。

步骤3 在年限控制区域选择最近一年的时间。

步骤4 "期刊范围"、"最近更新"及左侧的"分类导航"均选择默认选项。

步骤5 点击"检索"按钮进行检索。

步骤6 在检索结果页面检索入口选择"题名或关键词"字段，在检索式输入框输入"脑梗死"。

步骤7 逻辑关系选择"与"，点击二次检索。

在传统检索中，也可以输入复杂的检索式。如本例中可以在检索式输入框输入：（M＝（脑梗死＋脑梗塞＋脑血栓＋脑栓塞））＊M＝阿司匹林，选择一年的时间限制后检索可以直接得到检索结果。

4. 利用"期刊导航" 点击"期刊导航"按照期刊学科分类或期刊名称字顺找到某期刊；可以在检索框中直接输入期刊名称作为检索词查找到某期刊；可以查看该期刊的有关信息，也可以检索指定年期的期刊文章。

5. 利用"检索历史"调整检索策略 系统对用户检索历史做自动保存，点击保存的检索式进行该检索式的重新检索或者进行"与"、"或"、"非"逻辑组配。

6. 导出题录与下载全文

（1）查看检索结果时，可以选中自己感兴趣的文章，点击"导出"，在打开的详细信息的页面，选择"文本"、"参考文献"或NoteExpress、EndNote等文献管理软件的格式后，再次点击"导出"，可以导出所需文献的题录和摘要文本。

（2）在检索结果页面，有"在线阅读"和"下载全文"按钮实现相应的功能。也可以点击文章题目，打开文章详细信息页面，实现"在线阅读"或"下载全文"功能。对未经授权的文章，可以通过"文献传递"方式获取全文。

（四）检索技巧

技巧1 维普提供了强大的同义词检索功能：在传统检索页面，勾选页面左上角的"同义词"，输入检索式"脑梗死"，再点击"搜索"，即可找到和脑梗死同义或近似的词以获得更多的检索结果。在高级检索页面，输入检索词后点击"查看同义词"，也能够实现增加同义词检索功能。

技巧2 维普采用《中国图书馆分类法》（第4版）为分类标准，根据文章的内容特征将文章准确地归入不同的类别：在高级检索时，选择"分类号"字段，点击检索框后面的"查看分类表"，可以选择并添加分类号后检索。本案例选择分类号"R743.3"可以检索"急性脑血管疾病"类目下的所有文章进行扩展阅读。

（五）易犯错误

基本检索和高级检索中的向导式检索是严格按照由上到下的顺序进行。例如，通过基本检索页面检索本案例，通过不断点击检索框前面的"＋"号使检索框增至五个，限定的字段均为"题名或关键词"，在检索框中依次输入"脑梗死"、"脑血栓"、"脑栓塞"、"脑梗塞"，四者之间的逻辑关系均选择"或"；第五个检索框中输入"阿司匹林"，逻辑关系选择"与"，选择一年的时间限制后点击检索，此时系统运行的检索式为"（M＝（脑梗死＋脑梗塞＋脑血栓＋脑栓塞））＊M＝阿司匹林"。

四、有效查找中文期刊全文文献应注意的问题

本章介绍的 CNKI、万方数据知识服务平台和重庆维普《中文科技期刊数据库》是查找中文期刊全文最主要的数据库。三个数据库在收录的期刊、检索方式、增值服务等方面有交叉也有不同，各有长短。

（一）相同点

1. 三个数据库均提供了快捷友好的检索界面，既有适合初级用户的简单检索方式，又有适合专业人员的专业检索方式，满足简单或复杂的检索需求。

2. 除了检索和提供全文外，三个数据库都提供了一些增值服务，如提供相似文献、参考文献、相关作者等，对知识和知识网络进行多层次、多角度的揭示。

（二）不同点

1. 收录的期刊回溯年限不同　CNKI 中国知网收录的期刊回溯至 1915 年，部分期刊回溯至创刊年；万方数据知识服务平台回溯至 1998 年；重庆维普《中文科技期刊数据库》回溯至 1989 年。

2. 收录期刊覆盖的学科范围不完全相同　三个数据库都涵盖了自然科学、工程技术、人文科学等领域，同时每个数据库都有一些独家授权的期刊，尤其是万方知识服务平台收录了中华医学会和中国医师学会独家授权的期刊。由于数据库相互间收录的期刊存在着交叉重复现象，但又各自拥有一些独家刊物，因此用户要注意根据自己的需求选择使用。

（三）查找中文期刊全文文献应注意的问题

1. 三个数据库的主题途径检索仅提供关键词检索　关键词检索方便快捷，但容易造成漏检和误检。因此，在这三个数据库中检索时，要提高查全率与查准率，应尽可能地使用检索词的同义词、近义词、相关词进行检索。如本章例子中使用阿司匹林、醋柳酸、乙酰水杨酸及脑梗死、脑梗塞、脑血栓、脑栓塞组合检索，就要比单纯使用阿司匹林与脑梗死组合检索效果要好得多。

2. 三个数据库提供可检索字段均提供了篇名、关键词、摘要、全文等字段　在不同的字段中检索时，查准率、查全率会有所不同。用户应根据检索需要和检索结果情况，调整选择适当的字段限定检索。如本章举例时 CNKI 选择主题字段、万方数据知识服务平台选择全部字段、维普选择题名或关键词字段，检出文献差别较大。

3. 由于各数据库收录期刊的学科范围不同，同一主题在三个数据库中检出的结果可能会有不同，检索时应注意三个数据库的结合使用。

第二节　外文医学期刊全文检索

一、使用 ScienceDirect

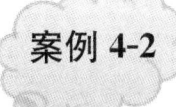

案例 4-2　某医科大学学生的指导教授要求该学生查找如下英文文献全文进行阅读：Di Liu，Weifeng Shi，Yi Shi, et al. Origin and diversity of novel avian influenza A H7N9 viruses causing human infection：phylogenetic, structural, and coalescent analyses. The Lancet，Volume 381，Issue 9881，2013，Pages 1926-1932。为进一步学习可再查找几篇关于 H7N9 病毒引起流行性感冒方面的英文全文文献，并跟踪阅读该主题相关文献。

（一）选取理由

本案例选择利用 ScienceDirect（http://www.sciencedirect.com）进行检索。ScienceDirect 是 Elsevier（爱思唯尔）出版集团 1997 年推出的科技与医学全文数据库，收录了来自该集团出版的 2500 多种同行评审期刊和 11 000 多种图书，包括 The Lancet《柳叶刀》、Cell《细胞》、Gastroen-

terology《胃肠病学》等著名期刊，期刊回溯至创刊号最早的期刊是 *The Lancet*（1823 年）。

（二）功能特色

1. 收录的学术期刊质量高　ScienceDirect 收录的 2500 多种同行评审期刊每年保持更新的约 2100 多种，其中被 SCI、SSCI、AHCI 引文数据库收录的期刊共有 1400 多种，占期刊总数的 65％。内容涉及四个大类：物理科学和工程学（Physical Sciences and Engineering）、生命科学（Life Sciences）、健康科学（Health Sciences）、社会科学和人文科学（Social Sciences and Humanities），涵盖 24 个学科领域。

2. 提供个性化服务功能　在 ScienceDirect 平台，用户免费注册个人账户后，可以进行个人账户设置和个人通报设置，构建自己的个性化主页；通过保存检索式，利用 RSS 或 E-mail 推送服务可定期接收更新的检索结果；还可以接收个人感兴趣的新出版文献、相关学科主题或特定期刊、图书等的更新文献；使用通报服务功能可以即时获得更新文献，帮助跟踪感兴趣研究领域新的文献。

3. 允许批量下载 PDF 格式的全文　大部分中外文全文数据库只允许下载单篇全文文献，下载多篇全文时需要多次点击"下载"按钮。ScienceDirect 数据库可以一次性批量下载选中文献的 PDF 格式全文，方便快捷。

（三）检索方法

ScienceDirect 数据库提供浏览（Browse）和检索（Search）两种途径进行检索。

1. 浏览　主要指利用期刊或图书的题名进行浏览。用户可直接在 ScienceDirect 主页左侧栏中的"Browse"中进行浏览，或从导航栏上的"Publications"进入浏览页面。浏览途径包括按书刊题名的字顺浏览（Browse by Title/Browse Alphabetically）、按书刊的学科分类浏览（Browse by Subject）和浏览感兴趣书刊（Browse by Favorites）三种方法。

浏览页面中每种书刊信息显示该期刊或图书是否被授权获得全文（Full-text），钥匙标识为绿色表示已被授权，灰色则表示不能获得全文。在浏览书刊时如果只需要浏览提供全文的书刊，可以选择"只显示可获得全文"（Show full-text available only）的限定选项。

（1）书刊题名的字顺浏览：ScienceDirect 将所有期刊、图书等按题名的字顺排序，用 26 个英文字母做索引。题名中的 a、an、the 等冠词和定冠词无论在题名开头还是题名中间都不参与排序。如案例 4-2 要查找 *The Lancet* 期刊上的一篇文献全文，可以通过书刊题名的字顺浏览途径，忽略题名中的 The，点击字母"L"进行浏览，选择"只显示可获得全文"的限定选项，按字顺找到 *The Lancet*，点击题名链接进入该刊详细信息页面，根据卷期导航找到该刊 2013 年第 381 卷 9881 期，点击进入该期，根据该期目次，找到第 1926～1932 页的文章，核对题名、作者等信息，正是需要的文献：Origin and diversity of novel avian influenza A H7N9 viruses causing human infection: phylogenetic, structural, and coalescent analyses，可下载 PDF 格式或网页格式全文进行阅读。

（2）按学科主题浏览：ScienceDirect 平台将书刊分为四个大类，24 个一级学科，每个学科下面进行二级学科分类，通过"编辑"（Edit）按钮可以选择需要浏览的学科。各级分类下的书刊均按照题名的字母顺序进行排序，并提供题名首字母索引。各学科的书刊之间存在少量的交叉重复。

（3）感兴趣书刊浏览：登录 ScienceDirect 个人账户，可将感兴趣书刊加入到列表中（Added to Favorites），再次登录后在个性化主页面的快速链接"Quick Links"中，感兴趣书刊列表直接在 Favorite Journals/Books 项目下列出，可直接点击相应书刊进行浏览使用。

2. 检索　ScienceDirect 检索分为基本检索（Search）、高级检索（Advanced search）和专家检索（Expert Search）三种方式。在 ScienceDirect 导航栏中点击"Search"按钮可进入高级检索和专家检索页面。

（1）基本检索：可检索的字段包括所有字段（All fields）、作者（Author）、书刊题名

第四章　全文型医学期刊文献检索

(Journal/Book title)、卷(Volume)、期(Issue)、页码(Page),各字段之间为逻辑"与"关系。"所有字段"(All fields)输入框里可以输入一个或几个检索词进行检索,无需区分大小写,词之间没有先后顺序,默认是单词检索,检索结果是全文中同时含有这些检索词的记录。如果要进行词组检索,就需要使用半角双引号,如"liver transplantation"。

基本检索时可限定为文章(Articles)检索或图形(Images)检索。图形检索包括图片、表格、照片和视频等内容检索。检索时如果限定为图形,即使检索词输入的是文章题目或作者,检索返回的结果只是文献中的图片那部分内容。

基本检索几乎在 ScienceDirect 平台的每个窗口中都存在,方便用户利用该途径快速查找文献。如案例 4-2 除了可以使用浏览途径外还可以使用基本检索。

步骤1　限定为文章检索(Articles)。

步骤2　根据要检索文献的出处在书刊题名检索框中输入"The Lancet",卷、期、页码三个检索框中分别输入 381、9881、1926。

步骤3　点击检索"Search"按钮,检索结果精确定位到该篇文献,可下载 PDF 格式或网页格式全文进行阅读。

(2)高级检索:高级检索可以选择在全部资源(All sources)中检索,也可以选择只检索期刊、图书、参考书或图形。高级检索中增加了字段选项、逻辑组配、分类主题限制、文献类型限制、出版时间、年、卷期限制。见图 4-1。

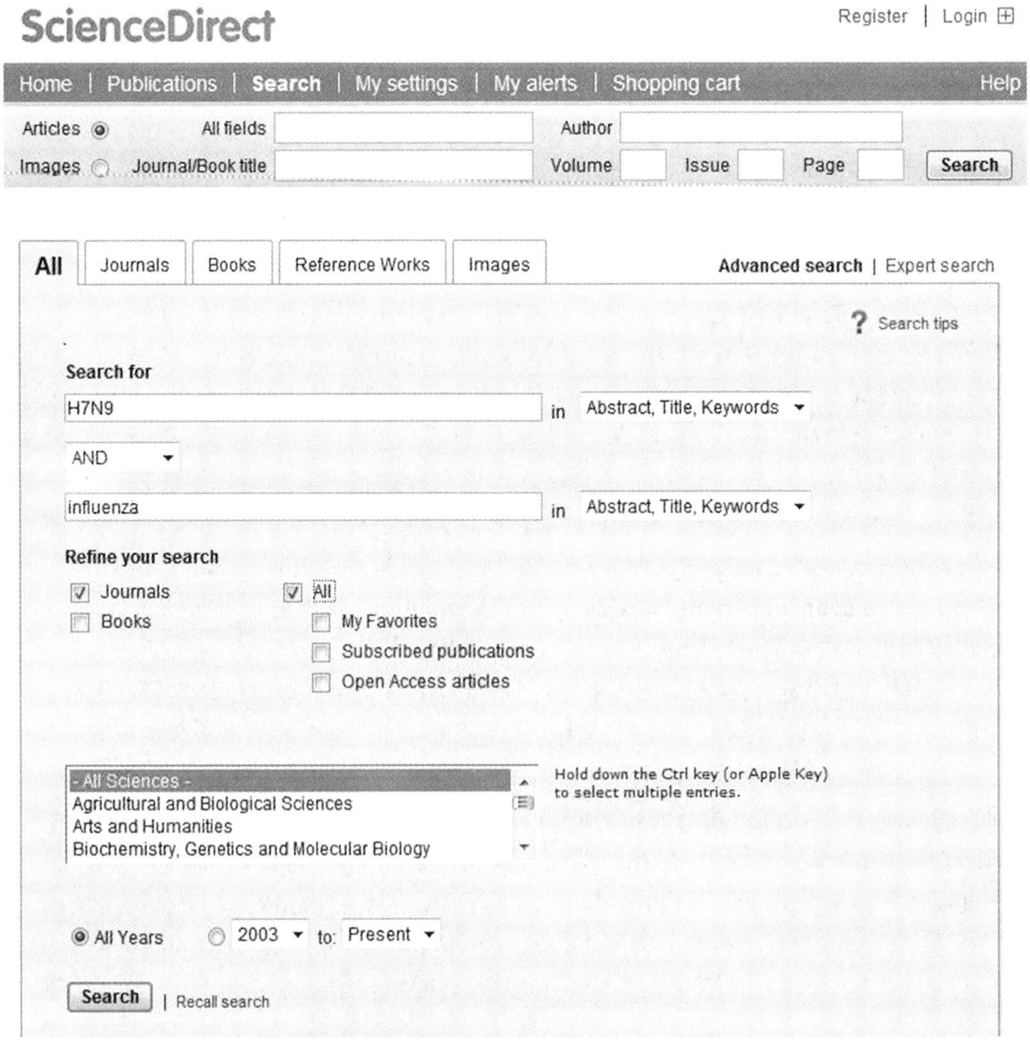

图 4-1　ScienceDirect 高级检索页面

高级检索的限定字段在不同的资源范围内检索时略有不同。基本包括以下字段选项：所有字段（All Fields）、文摘/题名/关键词（Abstract，Title，Keywords）、作者（Authors）、特定作者（Specific Author）、数据来源名称或期刊名称（Source Title/Journal Name）、文章题名或图书章节名称（Title/Article or Chapter Title）、关键词（Keywords）、文摘（Abstract）、参考文献（References）、国际标准书刊号（ISBN/ISSN）、机构名称（Affiliation）、全文（Full Text）。

在案例 4-2 中，要查找几篇关于 H7N9 禽流感方面的英文文献，可使用 ScienceDirect 高级检索方式：首先分析主题概念，确定使用的检索词为 H7N9 和 Influenza，将高级检索中两个检索框的限定字段选为"Abstract，Title，Keywords"，分别输入检索词 H7N9 和 Influenza，两个检索项之间的逻辑关系选择"AND"，限定为只检索期刊文章，如图 4-1。点击"Search"按钮执行检索，得到相应的检索结果。

（3）专家检索：专家检索和高级检索在同一界面内，可以相互切换。专家检索是指通过使用限定字段、检索词以及布尔逻辑算符、截词符、邻近符等，直接输入检索表达式进行检索。输入格式为：字段名（检索词）。在同一字段中，如果检索词之间没有运算符或引号，系统默认各检索词之间是逻辑"与"的关系，同时提供资源范围、分类主题、文献类型、出版时间等限定条件。如案例 4-2 使用专家检索可以在检索框内输入检索表达式 title-abstr-key（H7N9 and Influenza）进行检索。

（四）检索结果

检索结果过多时可以进一步缩减，在检索结果页面的左侧栏有"在结果中检索"（Search within results）和"精炼结果"（Refine results）两种方式。精炼结果可以在内容类型（Content Type）、书刊题名（Journal/Book Title）、主题（Topic）以及年代范围（Year）等选项中进行精炼，包括限定在……内（limit to）和除……之外（exclude）。

检索结果的全文支持网页 HTML 格式浏览和 PDF 格式文件下载。其中书刊题名或文献题名前带有绿色图标表示可以获得全文（图 = Full-text available），白色图标表示用户只能查阅摘要内容（图 = Abstract only），并在标题后有"Purchase"图标提示需要购买后使用。

1. 检索结果单篇文献处理　检索到的结果可以按时间顺序或内容的相关性进行排序。检索结果的题录列表内容包括标题、文献出处、责任者以及预览（Show Preview）、PDF 全文、相关文献（Related Articles）和相关参考类文献（Related reference work articles）的链接。其中标题可链接到该文献的 HTML 页面；相关文献可指引到与该文献具有引用、共引和被引等关系的相关文献。在图形检索结果中，相关文献这一选项被相关图形（Related Images）代替。相关参考类文献可指引到与该文献有关的百科全书等对应章节。

2. 检索结果批量处理

（1）购买（Purchase）：没有被授权的文献读者可根据个人需要进行购买。

（2）邮件发送（E-mail Articles）：在题录前面的复选框里选中需要的文献，通过 E-mail 发送选中结果的引文及链接，可以选择 Formatted（HTML）和 Plain text（ASCII）两种格式。

（3）引文输出（Export Citations）：将选中的文献按一定格式输出，将其作为引文进行管理。输出的内容格式（Content Format）有：引文（Citations Only）和引文＋摘要（Citations and Abstracts）两种选项。输出格式（Export Format）可根据使用的参考文献管理软件进行选择：RIS 格式（for Reference Manager，ProCite，EndNote）、直接输出到 RefWorks（RefWorks Direct Export）和 ASCⅡ格式（ASCⅡ format）三种方式。

（4）批量下载 PDF 格式的全文（Download multiple PDFs）：一次性批量下载选中文献的 PDF 格式全文（不能获取全文的可以选择下载其文摘），方便快捷。

(5) 打开全部的预览 (Open all previews): 打开检索结果中每篇文献的预览, 包括文摘和文献各级标题等内容。

3. 检索结果的个性化处理 免费注册个人账户后, 可以获得更多个性化的服务功能。页面中间是该用户的操作历史 (Recent Actions) 和设置的快速链接 (Quick Links)。在"Search History"开关打开的时候可以保存检索策略 (Save Search)、定期执行检索策略 (Save as Search Alert)、定制检索结果 (RSS Feed) 等以方便再次使用时不必重新编辑和输入检索表达式。如案例4-2中, 要跟踪关于H7N9病毒引起流行性感冒方面的相关文献, 可以通过E-mail或RSS阅读器接收新的文献摘要。

使用通报服务功能可以即时获得新增文献信息, 帮助跟踪研究领域最新进展。在检索结果页面提供检索通报 (Search Alert), 在浏览页面可以设置书刊通报 (Journal and book-series alerts), 选用后可在其他符合检索条件的文献出版时收到通知。在"我的通报" (My Alerts) 中可以编辑检索通报、主题通报 (Topic Alerts)、书刊通报, 还可以将编辑好的通报加入快速链接 (Add to my Quick Links), 形成个性化的页面。

(五) 检索技巧

技巧1 ScienceDirect的基本检索虽然提供的字段不多, 但在"All Fields"字段输入框中可以通过写入正确的检索表达式, 进行复杂主题的检索。如案例4-2查找几篇关于H7N9病毒引起流行性感冒方面的英文文献, 可在"All Fields"字段框中输入title-abstr-key (H7N9 and Influenza) 进行检索, 类似专家检索。

技巧2 ScienceDirect的作者检索与其他数据库有所不同: 限定Authors字段, 检索词可能出现在两个作者名中; 限定Specific Author字段, 检索词必须出现在同一作者名中。例如: 检索J Smith所写的文章, 如果选用Authors字段, 则Sally E Smith and David J Read这样的结果也会被检索出来, 如果限定为Specific Author字段则检索结果中不会出现这一条记录。

技巧3 进行主题检索时应尽量列举出主题概念的各种表达方式; 因为一般全文数据库的标引系统不全面, 查全率不高。如案例4-2中选择流感的检索词还应考虑"flu"等其他表达方式。另外, 建议选择"文摘/题名/关键词"这一组合字段, 而不要单独选择"关键词"字段。

二、使用OvidSP

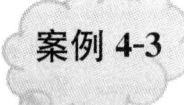
案例4-3

自从全球第一台置入型心律转复除颤器 (implantable cardioverter defibrillator, ICD) 1970年在美国巴尔的摩的西奈医院成功完成以来, 随着1971年美国密苏里大学也成功进行了ICD的置入, 关于ICD的临床应用研究越来越多, 特别是近几年来, ICD已被证明可有效治疗室性心律失常导致的心源性猝死。某心血管医生从中文文献看到近来发明的全皮下置入型心律转复除颤器 (entirely subcutaneous implantable cardioverter defibrillator, S-ICD), 手术更加简单且并发症少, 想进一步查阅近5年国外临床关于使用全皮下置入型心律转复除颤器预防心源性猝死的英文综述性文献。

(一) 选取理由

本案例选择利用OvidSP (http://ovidsp.ovid.com) 进行检索。OvidSP是Wolters Kluwer (威科) 出版集团提供的综合在线平台。该平台提供包括Lippincott Williams & Wilkins (以下简称LWW) 出版的医学期刊、ADIS药学期刊、美国心理学会的心理学期刊等2000多种学术期刊, 其中LWW出版的临床医学及护理学领域的280余种期刊, 超过一半被SCI收录, 在国外较受欢迎。著名的期刊有 *Circulation*《循环》、*Annals of Surgery*《外科年鉴》、*Hypertension*《高血压》、*AIDS*《艾滋病》等。此外, 该平台还收录2200多种电子书和多个数据库。

(二)功能特色

1. 除了可检索期刊、图书全文外,还提供二次文献、事实型等多种其他类型数据库。其中医学相关的主要有 MEDLINE、BIOSIS Previews、Embase、EBM Reviews、三维视频解剖学数据库 Primal 3D 等。OvidSP 平台支持同时对多个数据库进行跨库检索。

2. 除支持英文检索界面外,还支持简体中文、法语、德语、日语、繁体中文、西班牙语和韩语等多语种检索界面。语种切换在页面底端,界面亲切,为用户提供无语言障碍服务,见图 4-2。

图 4-2　OvidSP 平台首页的中文检索界面

3. 提供开放访问即 OA 的内容。通过基本检索可找到有关 OA 文献,在检索结果区域右侧显示 OPEN ACCESS RESULTS。

另外,该平台还可以整合图书馆的馆藏资源以及其他平台的一些数据库和网上资源进行统一检索。

(三)检索方法

进入 OvidSP 检索平台首页面,系统会显示可使用的资源列表,可选择单库检索,也可选择多个资源库进行跨库检索。选择完成后页面中将列出已经有几个资源被选择(Resource selected),同时还可以隐藏显示(Hide)或变更选择的资源(Change)。如果已经执行了检索操作,选择变更资源后可直接点击按钮"Select Resource(s) & Run Search",得到检索策略在新选资源库中的检索结果。

1. 单独选择期刊(Journal)或图书(Books)资源,可按标题字顺、按主题分类等方式浏览。

2. 提供基本检索(Basic Search)、题录检索(Find Citation)、检索工具(Search Tools)、字段检索(Search Fields)、高级检索(Advanced Search)和多个字段检索(Multi-Field Search)六种检索菜单。

(1) 基本检索:基本检索可快速找到最新发表的相关文献。它支持自然语言检索,可检索整句话或一个问题,系统会将输入的检索问题翻译成适当的检索策略。

案例 4-3,进入 OvidSP 平台后,选择资源 Journals@Ovid Full Text、***Journals@Ovid、Ovid MEDLINE(R)。

在基本检索框中输入需要检索的语句:Subcutaneous Implantable Cardioverter-Defibrillator for Prevention of Sudden Cardiac Death,并勾选 "包含相关语汇"(Include Related Terms)选项。系统会对检索词进行扩展,从 Ovid 词库中找出与之相关的词汇并应用到各组主题词里。本案例系统自动分析使用检索词 subcutaneous;implantable;cardioverter、defibrillator、cardioverter-defibrillators；prevention、protection；sudden cardiac death、cardiac death sudden 进行组合检索，组内词之间为逻辑"或"关系。

点击"限定"（Limits）进行条件限定．文献类型选择"Review Article"，出版年范围设置为 2010—current，然后执行检索。

基本检索和高级检索可根据需要进行文献特征、文献类型、出版时间等多种条件限定（Limits），并可根据需要编辑和定制限定条件。

(2) 题录检索：也有称为引文检索或常用字段检索。是根据一条题录信息快速查找原文的方便途径，提供题录相关字段包括：文章标题，期刊名称，作者姓氏，期刊的出版年、卷、期、起始页，出版者，唯一标识符，DOI。

(3) 检索工具：OvidSP 平台上并不是所有的资源库都具有"检索工具"这一方式。检索工具用于帮助用户选择规范化的主题词，主要包括主题词匹配（Map Term）、树状结构（Tree）、主题词轮排索引（Permuted Index）、主题词范畴注释（Scope Note）和扩展检索（Explode）五种功能。不同的数据库，所选用的主题词表也是不同的，比如 MEDLINE 数据库使用的是 MEDLINE 主题词系统，Embase 数据库使用的是 Emtree 主题词系统等。

(4) 字段检索：在检索框中输入检索词，然后选择所要限定的字段，选择多个字段时表示检索词出现在任何选中的字段中即为命中记录。字段检索中包括"我的字段（My Fields）"和"全部字段（All Fields）"两种选项。全部字段包括文摘、所有标题、基因名、生物系统代码、药物别名、标题文本、全文、主题词等多个字段供选择。光标移到一个字段后可以通过点击随后出现的加/减（+/-）按钮添加/删除这个字段到"我的字段"中进行个性化设置。

(5) 高级检索：高级检索提供关键词（Keyword）、作者（Author）、标题（Title）、刊名（Journal）、书名（Book Name）五个检索字段。支持输入的词或短语使用"$"或"*"为截词符号。

高级检索默认选中关键词字段，输入关键词或短语后，系统会在文章的标题、文摘、全文等字段中检索。作者字段输入时要求姓在前、名在后（仅用首字母即可）拼写方式，姓名之间用空格分开。题名字段是指在文献题目中查找输入的检索词。刊名检索不支持缩写刊名检索，也不支持刊名或书名的关键词检索。刊名或书名检索时必须输入期刊、图书的全称，或使用截词符号进行检索。

(6) 多个字段检索：提供多种字段进行逻辑关系（包括 AND、OR、NOT）组配检索，提供的检索字段会根据选择的资源库而有所变化。

(四) 检索结果

可以通过检索结果页面左侧栏的检索结果工具（Results Tools）进行处理，包括：①检索信息（Search Information）：显示系统分析并使用的检索词、命中记录数、结果去重、结果排序方式、结果显示格式设置等。②筛选结果（Filter By）：可以对命中结果的相关性、出版年、学科主题、作者、期刊、来源数据库、文献类型等进行精选检索结果。③我的课题项目（My Projects），需要注册登录后使用：可以添加几个课题，将检索结果的文献加入相应课题中。

检索结果的全文支持网页 HTML 格式浏览和 PDF 格式文件下载，并支持打印、发邮件、输出等功能。

OvidSP 平台为用户提供免费申请个人账户，享受个人空间"My Workspace"的服务：①管理"我的课题项目"（My Projects）；②检索策略和通报（My Searches & Alerts）；③期刊目次通报（My eTocs）；④安装功能插件（Install Toolbar）。

(五) 检索技巧

技巧1 除可以检索一次文献外，还可检索一些二次文献数据库，如 MEDLINE、BIOSIS

Previews、International Pharmaceutical Abstracts 等；案例 4-3，选择 *** Journals@Ovid 可检索订购单位已购买的全文期刊；选择 Journals@Ovid Full Text 既可查到 OVID 1000 多种期刊的摘要，也可查到机构已购买的全文期刊。如果检索全文文献不多时，选择检索 Ovid MEDLINE（R）数据库，还可以检索到非 OVID 全文的相关文献信息。

技巧2　基本检索支持自然语言检索：用户可以自由输入检索词或提问语句，系统将自动分析和转换，再根据检索分析和转换结果改进检索表达语句。应尽量使用名词表述，提高检索效率。

技巧3　OvidSP 平台授权时一般都有用户数限制，长时间未操作数据库系统会出现提示，并自动注销退出。可重新点击 Start Ovid 按钮进入。

三、使用 Wiley Online Library

案例 4-4　某肿瘤科教授在网上看到一篇关于"阿司匹林可降低黑素瘤风险"的报道：新研究发现，服用阿司匹林的妇女会降低罹患黑素瘤的风险——并且服用时间越长，罹患风险越低。研究结果显示，阿司匹林的消炎作用有助于保护人体罹患这类皮肤癌。该研究早些时候以在线方式发表在美国癌症协会（American Cancer Society，ACS）的同行评审期刊 *CANCER* 上。该教授除了要详细阅读这篇论文的原文外，还需了解癌症领域的顶级期刊：*CA：A Cancer Journal for Clinicians* 的投稿方式、收录论文的范围以及论文格式等。

（一）选取理由

本案例选择使用 Wiley Online Library（http://onlinelibrary.wiley.com）进行检索。Wiley Online Library 是 John Wiley & Sons 出版集团提供的全文数据库检索平台，它与超过 800 个非营利学会合作，收录了来自 1500 种同行评审期刊，以及数百种多卷册的参考工具书、丛书系列、手册和辞典、实验室指南和数据库的 400 多万篇文章，并提供在线阅读。据统计，被 SCI/SSCI 收录的核心期刊达到出版期刊总数的 50%，其中包括 *CA：Cancer Journal for Clinicians*《临床医师癌症杂志》，*Hepatology*《肝病学》等著名期刊。

（二）功能特色

1. 制作了详细在线培训和辅导教程（Training and tutorials）　提供包括简体中文、英文、西班牙文、日文等多种语言的自助培训教程，方便用户自助学习平台的使用。

2. 个性化服务功能　免费注册个人账户后，既可以保存常用出版物名称及检索结果、设置电子邮件提醒、管理"我的档案"（My Profile）账户，又可以通过定期在机构授权的终端设备上激活账号，获得一定时期的机构外终端设备上账号登录方式访问授权数据的权限。

3. 除传统出版方式外，还提供 Wiley 开放获取（Open Access）和混合型开放获取（Online Open）等模式　Online Open 是指作者、作者的资助机构或作者单位通过支付一定的费用以保证文章在发表后通过 Wiley Online Library 面向非订阅者开放。

（三）检索方法

Wiley Online Library 提供浏览（Browse）和检索（Search）两种途径。

1. 浏览

（1）按书刊标题字顺浏览：可在首页或点击网站任何页面的"出版物"（Publications）按书刊标题字母顺序浏览。

案例 4-4 中要查找期刊 *CA：A Cancer Journal for Clinicians*，在书刊题名字顺表中点击字母 C 进入浏览页面，进一步使用筛选选项，只选"期刊"（Journal）文献类型，浏览找到该期刊，点击刊名 CA 进入该刊首页，除显示该刊近几期的链接外，该页面还显示期刊的封面缩略图和详细信息，包括主编、影响因子、相关文献等，如 *CA：A Cancer Journal for Clinicians* 的影响因子（Impact Factor）为 153.459。根据 2012 年 ISI 发布的《期刊引证报告》

(Journal Citation Reports, JCR) 数据显示，该刊影响因子位居 JCR 收录的 196 种肿瘤 (Oncology) 学科期刊中的第一位。

在该刊首页左栏"FOR CONTRIBUTORS"中提供了"混合性开放 (OnlineOpen)"、"作者指南 (Author Guidelines)"和"提交稿件 (Submit an Article)"三方面信息。其中在作者指南中介绍了期刊的详细信息，以便作者了解期刊收稿内容及格式要求，进行在线投稿等，见图 4-3。

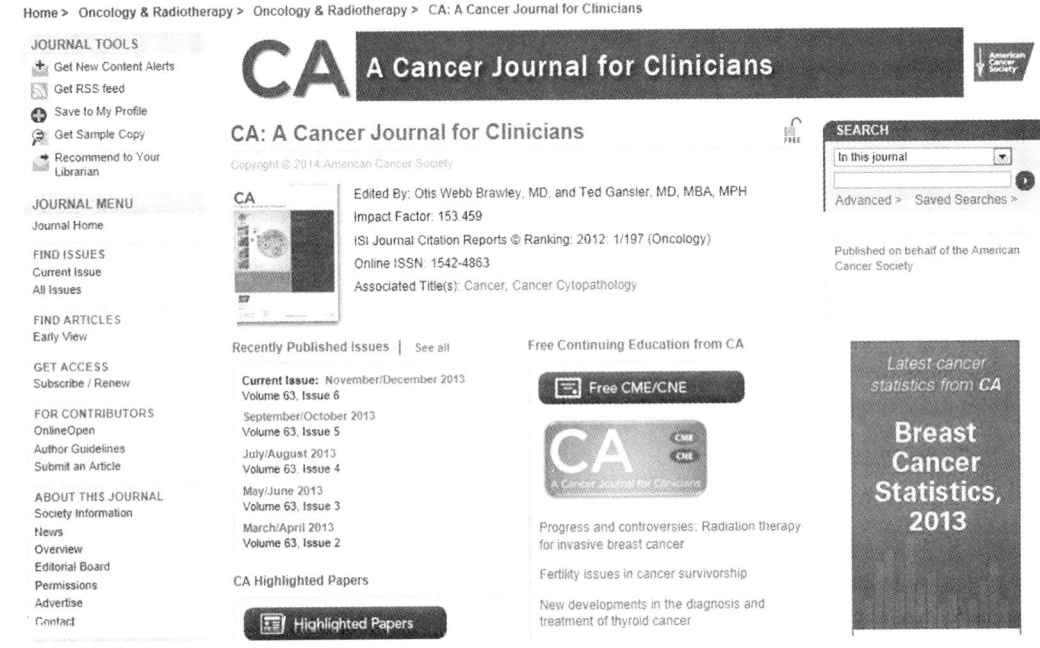

图 4-3　CA 期刊的首页面

(2) 按学科主题浏览：Wiley Online Library 将书刊分为 17 个大类，每个大类下面进行二级学科分类。用户通过点击要浏览的二级学科分类类名进入该学科浏览页面，系统会显示重点推荐的四种书刊。点击"View all products in ***"链接可浏览该学科的所有书刊资源。各级分类下的书刊均按照标题的字母顺序进行排序，可以进一步按文献类型筛选。

2. 检索　包括基本检索 (Search) 和高级检索 (Advanced search) 两种方式。

Wiley Online Library 平台的每个窗口中都提供基本检索方式。基本检索只提供在所有内容 (All content) 和在出版物标题 (Publication titles) 中运行检索两个选项。

高级检索 (Advanced search) 提供了包括全部字段 (All Fields)、出版物标题 (Publication titles)、文章篇名 (Article Titles)、作者 (Author)、全文 (FullText)、文摘 (Abstract)、作者单位 (Author Affiliation)、关键词 (Keywords)、资助机构 (Funding Agency)、国际标准书号 (ISBN)、国际标准刊号 (ISSN)、文献唯一标识符 (Article DOI)、参考文献 (References) 等检索选项。用户可进行多个检索条件的逻辑组配，设置时间范围限定。检索结果可根据需要进一步筛选文献类型。

案例 4-4 中，查找 Cancer 期刊发表的阿司匹林可降低黑素瘤风险的英文期刊论文：选择检索字段 Publication Titles，输入检索词"Cancer"，选择检索字段 Article Titles，检索词分别输入"aspirin"和"melanoma"，三个检索字段的逻辑关系选择"AND"逻辑组配，点击检索可查到需要的文献。

(四) 检索结果

在检索结果列表中，文献记录前如果带有打开的锁形图标，表示可以获得全文 (表示订购，🔓表示免费访问）和参考文献信息，全文支持网页 HTML 格式浏览和 PDF 格式下载。用户可在检索结果中选择需要的文献保存到个人资料（Save to profile）或输出引文（Export Citation），同时可利用 Wiley Online Library 平台个人账号对检索结果进行处理：保存检索式（Save Search）、查看已保存的资料、执行和管理邮件提醒服务等。

（五）检索技巧

技巧1 Wiley Online Library 平台提供期刊首页中的二次检索功能。案例 4-4，除高级检索外，还可以通过期刊浏览途径找到期刊 *Cancer*，进入 *Cancer* 首页面，页面右侧提供检索功能，检索选项默认是在本刊中检索（In this journal）。在检索框中输入检索词 "aspirin melanoma"，即可得到一些相关文献，包括命中文献。

技巧2 Wiley Online Library 平台重视为作者、投稿者提供投稿平台和服务，在中文平台（www.WileyChina.com）中会经常安排相关内容的在线培训。

四、使用 SpringerLink

案例 4-5 肺结核（pulmonary tuberculosis，PTB）是由结核分枝杆菌引发的肺部感染性疾病，是严重威胁人类健康的一种疾病。结核分枝杆菌的传染源主要是排菌的肺结核患者，通过呼吸道进行传播。某医生想查找几篇关于肺结核药物治疗的英文文献，要求最好包括1990年以前出版的文献。

（一）选取理由

本案例选择使用 SpringerLink（http://link.springer.com）进行检索。SpringerLink 是 Springer 出版社提供的全文数据库检索平台，收录大约 2700 多种期刊，其中与医学相关的大约 800 余种。另外，还收录电子图书（每年新增 5000 余册）、丛书、实验室指南、参考工具书等。

SpringerLink 期刊内容以 1997 年为限分为现刊库和过刊库。国家科技图书文献中心（NSTL）订购了 SpringerLink 电子期刊及丛书 1996 年以前的回溯库内容，并为国内非营利性学术机构开通使用，符合本案例中用户欲获取 1990 年以前出版文献的全文需求。

（二）功能特色

SpringerLink 平台中除收录 Springer 等出版社的期刊外，还与 BioMed Central 等 OA 出版商合作，收录一定数量的 OA 免费期刊全文。

（三）检索方法

提供按学科浏览（Browse by discipline）和检索（Search）两种途径。

1. 浏览　选择某一学科点击后进入该学科资源浏览页面，可以对内容类型（Content Type）、学科（Discipline）、分学科（Subdiscipline）、出版物（Published In）、语种（Language）进行限定以进一步筛选结果。

2. 检索　在检索框中既可以输入检索关键词进行全文检索，也可以构建表达式进行组合检索。分析案例 4-5，需要使用关键词"肺结核"和"药物治疗"进行逻辑"与"的组配。在检索框中输入 "pulmonary tuberculosis" and "drug therapy"，点击按钮进行检索。

点击主页简单检索框后面的 "Open Search Options" 图标✦，选择 Advanced Search 进入高级检索页面。高级检索提供了更精确的表达，包括所有词、精确匹配、不含检索词等，见图 4-4。

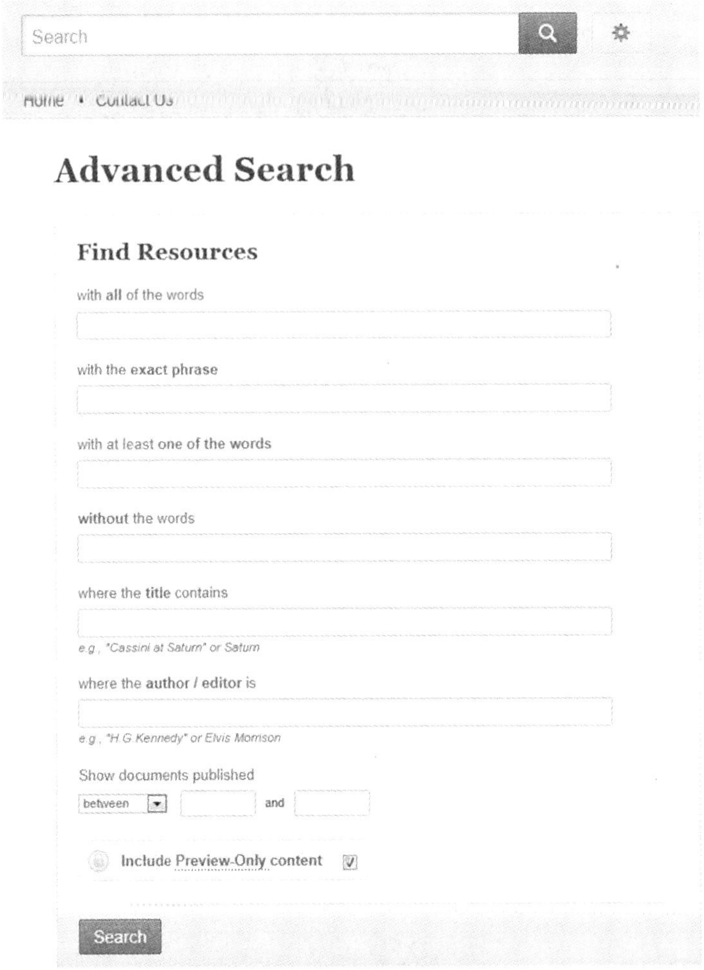

图 4-4　SpringerLink 高级检索页面

（四）检索结果

可以通过检索结果页面左栏提供的筛选条件精炼检索结果。筛选条件与浏览检索时一样，包括内容类型、学科、分学科、出版物、语种，按组的特性描述当前的结果集，每个项目旁边的数字显示相匹配的记录数量。案例 4-5 中可以进一步筛选检索结果的内容类型为论文（Article），语种为英语。检索结果列表上方提供按相关性、最新文献和最旧文献三种方式排序功能和出版时间限定。

检索结果的全文支持网页 HTML 格式浏览和 PDF 格式文件下载。检索结果记录上面如果有一个锁形图标表示需要付费才能获得全文。用户对检索结果集合可进行 RSS 定制和输出。

SpringerLink 平台为用户提供免费申请个人账户，享受个性化服务：及时记录检索历史、保存检索结果、设置各种提醒服务等。

（五）检索技巧

SpringerLink 新平台检索目前只支持英文和德文两种检索语言。新平台检索功能非常简洁，在检索时应当适当使用逻辑运算符和通配符（如："?"代表单个字母，"*"代表多个字符）等以提高检索效率。检索词组时使用英文半角引号进行限定检索。另外，还可充分运用筛选条件以达到检索目的。

五、有效查找英文医学期刊全文文献应注意的问题

（一）使用技巧

技巧 1　在使用单个全文数据库进行检索时，检索结果仅为该数据库中收录的相关文献。

若需要全面检索某一主题的文献时，建议先使用 MEDLINE、Embase、BIOSIS Previews、SciFinder Scholar 等文摘型数据库进行系统检索，再根据检索结果使用全文库获取相应的全文文献。

技巧2 可先通过 PubMed、EBSCO 等发现平台及 Google Scholar 搜索引擎等查找文献，如果使用的终端设备在被授权的范围内，可直接链接到文献全文。

技巧3 ScienceDirect、OvidSP、Wiely Online Library、SpringerLink 全文的参考文献都提供 CrossRef 链接，即使该参考文献由其他出版社出版，只要获得授权，即可在线浏览参考文献全文。

（二）易犯错误

错误1 全文数据库一般没有规范标引，在检索时应尽可能列出检索概念的各种表达和拼写方式，以免漏检文献。

错误2 在检索英文文献时，无论使用文摘型数据库还是全文型数据库，输入的括号或引号等标点符号需要使用半角符号。

小 结

期刊全文数据库不仅提供了检索功能，还能直接获得文献全文，是文献检索时最常采用的数据库类型之一。为保证查全率，检索时应尽量使用检索概念的同义词、近义词、相关词及不同的拼写方式；同时，由于各个数据库收录学科范围不同，应尽量选用一站式检索平台或多个全文数据库进行检索。

练习题

1. 阿仑膦酸钠商品名称为福善美、固邦，近年常用于防治骨质疏松症，请用三个中文全文数据库检索出核心期刊上发表的文献并下载全文。
2. "高血压病患者不遵医行为原因分析与健康教育"一文是在同类研究中被引用较多的文章，请检索出这篇文章，并查看相关领域较出名的专家有哪些。
3. 利用分类途径，查看关于胃溃疡最近一年发表的相关文献。
4. 分别使用 ScienceDirect、OvidSP、Wiely Online Library、SpringerLink 数据库查找近五年关于"早期脑损伤中自噬作用的研究"方面的英文全文文献。
5. 在 PubMed 中找到如下的一篇文献题录，显示全文链接 ELSEVIER FULL-TEXT ARTICLE，如何查找原文？
    Determining the quality and effectiveness of surgical spine care: patient satisfaction is not a valid proxy. Godil SS, Parker SL, Zuckerman SL, Mendenhall SK, Devin CJ, Asher AL, McGirt MJ. Spine J. 2013 May 16. doi：pii：S1529-9430（13）00406-3.10.1016/j. spinee. 2013.04.008. [Epub ahead of print]
    PMID：23685216 [PubMed - as supplied by publisher]
6. 利用 Wiley Online Library 数据库按主题浏览方式查看一下该数据库收录的"运动医学和骨科学"（Sports Medicine & Orthopedics）方面的期刊有哪些种？挑选一种查看该刊的作者指南。

第五章 引文检索

对已发表文献进行被引用情况分析是开展科研评价的重要参考指标，目前在各级成果鉴定以及项目和奖励申报时经常被要求提供。同时，通过分析文献间的引用与被引用关系，也是进行文献检索的一种方法，在一定程度上可反映某研究发展的来龙去脉。因此，熟练掌握中外文引文信息的检索方法，有利于更深层次的知识挖掘和有价值信息的获取。

第一节 引文检索概述

一、引文检索及其目的

引文（Citation）是指一本著作或一篇论文中所引用的参考文献，通常以脚注或尾注的形式出现，它是一份文献的重要组成部分。引文检索是从文献之间相互引证关系的角度，对文章的参考文献进行检索，通过引文检索可以查找相关研究课题早期和最近的学术文献，了解文献之间的内在联系，协助研究人员迅速掌握课题研究的历史、发展和动态，揭示科学研究中涉及不同学科领域的交叉联系，把握研究趋势，推动知识创新。此外，通过引文检索还可以得知文章曾经被哪些人引用过，了解过去发表文献对后来发表文献的学术影响，后来发表文献对过去发表文献的评价，相关研究成果的认可利用程度和学术价值，因此引文检索已成为科研成果申报、重点实验室审批、科研人员职称评审、科研绩效评价、优秀人才选拔、核心期刊筛选和衡量地区或单位总体科研水平的重要评价工具，受到研究人员和行政管理部门的高度重视。

引文检索虽然可用于科研成果评价，如查找某著作或某课题组发表论文被他人引用情况等，事实上，引文检索的目的并不仅仅局限于此，它可用来实现信息检索与成果评价的双重目的。在信息检索方面，可以探索和跟踪某个概念、方法和研究领域从最初提出到当前的历史和研究概况，掌握某作者（或单位）发表论文及被引用状况，关注同行最新的研究动态和争论热点，把握某学科领域的研究前沿；在成果评价方面，可通过对引文信息的分析统计，实现对期刊、人才、机构和学科的评价。如利用影响因子和当年被引指数等指标评价期刊的影响力；利用 H 指数评价科研人员的影响力和学术成就；从机构的发文量和总被引次数两个分别表示量和质的指标来衡量机构的研究水平及学术影响力；通过对某学科成果发表的地域、作者、核心期刊等信息的分析既可进行初步的学科评价，又可进一步构建知识地图。

二、引文检索工具及对比分析

引文检索使用的数据库按照收录文献的语种分为中文引文数据库和外文引文数据库两类。目前常用的 6 个中文引文检索数据库分别是：中国科学引文数据库（CSCD）、中文社会科学引文索引数据库（CSSCI）、中国生物医学期刊引文数据库（CMCI）、CNKI 中国引文数据库、万方《中国科技论文与引文分析数据库》（CSTPC）、中国科技期刊数据库（引文版）（CCD）；2 个常用的外文引文数据库分别是：科学引文索引（Science Citation Index）和 Scopus 数据库。此外，Google 公司开发的学术搜索引擎 Google Scholar 也提供中外引文信息的检索。下面对 9 种中外文引文数据库进行简单介绍。

(一) 中国科学引文数据库 (CSCD)

中国科学引文数据库 (Chinese Science Citation Database, CSCD) 始建于 1989 年，由中国科学院文献情报中心与中国学术期刊（光盘版）电子杂志社联合主办，并由清华同方光盘电子出版社正式出版。1995 年 CSCD 出版了印刷本的《中国科学引文索引》，1998 年出版了中国科学引文数据库检索光盘，2003 年 CSCD 推出了网络版，2007 年与美国 Thomson-Reuters Scientific 公司合作，以 ISI Web of Knowledge 为平台，实现了与 Web of Science 的跨库检索。CSCD 是 ISI Web of Knowledge 平台上第一个非英文语种的数据库，目前含有文摘数据 340 万篇，引文数据 3000 万条，年度更新文摘数据 27 万篇，引文数据 330 万条。CSCD 在中国产生了巨大影响，是国家自然基金委员会国家杰出青年基金、自然基金委资助项目后期绩效评估、国家自然基金委员会国家重点实验室评估、中国科学院院士推选人、教育部学科评估、教育部长江学者推选人等的指定查询库，具有较高的权威性。

(二) 中文社会科学引文索引数据库 (CSSCI)

中文社会科学引文索引是我国教育部人文社会科学重大科研项目，由南京大学和香港科技大学在 1998 年共同研制。它是我国第一个人文社会科学引文数据库，通过采取定量与定性评价相结合的方法，从全国 2700 余种中文人文社会科学学术性期刊中精选出学术性强、编辑规范的期刊作为来源期刊。目前，收录了包括法学、管理学、经济学、历史学、政治学等在内的 25 大类的 500 多种学术期刊。

(三) 中国生物医学期刊引文数据库 (CMCI)

中国生物医学期刊引文数据库是解放军医学图书馆研发的我国第一个生物医学领域规模最大的引文数据库。目前的 CMCI 数据库可实现发表文献查询、引文查询、出具引证报告等一体化功能，使用方便快捷。该库收录了 1994 年以来中文生物医学期刊 1700 余种，累积期刊文献近 500 万篇，并含有参考文献。每月更新，一年出版 12 期光盘。CMCI 目前广泛应用于生物医学文献检索、查新报奖、学术绩效评价、职称评定、优秀人才评价、期刊评优、科研决策等。

(四) CNKI 中国引文数据库

CNKI 中国引文数据库收录了中国学术期刊电子杂志社出版的所有源数据库产品的参考文献，包括中文参考文献和外文参考文献，并揭示各种类型文献之间的相互引证关系。它的源数据库包括 CNKI 平台的中国期刊全文数据库、中国优秀博硕士学位论文全文数据库、中国重要会议论文全文数据库、中国重要报纸全文数据库、中国图书全文数据库、中国年鉴全文数据库等。该库提供了期刊、图书、学位论文、专利、报纸、标准等多种类型文献的引文检索，收录年限从 1979 年至今。

(五) 万方《中国科技论文与引文分析数据库》(CSTPC)

中国科技论文与引文分析数据库是中国科学技术信息研究所在多年开展科技论文统计分析工作的基础上，于 1996 年和万方数据公司合作开发的数据库。它分为论文统计与引文分析两部分，是科研人员查找参考文献的重要工具，也是各级科技管理部门和各科研机构、高等院校统计本单位科技论文发表情况的重要依据。

(六) 维普中国科技期刊数据库（引文版）(CCD)

中国科技期刊数据库（引文版）是维普公司于 2010 年全新推出的期刊资源整合服务平台的重要组成部分。它采用科学计量学方法对文献之间的引证关系进行深度数据挖掘，除提供基本的引文检索功能外，还提供基于作者、机构、期刊的引用统计分析功能，可广泛用于课题调研、科技查新、项目评估、成果申报、人才选拔、科研管理、期刊投稿等用途。目前数据库收录文摘覆盖 8000 多种中文科技期刊，包括经济管理、教育科学、自然科学、农业科学、医药卫生、工程技术和图书情报等学科专辑。

(七) SCI 数据库

SCI 是科学引文索引（Science Citation Index）的简称，创刊于 1961 年。它是根据现代情报学家加菲尔德（Eugene Garfield）1953 年提出的引文思想而创建，由美国科学情报研究所（Institute of Scientific Information，ISI）编辑出版。SCI 与 EI（工程索引）和 ISTP（科技会议录索引）被称为世界著名的三大科技文献检索系统，是国际公认的进行科学统计与科学评价的主要检索工具，其中以 SCI 最为重要。

1997 年，美国 Thomson Scientific（汤姆森科技信息集团）基于 Web 开发了 Web of Science 数据库，它是大型综合性、多学科的学术文献文摘索引数据库，包含 7 个子库，即 3 个期刊引文子数据库：Science Citation Index Expanded（SCIE，1900 至今）、Social Sciences Citation Index（SSCI，1998 年至今）和 Arts & Humanities Citation Index（A&HCI，1998 年至今）；2 个会议论文引文子数据库：Conference Proceedings Citation Index-Science（CPCI-S，1998 年至今）和 Conference Proceedings Citation Index-Social Science & Humanities（CPCI-SSH，1998 年至今），数据来源于自然科学、社会科学及人文科学等多学科领域的超过 120 000 个会议的国际会议录，每周更新；2 个化学数据库：Current Chemical Reactions 收录了来自期刊和专利文献的一步或多步新合成方法；Index Chemicus 则收录世界上有影响的期刊报道的新颖有机化合物，两个化学数据库可以用结构式、化合物和反应的详情和书目信息进行检索。用户订购后可通过 ISI Web of Knowledge 平台（isiknowledge.com）实施检索。

SCI 扩展版（Science Citation Index-Expanded，SCI-E）涵盖学科超过 150 个，主要涉及农业、生物及环境科学、工程技术及应用科学、医学与生命科学、物理学及化学、行为科学等领域，收录期刊 8000 余种，记录包括论文与引文（参考文献），引文所涉及的范围十分广泛，包括图书、期刊论文、会议论文、专利和其他各种类型的文献。

(八) Scopus 数据库

Scopus（www.scopus.com）由 Elsevier 公司于 2004 年 11 月正式推出，是目前全球规模最大的文摘和引文数据库，由全球超过 500 位使用者及图书馆馆员共同设计发展而成。它涵盖了由 5000 多家出版商出版发行的科技、医学和社会科学方面的 18000 多种期刊。相对于其他单一的文摘索引数据库而言，Scopus 内容更加全面，涵盖了生命科学（4300 余种）、社会科学与人文艺术（5300 余种）、自然科学（7200 余种）和医学（6800 余种，全面覆盖 MEDLINE）四大门类的 27 个学科的期刊。用户利用 Scopus 可以检索到 1847 年以来超过 4000 万篇文摘以及自 1996 年以后的所有文后参考文献信息，特别是在获取欧洲及亚太地区出版的文献方面，用户可检索出更多的文献数量。Scopus 不仅为用户提供了其收录文章的引文信息，还在其界面整合了网络和专利检索，并直接链接到全文、图书馆资源及其他应用程序如参考文献管理软件。Scopus 使用起来易如 Google，只不过它所针对的恰好是科研人员的信息需求，数据每日更新，订购用户方可使用。

(九) Google 学术搜索（Google Scholar）

Google 学术搜索是一个可以免费搜索学术文章的网络搜索引擎，由计算机专家 Anurag Acharya 开发。它可以帮助用户快速检索学术资料，如专家评审文献、论文、书籍、预印本、摘要以及技术报告等。Google 学术搜索在索引中涵盖了来自多方面的信息，信息来源包括万方数据资源系统、维普资讯、外文商业数据库、主要大学发表的学术期刊和论文以及网上可以搜索到的各类文章。Google 学术搜索结果的排序考虑到每篇文章的全文内容、作者影响度、发表文章刊物权威性以及该文章被其他学术著作引用的次数等要素；搜索结果不仅针对文字搜索，还包括评论等多方面的结果和多语言的搜索。此外，Google 学术搜索涵盖了各方面的学术著作，甚至包括还没有在线发布的学术研究结果，比如爱因斯坦的很多著作并未在线发布，但却被众多学者引用。Google 学术搜索通过提供这些引用信息使检索者了解到重要的未在线论文和书籍。在 Google 学术搜索的检索结果中，可显示学术文献被引用的具体信息。

如前所述，中文引文数据库收录文献的年限都较短，与 SCI-E、Scopus 收录 60 多年的文献相比，我国很多引文数据库不超过 20 年；从数据库收录期刊数量看，SCI-E、CSCD 和 CSSCI 选刊均较严格，其比例和数量严格控制。从更新周期看，与 SCI-E、Scopus 数据库相比，除 CNKI 中国引文数据库外，其余大部分中文引文数据库明显滞后，更新较慢；从功能上看，SCI-E、Scopus、CSCD 等数据库不仅提供了引文信息，还提供了比较便捷的引文分析功能，有利于从文献引证关系中进行知识挖掘。

三、自引、他引及影响因子

（一）自引与他引

文献被引用分为自引和他引两种情况。文献计量学定义"他引"是指文献被除作者及合作者以外的其他人引用，即引用文献和被引用文献中只要有一个作者相同，引用即是自引，没有相同作者的引用为他引。在一般的成果评价中，往往需要提供他引的情况，他引更能体现成果的社会效应和价值。

（二）影响因子及意义

影响因子（Impact factor，简称 IF）是表征期刊影响力大小的一项定量指标，它反映了某一期刊刊载的文章在特定年份或时期被引用的频率。具体是指某刊在某年被数据库包含的所有刊物引证该刊前两年发表论文的次数，与该刊前两年所发表的全部可引论文数之比。计算公式为 $IF(k) = (n_{k-1} + n_{k-2})/(N_{k-1} + N_{k-2})$（说明：k 代表年份，$N_{k-1} + N_{k-2}$ 为刊物在前两年发表的可引论文数量，n_{k-1} 和 n_{k-2} 为刊物前两年发表论文在 k 年的被引用数量）。例如，某刊在 2005 年的影响因子是其 2004 年和 2003 两年刊载的论文在 2005 年的被引总数除以该刊在 2004 年和 2003 两年刊载的可引用论文总数。

目前英文期刊最常用的影响因子一般指美国 ISI 编辑出版的 JCR（Journal Citation Reports，期刊引证报告）中提供的数据。JCR 每年通过分析上一年度世界范围期刊的引用数据，提供了 Web of Science 数据库中收录的每种期刊的影响因子。JCR 的引用数据来自 3000 多家出版机构的 1 万余种期刊，分为自然科学版（Science Edition）和社会科学版（Social Sciences Edition），它是目前世界上评估期刊最为重要的一个工具。

目前，中文期刊的影响因子主要由中国科学技术信息研究所每年发布的《中国科技期刊引证报告》（CJCR）提供。该报告选取了总被引频次、影响因子、即年指标、被引半衰期、论文地区分布、基金论文数和自引总引比等期刊评价指标，按期刊所属学科、影响因子、总被引频次和期刊字顺分别排序，是我国权威的期刊质量评价报告之一。

影响因子是大量论文产生的结果，具有统计学意义，因此影响因子用于评价期刊整体水平是可行的。但是若要评价某一单篇科技论文的学术水平，应该采用定性和定量结合的方法，即同行专家评议和定量指标。定量指标不仅是要分析期刊的影响因子，还要分析论文的被引频次，两者互为补充，才能更加客观、公正地反映论文的学术水平。

四、引文分析的局限性

文献引用是一种研究人员进行科学思维和判断的过程，本身受到如下诸多限制因素的影响。

1. 文献被引用并不完全等于重要　例如有些错误观点或结论的论文，后来的研究人员出于批评或商榷的目的，被引次数可能很多，但并不代表它很重要；另一方面，被引次数较少的文章也不能一概认为不重要，它受发表时间、语种、学科专业等多种因素的影响。另外，被引次数的微小差别也不能完全说明质量上的优劣，它有很大的随机性，只有当这一差别特别大时，才有可能说明问题。

2. 参考文献的选择受到文献可获得性的影响　索普（M. E. Soper）的研究发现作者引用

的文献大部分是个人收藏,少部分是本部门和附近图书馆的资料,而其他城市或国家的文献所占比例甚小,这说明作者选用参考文献以方便为准则,以占有为前提,同时还受到作者语言能力、文献本身年龄和流通周期及二次出版物报道等可获得性因素的影响。

3. 马太效应的影响　有研究者认为文献引用方面也存在着马太效应,人们往往以"名著"、"权威"作为选择引文的标准,有的确实出于需要,也有的则是为了装饰门面,抬高自己论文的价值。一种期刊因为发表名人的文章而为众人所引用,以至引起连锁反应,结果其引文率很高,这种马太效应在某种程度上掩盖和影响着文献引用的真实性。

目前,学术界从引文分析的角度进行定量评价存在的问题还有很多。例如,同行专家的引文动机较为复杂,许多引用不规范,存在伪引(未用而引)、漏引(用而不引)、过度自引等问题;一些作者和期刊违反引用规范,罗列、照抄现成的目录、索引编成参考文献表;许多文献后不标注具体页码,正文中也无标注。这些引文标注的不规范,直接影响到引文数据的准确性,数据的准确性又直接影响到评价的科学性。因此在引文分析之外,联合其他定性方法(如同行专家会议评审),引文评价作用将得到更好的发挥。

第二节　中文引文检索

一、使用 CSCD 中国科学引文数据库

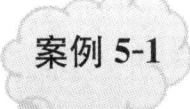

医药卫生学科的某教授拟申报国家杰出青年基金,申报人按要求应提供近5年自己发表的文献被 CSCD 收录及引用情况,请您帮助进行相关信息的查找。

(一)选取理由

由于检索要求提供 CSCD 收录及引用情况,因此本案例选择 CSCD 数据库进行检索。目前该数据库在中国科学文献服务系统平台(http://www.sciencechina.cn/)和 ISI Web of Knowledge 平台(http://isiknowledge.com/)均可进行检索。CSCD 为付费数据库,用户或其所在机构购买后可直接登录检索。

(二)功能特色

1. 可进行 CSCD 收录文献的检索　CSCD 收录我国数学、物理、化学、天文学、地学、生物学、农林科学、医药卫生、工程技术和环境科学等领域出版的中英文科技核心期刊和优秀期刊千余种,目前已积累从1989年到现在的论文记录364万余条,年增长20万余条,数据库界面提供的"来源文献检索"功能可用来检索 CSCD 收录的文献。

2. 可检索 CSCD 收录文献的引用信息　CSCD 内容丰富、数据准确,除具备一般的检索功能外,还提供新型的索引关系——引文索引。数据库界面的"引文检索"功能可使用户迅速从数百万条引文中查询到某篇文献被引用的详细情况;同时,还可以从一篇早期的重要文献或著者姓名入手,检索到一批近期发表的相关文献,对交叉学科和新学科的发展研究具有重要的参考价值。

3. 可进行全文获取　CSCD 提供了数据链接机制,在文献检索的基础上支持用户获取全文。提供的链接包括电子版全文链接、在其他文摘数据库的进一步描述、网络上的相关信息、获取纸本馆藏的指南、原文传递、参考咨询服务等多种途径。

(三)检索步骤

步骤 1　进入 CSCD 数据库界面后,点击"来源文献检索"可查找 CSCD 收录的文献。

步骤 2　分析检索课题要求,检索点主要有三个:医药卫生学科、某教授以及时间范围为近5年。在检索区域,如图 5-1 所示,在检索项选择"作者"并输入某教授的名字,在限定中

选择文献发表的时间范围和学科范围，点击"检索"按钮即可。CSCD 数据库提供的检索项包括作者、第一作者、题名、刊名、ISSN、文摘、机构、第一机构、关键词、基金名称、实验室等，用户可以根据需要选择不同的检索项，并利用不同行之间的"与""或"进行组配检索，还可以点击"检索"上方的十增加检索行。

图 5-1　CSCD 数据库检索界面

步骤 3　通过步骤 2 检索到某教授发表且被 CSCD 收录的文献，在检索结果界面显示了所有已发表文献的标题、作者、来源和被引频次等信息。用户如需单独检索文献被引用情况，也可直接选择图 5-1 中的"引文检索"功能。该功能提供了被引作者、被引第一作者、被引来源、被引机构、被引实验室和被引文献主编等检索项以及文献发表时间和文献被引时间的限定，可对某一时间内发表文献或者文献在某一时间内被引用信息进行检索。

（四）检索技巧

技巧 1　对检索结果进行分析：CSCD 数据库检索结果界面提供了按来源（被引出处）、年代、作者和学科进行分析的功能。用户可以根据需要对检索得到的文献从出处、时间等角度进行分析，得到发表文献的期刊来源分布、时间分布、核心作者和学科分布等信息以便进一步发现研究趋势、研究领域等。

技巧 2　检索结果的输出和管理：对于检索到的文献，CSCD 提供了 E-mail、打印、下载、输出引文格式、保存到 EndNote 等输出选项。用户在勾选需要文献后可以实现对文献的打印、保存和管理操作。此外，点击检出文献的标题链接，用户还可以获取全文或进行文献传递。

（五）易犯错误

进行作者检索时应考虑汉字与拼音两种形式。CSCD 虽然收录的是中国国内出版的核心期刊，但不代表收录的文献均为中文，不少国内出版的外文期刊文献也在 CSCD 收录之列。因此，用户在进行作者检索尤其是引文检索时，应注意汉字和拼音两种书写形式，同时拼音要注意采用全拼和缩写两种形式。

二、使用 CNKI 中国引文数据库

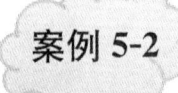

某医院某教授拟申报国家科学技术进步奖,现已知他在 1994—2013 年发表了一系列中文期刊文献,请检索该教授发表的所有中文期刊文献被引用情况,并按出版时间排序。

(一)选取理由

本案例选择利用 CNKI 中国引文数据库(http://ref.cnki.net)进行检索。CNKI 中国引文数据库是目前收录中文引文信息较为全面的一个数据库,检索年限自 1979 年至今。

(二)功能特色

1. 可用来检索各类型文献被引用情况 CNKI 中国引文数据库提供了期刊、学位论文、会议论文、报纸、图书、专利、标准、年鉴等不同类型文献被引用信息的查找。用户可以根据需要利用快速检索或高级检索选择不同的引文检索类型,如案例 5-2 中检索某教授发表期刊文献的被引用情况,则只需要点击期刊或期刊类型引文,检索时建议使用高级检索,其检索字段、检索限定及排序方式较多且方便,检索结果可显示被引用次数及被引用具体情况,并可生成检索报告。

2. 可通过作者、机构等多途径进行统计分析 CNKI 中国引文数据库主页左上侧提供了数据统计的功能。数据统计以 CNKI 平台所有文献资料为基础,从作者、机构、期刊、专题、基金和出版社等角度进行统计分析,分析指标有发文量、被引量、下载量、H 指数、被引排名、作者关键词排名、引用专题排名等,用户可以根据需要进行科研成果的评价分析。

(三)检索步骤

步骤 1 进入 CNKI 中国引文数据库检索界面后,选择高级检索;在高级检索界面,首先根据需要设置引文检索类型,默认为"期刊类型引文",符合案例检索要求。

步骤 2 分析检索课题要求,检索点有三方面:某医院、某教授以及 1994 年至今,并按被引次数排序;在检索区域,如图 5-2 所示,点击"逻辑"下的"+",增加检索项;在第一和第二行的检索项下拉菜单分别选择"被引单位"和"被引作者",并输入医院和作者名字;第一行和第二行之间的逻辑选择"并且";在排序方式下拉菜单选择"出版日期";发布时间选择从"1994"到"2013"。

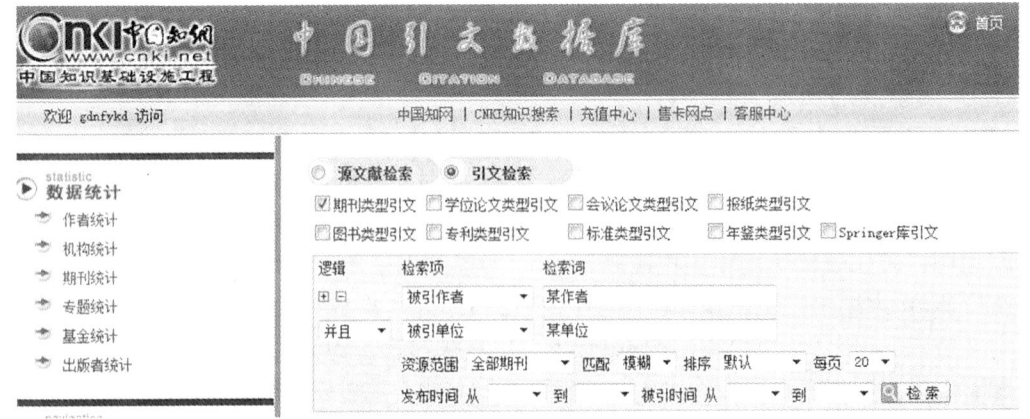

图 5-2 CNKI 中国引文数据库高级检索界面

步骤 3 点击检索后,检索结果下侧即显示检索结果数量及每篇文章被引用的次数,点击被引用次数的数字,即可看到每篇文章被哪些文章具体引用;此外,用户还可以在所需要的检索结果前面的□打√,点击检索结果右上侧的报告,即可自动生成引文检索报告。

(四)检索技巧

技巧1 某一领域影响力较大文献的查找　引用次数一般被认为是评价文献影响力大小的重要指标,因此要检索某一领域影响力较大的文献,只需要在检索的引文类型中勾选所有类型(尤其是图书类型引文),在检索区域选择"被引题名"(或者"被引关键词")检索项,然后输入要检索的主题,如"肠癌",按照"被引频次"排序即可显示出影响力由高到低的肠癌领域文献。

技巧2 检索结果为0时的检索策略调整　在CNKI中国引文数据库进行检索时,如果一篇文献没有被引用,则会出现检索结果为0。实际检索时我们会发现部分文献存在被引用情况,但是输入文献的标题后,却没有检索结果。这是由于数据库对个别输入词、符号、字母等无法匹配所造成的误检。解决的技巧有两种:一是改变检索字段,如开始限定"被引题名"字段,检索结果为0,可以尝试通过"被引作者"结合"发布时间"等字段进行检索,在检索结果中查看是否有待查找的那篇文献;二是可以通过CNKI中国知网平台首页进行检索,输入文献标题后在查找到的结果中可显示出文章的下载频次及被引频次等。如果一篇文献没有被引用,则被引频次为0,这样可以避免漏检。

(五)易犯错误

错误1 选择"匹配"为"精确"时造成错检、漏检。不少用户习惯在检索区域下的"匹配"方式中选择"精确",误以为精确可以更加准确地查找文献。实际上"精确"是指输入的检索字词与检索字段中出现的字词完全一样,而"模糊"指输入的检索词只要包含在检索的字段中即可。一般情况下,选择模糊匹配在查找文献时不容易出错。

错误2 2008年以后中华医学会系列期刊文献被引用情况的检索。由于中华医学会系列期刊自2008年起由万方数据独家收录,故而要检索该系列期刊上发表文献的被引用情况,利用CNKI中国引文数据库检索会造成漏检。如文献"秦君璞,陈姗,狄娜等. 流产后咨询与教育对意外妊娠行人工流产的未婚青少年干预效果[J]. 中华妇产科杂志,2010,45(3):201-204"在CNKI中国引文数据库检索不到被引用信息,但是利用万方数据知识服务平台检索到该文献,文献标题后即显示被引用频次,如图5-3所示。

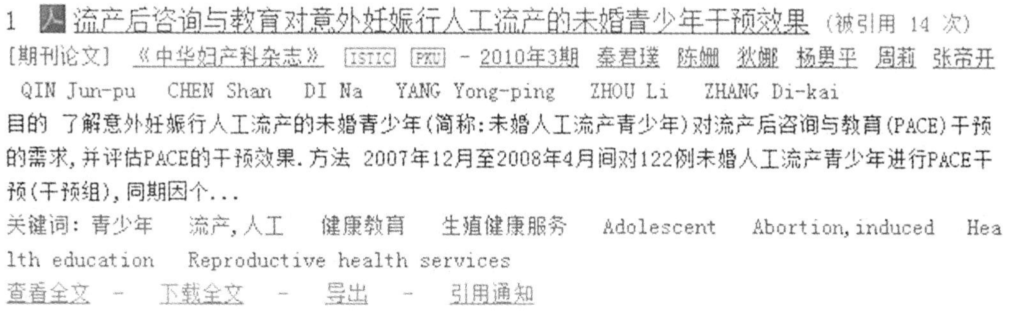

图5-3　万方数据知识服务平台检索结果被引频次

三、中文引文检索应注意的问题

除了上述CSCD中国科学引文数据库和CNKI中国引文数据库外,还有CMCI中国生物医学引文数据库、维普中国科技期刊数据库(引文版)和万方《中国科技论文与引文分析数据库》等引文数据库,在进行引文检索时可以从以下三个方面考虑选择数据库。

1.引文检索时的要求　引文检索一般是成果鉴定、奖励申报时需要提供的支撑材料,如果主管部门要求提供某一特定引文检索工具的引用情况,用户需要通过具有查新资质的机构(图书馆、情报所等)利用特定引文数据库(如国家杰出青年基金申报时要求的CSCD、CST-

PCD）出具相关的引证报告；如果仅仅是为了了解自己发表文献被他人引用情况或者考虑从引文信息发现自己研究领域的进展，注重查找收录文献信息较为全面的引文数据库较好，比如 CNKI 中国引文数据库和 Google 学术搜索等。

2. 考虑待检索文献的特点　不同引文检索工具收录的文献在学科方面有所不同。如果查找人文社科文献被引用情况，显然 CMCI 或者 CSCD 均不妥。CNKI 中国引文数据库和维普中国科技期刊数据库（引文版）是综合性的引文数据库，各类文献引用情况均可检索；CSCD、CSTPCD 主要是用于科技文献被引用情况检索；CMCI 主要用于查找医药卫生期刊文献被引用情况；CSSCI 主要用于查找人文社科文献被引用情况；CNKI 中国引文数据库除期刊外还提供图书、专利、学位论文等各种文献的引用信息。

3. 数据库的使用权限　前述的 7 个中文引文数据库中，目前只有 CNKI 中国引文数据库和 Google 学术搜索是免费检索使用，其他几个引文数据库均需付费购买。CNKI 中国引文数据库和 Google 学术搜索在引文信息全面性方面有一定优势，如果没有特别指定使用的数据库，上述两种工具可满足一般需求；如果需要使用其他付费数据库，可联系单位所在图书馆或者数据库商方可检索相应的引文信息。

第三节　外文引文检索

一、使用 Web of Science

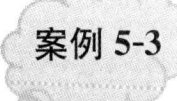

小王阅读文献时发现肝细胞生长因子是重要的抗纤维化因子，能修复受损肺组织，是重要的保护性因子。小王想查找 2000—2013 年 SCI-E 收录的肝细胞生长因子（hepatocyte growth factor，HGF）的文献，该领域被引频次最高、影响力最大的文献是哪一篇？哪位作者、哪种期刊发表该领域文献最多？

（一）选取理由

Web of Science 包含的 SCI-E 数据库，由于所收录的科技领域文献质量较高，兼有文献分析功能，因此，通常是用户检索高质量外文文献引文信息的首选。案例 5-3 要求检索 HGF 领域被引频次最高、影响力最大的文献，故而选择 SCI-E 数据库。

（二）功能特色

1. 可用来检索高水平外文期刊论文以及期刊、图书、会议论文等被收录与引用情况。

2. 可进行作者、期刊、被引频次、年份等多角度的情报分析。Web of Science 数据库提供了检索结果的排序和分析功能。用户可以从出版时间、相关度、被引频次、来源出版物、标题等方面排序，还可以从作者、国家地区、基金资助机构、语种、机构、出版年、研究方向等进行分析，从而检索到最相关、最有影响力的文献以及发表文献最多的作者、国家、基金、机构、出版时间和研究方向。

（三）检索步骤

步骤 1　进入 Web of Science 数据库，它是 ISI Web of Knowledge（http://isiknowledge.com）平台系列数据库之一，在 Web of Science 界面用户可以根据需要，再选择 SCI-E、SSCI、A & HCI 等不同的数据库进行检索。

步骤 2　分析案例 5-3 检索的要求主要有：主题（hepatocyte growth factor，HGF）、时间（2000—2013 年）、排序得到被引频次最高的论文、分析检索结果得到发表文献最多的作者和期刊。如图 5-4，分别在检索范围"主题"中输入"hepatocyte growth factor OR HGF"，"出版年"检索范围中输入"2000—2013"，勾选引文数据库 Science Citation Index Expanded，点击"检索"按钮。

第五章 引文检索

图 5-4 Web of Science 检索相关文献

步骤 3 在检索结果界面，通过选择界面右上角的排序方式"被引频次（降序）"，第一条检索结果即是被引频次最高、影响力最大的文章；通过点击"排序方式"下方的"分析检索结果"，可以对"作者"、"来源出版物"进行分析，即可得到不同作者和期刊发表文献的情况，如图 5-5 所示。

图 5-5 Web of Science 数据库检索结果

(四)检索技巧

技巧 1 检索式输入的技巧 Web of Science 提供了主题、标题、作者、团体作者、编者、出版物名称、出版年、地址、会议、语种、文献类型、基金资助机构和授权号等检索项,其中主题、作者、出版物名称和地址是常用的检索项。主题是对论文题名、关键词、文摘中的单词或者短语进行检索;作者检索时姓在前,空一格输入名首字母,头衔和学位等不作为姓名录入,对于比较复杂的姓名或者姓名中含有特殊符号,应该检索该姓名可能的各种写法,如王小明可写为 wang xm OR wang x 或者 wang x*;出版物名称检索即刊名检索,需要输入期刊的全称,或者输入刊名单词的前几位字母并利用通配符 * 来检索;地址检索时,文献的每个作者地址都会在 Web of Science 记录中列出来,检索时要用地址缩写或者邮政编码。数据库通常在每个检索项下面会列出检索示例,用户在检索时可参考。

技巧 2 采用的检索技术 Web of Science 中应用的检索技术主要有通配符、逻辑运算符、邻近算符和词组检索四种。其中通配符主要有 *、? 和 $ 三个,* 代表 0 个到多个任意字符,? 代表 1 个任意字符,$ 代表 0 或 1 个任意字符。逻辑算符有 NOT、AND 和 OR 三种。邻近算符有 SAME,表示连接的检索词必须出现在同一个句子、一个关键词短语里或者同一行地址内,如利用 SAME 算符来检索作者地址为某个大学某个具体的院系时即可输入"大学名称 SAME 院系名称"。当一个检索式出现多个算符时,运算优先级为 SAME>NOT>AND>OR,若改变运算优先级可利用括号( )实现。词组检索主要是为提高检索结果的准确度,使用双引号" "对短语进行检索,如"Heart Attack",若不加" "系统会按照 Heart AND Attack 的方式进行检索。

技巧 3 高级检索的使用 Web of Science 界面提供了检索、作者检索、被引参考文献检索、化学结构检索、高级检索和检索历史等功能。对于一些复杂的检索课题,可通过高级检索功能完成。高级检索主要通过使用字段标识符、布尔运算符、括号和检索结果集来创建检索式,检索结果显示在页面底部的"检索历史"中。系统在高级检索界面右侧列出了常用的检索字段标识,如 TS=主题、TI=标题、AU=作者、SO=出版物名称,检索式输入方式为:TS=(nanotub* SAME carbon) NOT AU=Smalley RE。

技巧 4 被引参考文献检索 Web of Science 除了在每条检索结果后列出文献被引频次外,还提供了专门的被引参考文献检索功能,可用于查找未被 Web of Science 收录的文献在 Web of Science 中被其所收录文献引用情况。检索项有被引作者、被引著作、被引年份、被引卷、被引期、被引页、被引标题,各字段之间系统默认的是布尔逻辑运算符 AND 关系。

技巧 5 作者检索的使用 在 Web of Science 中,虽然可以通过作者姓名和地址组配检索某一作者发表的文献,但是部分作者由于其拥有在不同机构学习、工作的经历或者机构名称有过变更,检索文献时会加大难度且容易漏检。利用 Web of Science 提供的"作者检索"功能,可以发现输入某作者姓名并选择作者关联的研究领域后,系统会给出某作者的不同署名机构以及在不同机构发表的文献数量。用户可以根据对被检索对象的了解选择符合要求的机构名称,即可全面检索出某作者发表的文献。

技巧 6 检索历史的使用 Web of Science 提供了检索历史的功能,它显示了之前操作的每一步骤。用户可以在检索历史界面勾选不同步骤的检索式并利用逻辑算符 AND、OR 进行组配,以实现复杂课题检索要求。

技巧 7 精炼检索结果 在 Web of Science 检索结果页面左侧,有精炼检索结果的功能,如图 5-5 所示。用户可以选择按学科类别、文献类型、研究方向、作者、团体作者、来源出版物、出版年、语种、国家/地区等,对文献进行精炼检索。如需要查找综述类型的文献,只需勾选"文献类型"下的 Review 选项,点击"精炼"按钮即可。同样的方法可以得到某个学科相关研究的文献、发表文献最多且最适合投稿的期刊、成果最多的作者、研究的年份趋势、研

究的国家和地区分布等信息。

技巧 8 检索结果的管理 对于查出的检索结果或者引文信息，若要进行输出操作，第一步勾选需要输出的记录，如页面上所选记录、所有记录等；第二步选择需要输出的字段，如作者、标题、来源出版物字段，或者上述字段＋摘要、全记录、全记录＋参考文献等；第三步输出记录，有打印、电子邮件、保存到文件等多种选择，同时用户也可以将选定的记录输出到 EndNote 等参考文献管理软件进行管理和使用。

技巧 9 个性化登录与服务 用户在 ISI Web of Knowledge 中进行注册并登录后，在 Web of Science 数据库中找到感兴趣的论文，在论文的全记录页面点击 Create Citation Alert，当数据库进行数据更新时，如果发现新的论文引用了这篇文献，系统会自动发邮件到用户的邮箱提示最近又有哪篇文章引用了这篇文献，确保用户及时地跟踪某一篇论文被新发表论文引用的情况，进一步了解国际上都有哪些人在关注自己的研究工作，如为什么要引用自己的论文以及是否在自己的课题基础上做了新的改进？是否对用户的假说或理论提出了事实证据？是否指出了用户研究工作的不足？新论文中的工作展望是否对自己下一步工作有借鉴意义？

（五）易犯错误

错误 1 不同字段缩写、全写的错误输入 Web of Science 中不同的字段其输入的方式不同，如"地址字段"需要以机构缩写的形式输入，如 Yale Univ SAME hosp，"出版物名称"字段需要输入出版物的全称，如 Journal of Cancer Research and Clinical Oncology。在利用"被引参考文献检索"功能时，其"被引著作"字段要输入的是出版物的缩写形式，如 J Comp＊Appl＊Math＊。检索时用户需要注意参考检索项下方的示例、缩写列表或者利用检索项旁列出的索引表。

错误 2 出版时间和入库时间选择错误 Web of Science 在检索项中提供了"出版时间"，并在"限制"功能中提供了入库时间的选择，该时间为文献被 Web of Science 收录的时间。入库时间一般比出版时间延迟，如部分 2012 年 12 月出版的文献，其被 Web of Science 收录的时间可能在 2013 年，故而检索时要根据需要分别选择"出版时间"或"入库时间"进行限定。

二、使用 Scopus

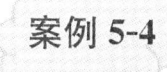

某大学某教授在 Science 期刊发表了标题是 Cyclic GMP-AMP synthase is a cytosolic DNA sensor that activates the type I interferon pathway 的文章，虽然在 PubMed 中早可查出，但由于收录延迟该教授未能及时在 Web of Science 中检索到该文献被引用情况，无法了解该文对其他研究的影响，请您想办法帮助其查找相关信息。

（一）选取理由

本案例选择利用 Scopus（http://www.scopus.com）进行检索。Scopus 是除 Web of Science 外另一个需要付费的引用文献索引数据库，收录的文献虽与 Web of Science 有重复但并不完全一致。Web of Science 收录的期刊均为同行评审过的专业学术期刊；而 Scopus 则收录了包含未经同行评审的商业期刊、学术期刊、开放存取期刊、出版中的期刊论文、研讨会论文、图书著作、各国专利文献、科学网站等各类型学术信息。比较同一篇学术文献被收入两个数据库的时间，Scopus 明显早于 Web of Science，因此，对于比较新的外文文献，检索其被引用情况时首先适宜选择 Scopus 数据库。

（二）功能特色

1. 全球最大的引文索引数据库 Scopus 收录学科开始以自然科学、医学、应用科学类文献为主，有关人文社会学科的相关文献较少，但自 2009 年起增加收录了全球 3500 种人文社会学科期刊后，所收录的学科领域大为扩增。其中美国期刊占 35％，超过 60％的期刊来自于美

第五章　引文检索

国以外的国家和地区，亚洲期刊占 10%，是全球文献量最大的引用索引数据库。

2. **提供的网页与专利引用分析功能独具特色**　Scopus 收录了一些大学自建的机构典藏、数字图书馆与线上课程等网络资源以及专利文献。其中网络资源的选择是根据 Elsevier 公司开发的 Scirus 科学搜索引擎所获得的专家评审刊物、发明专利信息、作者网页及大学网站等，Scopus 藉由收集这些网页的参考文献来提供网页引用分析的功能。而专利文献来自 USPTO （United States Patent and Trademark Office）、EPO（European Patent Office）、WIPO （World Intellectual Property Organization）和 JP（Japan Patent Office）等四大专利机构。由于网页引用与专利引用信息为用户提供了不同于 Web of Science 的学术期刊引用信息，从而使学术研究的内容在期刊引用外的网页与专利引用信息中也能被发现。

3. **具备排序和结果分析功能**　与 Web of Science 一样，Scopus 也提供了日期、作者、相关度、被引频次、文献来源等排序方式以及对出版年、作者姓名、学科领域、文献类型、文献来源、关键词、机构、国家地区、文献来源类型和语种等进行精炼分析功能。用户可以通过这些分析工具，从中发现隐藏在文献中更有价值的信息。

（三）检索步骤

步骤 1　进入数据库界面后，系统默认的为 Document Search（通用检索）。此外，系统还提供了 Author Search（作者检索）、Affiliation Search（机构检索）和 Advanced Search（高级检索）功能。根据本案例要求，在 Document Search 界面选择检索项 "Article Title"，输入文献标题，点击检索即可，如图 5-6 所示。对于复杂课题的检索，在 Scopus 检索界面可以通过点击 "Add search field" 增加检索项，可供选择的限定条件包括 Date Range（时间范围）、Document Type（文献类型）和 Subject Areas（学科领域）等。

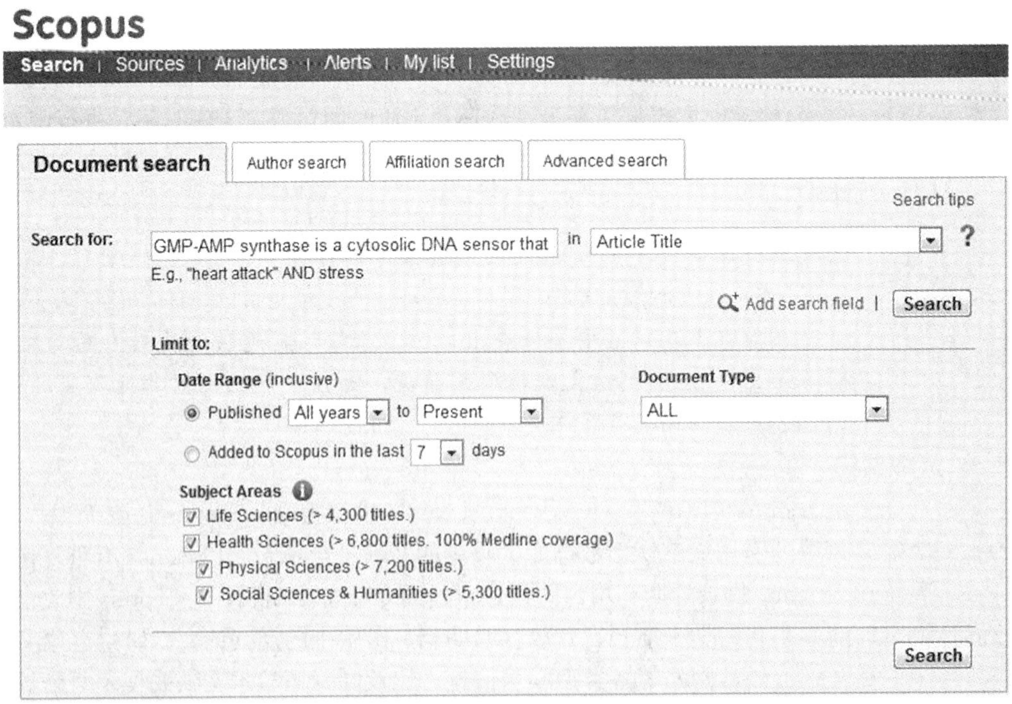

图 5-6　Scopus 检索界面

步骤 2　检索后即可发现该文献在 Scopus 中被引用 22 次，如图 5-7 所示。点击 22 可以看到具体引用该文的 22 篇文献具体信息。检索结果的左侧有 Refine results（精炼检索结果）功能，右上侧有 Sort by（排序方式）功能，用户可以根据需要选择对检索结果进行精炼分析和各种排序。

图 5-7　Scopus 检索结果界面

（四）检索技巧

技巧 1　多种检索技术的应用　与 Web of Science 一样，Scopus 支持逻辑算符（AND、OR、AND NOT）、截词算符（? 和 *）、词组检索（""）、位置算符（W/n、PRE/n）等多种检索技术。W/n 表示两词相隔不超过 n 词，词序不定，如 pain W/15 morphine；PRE/n 表示两词相隔不超过 n 词，词序一定，如 neonatal PRE/3 screening。

技巧 2　检索历史和个性化设置的应用　Scopus 提供了 Search history（检索历史）功能，显示了之前操作的每一步骤。用户可将每一步利用逻辑算符 AND、OR、NOT 进行组配（如 ♯1 And ♯2 NOT♯3），以实现复杂的课题检索要求。此外，用户注册个人账户后，Scopus 会根据所设置的检索式定期发送被 Scopus 收录的最新相关文献；或者设置一篇文章后，如果该文被别的文章引用，系统也会自动发送提示信息。

（五）易犯错误

输入机构名和期刊名时采用的是缩写而不是全称。Scopus 提供了多种检索途径，当采用机构名称和期刊名称字段进行检索时，不同于 Web of Science，机构名和期刊名均需要输入缩写的形式。

三、外文引文检索应注意的问题

除了上述介绍的 Web of Science 和 Scopus，Google Scholar 也常用来检索中外文文献的被引用情况，它们是目前最重要的三个外文引文检索工具。

1. 根据荷兰 Utrecht University Library 2006 年的研究结果显示，Scopus 收集的文献内容较多，使用者认为其检索界面也比 Web of Science 清楚友善，在引文信息的全面性方面有着优势。不过，虽然 Scopus 在收录内容和数量上多于 Web of Science，但是一般认为 Web of Science 所收录的文献较 Scopus 质量高，因为 Web of Science 收录的文献通常来自经过审核的学术期刊，且 JCR（Journal Citation Reports）提供了这些期刊的影响因子，可供研究者判断期刊的学术影响力。

2. Google Scholar 作为一个免费的学术信息搜索工具，具有许多优点，如检索者容易使用、可跨领域搜索学术文献、提供多元渠道的学术文献、可检索到开放的 WorldCat 书目信息以及未出版的期刊预印本资料、可在检索结果中链接到网页和学术文献的引用资料及相关文献。不过 Google Scholar 包含的内容除了学术性数据库的文献具有品质保证外，其收集到的网络学术资源并没有进行品质评估的工作，与 Web of Science 收集高品质期刊的论文相比，Google Scholar 会有更多杂乱的学术文献被找到。此外，由于 Google Scholar 并非付费资源，其收录的文献来自多个渠道，且 Google Scholar 的被引次数统计不只根据参考文献，所以使用 Google Scholar 的被引次数作为文献的被引次数分析工具并不完全可靠，其引文功能仍有许多需改善之处。

3. 使用 Google Scholar 时要注意以下几点：①有些全文资料的获取来源描述不一致，检索到的文献会包含许多不同的版本，在选择时须检查来源是否正确；②Google Scholar 所收录的学术资源主题以科技及医学领域为主，社会科学或人文学科的文献较为缺乏；③年代久远的期刊文献不容易找到，其中包含 JSTOR（Journal Storage）的期刊存档，虽然 Google Scholar 可检索的资料非常多元，数量也很庞大，但对部分重要文献的检索结果并不完整；④检索功能较为简易，无法编排更高级详细的检索策略进行检索；⑤引用数据并非根据文献的参考书目，从检索结果可发现许多近期的文献反而被早期的文献引用，这样 Google Scholar 提供错误的引用资料并以此数据进行检索结果的排序将对用户造成误导，可能会让用户对文献的影响力分析有错误的认知，在选择文献时也可能因此错过更重要的相关文献。

小 结

引文检索是从参考文献的角度查找文献并进行分析的一种方法和手段。通过引文分析可以探索和跟踪某个概念、方法和研究领域从最初提出到当前的历史、发展过程和研究情况。用户可以通过引用与被引用的关系分析发现文献之间深层次的内在联系；可以通过成果被他人引用的情况来评价科研成果的学术价值和影响力。由于中外文引文数据库在收录文献的学科、时间、文献量等方面均有不同，用户需要根据特定的检索要求选择不同的引文数据库。此外，仅仅通过引文这一指标对成果进行评价尚存在着局限性，应该结合同行评议等手段科学地评价成果的学术影响力和价值。

中文的引文检索工具有很多，常用的有 CSCD 中国科学引文数据库和 CNKI 中国引文数据库。这些数据库在检索方法、检索规则等方面均有着不同。其中 CSCD 主要收录自然科学领域的文献，且兼具检索和引文评价的功能，通过它可以实现对检索结果的分析；而 CNKI 中国引文数据库是综合性的引文检索工具，仅用于查询检索文献的被引用情况。由于 CNKI 收录文献来源的局限（如部分中华医学会系列期刊未被收录），一些引文检索需要借助于万方 CSTPC 等工具完成。

外文引文检索的工具主要有 Web of Science、Scopus 和 Google Scholar。Web of Science 收录的期刊均为经过同行评审的学术期刊，且 JCR 提供了这些期刊的影响因子可用于判断期刊的影响力，检索结果可再进行分析和知识发现，故而受到用户的认可和广泛应用，但该库在收录文献方面存在延迟，影响对最新引文信息的查找。Scopus 是当今世界最大的文摘引文数据库，收录文献类型和数量均超过 Web of Science，在人文和社会科学文献方面有较大优势，同时对生物医学领域的文献实现了 100% 涵盖 MEDLINE 内容，文献更新较快，检索结果也可进行精炼分析。Google Scholar 作为一个免费的引文检索工具，具有使用方法简单和文献数量较多等优点，但是存在引文信息错误、引文次数不可靠等缺点。

练习题

1. 请利用 CSCD 中国科学引文数据库检索贵校解剖学教研室某教授近 5 年发表论文被 CSCD 收录及引用情况，其中被引次数最高的文章他引多少次？

2. 贵校某教授拟申报国家科学技术进步奖,需要检索其主编的中文专著及第一作者中文论文的被引用情况,请利用CNKI中国引文数据库进行检索。
3. 一个单位发表论文的被引情况显示了该单位的科研影响力。请利用CNKI中国引文数据库机构统计功能检索贵校2000年以来发表期刊文献的数量、被引频次最高的作者。
4. 请利用SCI-E检索贵校2000年以来发表的被SCI-E收录的文献有多少篇?其中被引频次最高的文献标题是什么?哪一年收录文献最多?收录哪位作者、哪个学科的文献最多?
5. 一篇文献"Chu PS, Kwok SC, Lam KM, Chu TY, Chan SW, Man CW, Ma WK, Chui KL, Yiu MK and Chan YC et al.: 'Street ketamine'-associated bladder dysfunction: a report of ten cases. Hong Kong Med J. 13: 311-3, 2007"虽未被SCI-E数据库收录,请检索其在Web of Science中被引用的情况。
6. 请利用Scopus检索近10年发表的有关hepatitis B的文献,其中哪个杂志、国家和哪一年发表这个主题的文献最多?其中被引频次最高的综述文献作者是谁?请将被引次数超过1000次的文献输出到EndNote参考文献管理软件。

第六章 特种文献检索

特种文献包括专利文献、会议文献、学位论文、科技报告、标准文献和政府出版物等。以前由于这些文献不公开发行或一般图书馆收藏不全，不易获得，再加上这些文献具有特定的作用，所以统称为特种文献。在知识经济迅猛发展的今天，特种文献由于具有种类繁多、报道内容新、技术含量高、报道速度快、专业性强、参考价值大等特点，使得人们越来越重视这方面信息的获取。随着计算机和网络通讯技术的发展，大量的特种文献数据库应运而生，本章主要介绍一些与生物医学相关的常用特种文献数据库。

第一节 专利文献检索

某医生开发设计了一种有效的治疗技术，并将这种技术传授给很多外地来本院进修的医生，这些进修医生把这项治疗技术带回到当地的医院开始实施并根据实施效果撰写论文发表了。为了保护自己的研究成果，这位医生想对该治疗技术申请专利保护。请帮助他分析一下是否能申请专利？如何申请专利？

一、专利基础知识

随着知识经济的迅猛发展，经济全球化进程的加快，自主知识产权产品和技术的拥有量已经成为决定一个国家和地区经济发展的重要指标。世界各国越来越重视知识产权的开发、利用和保护。

知识产权（Intellectual Property）即"智力成果权"，是指科学、技术、文化艺术等领域从事智力活动而创造的精神财富所享有的占有、使用、处置和收益的权利。知识产权是一种无形财产权，与汽车、房屋等有形财产一样具有价值和使用价值。知识产权包括专利权、著作权、商标权等智力成果权，其中比较重要的是专利权。

（一）专利的概念与特征

1. 专利的概念　专利是指国家以法律形式授予发明人或其权利继承人在法定期限内对其发明创造享有的专有权。因此，专利是一种法律制度，是一个国家对本国或外国科学技术领域中的发明用法律给予保护。专利实际上包含三方面的涵义：专利权，即对受到专利法保护的某项发明创造在法定期限内享有的独占实施权；受专利法保护的发明创造；专利说明书。

2. 专利的基本特征　主要包括独占性、地域性和时间性三种。

（1）独占性：又称专有性、排他性、垄断性。一定时间内，未经专利权人许可，任何人不得制造、使用或销售已获得专利权的发明创造。

（2）地域性：一件发明只能在申请的国家或地区受到保护，对其他国家和地区不发生效力。

（3）时间性：专利权受法律保护是有期限的，法律期限截止时，专利权就自行终止。各国法律对专利权保护期限不一样。

(二) 专利分类

我国依据专利法保护对象，将专利分为以下三种类型。

1. 发明专利　专利法所称的发明，是指对产品、方法或者其改进所提出的新的技术方案。发明专利权有效期各国不同，我国为自申请之日起20年。发明专利的含义包括以下几个方面。

(1) 发明是一项技术方案：所谓技术方案是指发明人利用自然规律为了解决某一个技术问题而提出的解决方案，因此，仅仅是提出课题或解决课题的方向性设想是不够的，必须提出解决课题完整的切实可行的方案。技术方案，并非等同于技术，尽管两者都是利用自然规律，通过创造性的脑力劳动和采用必要的物质条件做出的成果，但它们之间是有区别的。技术更为具体，它是经过实践证明可以直接应用于产业的成果，而技术方案则达不到这种程度。"技术"当然可以作为发明得到专利保护，但从专利法的要求来说，"技术方案"就已经可以作为发明得到专利保护。就是说，对于申请专利的发明，不一定要求它是已经成熟的，已经达到了实践程度的"技术"，但一定要求它已构成"技术方案"，已具备成为"技术"的可能，一旦付诸实施，必能解决技术领域中的某个特定问题。

(2) 发明是一种新的技术方案：所谓新的技术方案，是指该技术方案是前所未有的，富有首创性的，并且这个前所未有的是以申请日为时间界限的。就是说，在申请日以前，没有同样的发明在世界上被人们所公知，在国内被人们所公用。

(3) 发明可分为产品发明、方法发明和产品或方法的改进发明：①产品发明，是指经过人工制造的各种新产品，包括有一定形状和结构的物品以及固体、液体、气体之类的物质。完全在自然状态下的天然物，未经人工加工制造，就不是专利法规定的产品发明。②方法发明，是指为解决某一技术问题所采用的手段与步骤。方法发明可以是机械方法发明、化学方法发明，也可以是生物方法发明。③改进发明是指对已知产品或方法的改进，经过改进，改善了已知产品的性能或已知方法的效果，使其获得新的特性或特征。

2. 实用新型专利　专利法所称的实用新型，是指对产品的形状、构造或者其结合所提出的适于实用的新的技术方案。在我国实用新型专利权有效期为自申请之日起10年。

(1) 实用新型专利只保护产品，而产品必须具备两个要素：第一，它是个物品；第二，它的产生必须经过一定的生产制造过程。

(2) 实用新型保护的产品必须是具有确定的形状、构造，占据一定空间的实体。产品的形状是指产品具有的、可以从外部观察到的确定的空间形状。产品的构造可以是机械构造，也可以是线路构造。机械构造是指构成产品的零部件的相对位置关系、连接关系和必要的机械配合关系等；线路构造是指构成产品的元器件之间的确定的连接关系、产品的微观结构特征。以摆放、堆积等方法获得的非确定的产品形状特征，或者生物或自然形成的形状特征，不能作为实用新型产品的构造和形状的特征。

(3) 实用新型必须是一种适于实用的技术方案。申请人对产品的形状、构造或其结合所提出的技术方案必须适于实用，即该产品必须能够在产业上制造，并且能够产生积极效果。

(4) 实用新型必须是一项新的技术方案。所谓"新的技术方案"是指该技术方案在申请日以前没有被公知公用，既没有在国内外出版物上被公开披露，也没有相同的内容先申请并公布在中国专利公报上，该产品没有在国内被公开出售、公开使用。

3. 外观设计专利　外观设计也称工业品外观设计。我国专利法所称外观设计是指对产品的形状、图案或者结合以及色彩与形状、图案的结合所作出的富有美感并适于工业应用的新技术。在我国外观设计专利权有效期为自申请之日起10年。外观设计必须具备下列要素：

(1) 外观设计必须与产品有关：也就是说，它必须应用于具体产品之上。

(2) 必须是产品形状、图案或者色彩与形状、图案的设计：形状是指具有三维空间的产品造型，也就是产品或者部件外表的装饰性形状；图案是指通过各种手段设计出的线条的各种排列或者组合;色彩是指用于图案上的颜色或其组合,并且该色彩应理解为制造产品所用材料的本色以外的装饰性颜色。

(3) **富有美感**:凡是富有美感的外观设计必须是肉眼可以直接看到的,因为肉眼看不到的设计,无法使人产生美感。是否富有美感,应按照消费者的眼光看,认为是美观的,就可以认为富有美感。

(4) **适合工业上应用**:适合工业上应用是对外观设计的工业实用性方面的要求。即一项外观设计的产品能够在工业上大量复制生产,也包括通过手工业大量地复制生产。

(三) 专利的申请

专利申请手续应当以书面形式或者以专利局规定的其他形式办理。

1. 申请专利所需文件

(1) 请求书:是确定发明、实用新型或外观设计三种类型专利申请的依据,应谨慎选用,建议使用专利局统一表格。请求书应当包括发明、实用新型的名称或使用该外观设计的产品名称,发明人或设计人的姓名、申请人姓名或者名称、地址以及其他事项。

(2) 说明书:应当对发明或实用新型作出清楚、完整的说明,以所属技术领域的技术人员能够实现为准。

(3) 权利要求书:应当以说明书为依据说明发明或实用新型的技术特征,清楚、简要地表述请求专利保护的范围。从属权利要求应当用附加的技术特征,对所引用的权利要求作进一步的限定。

(4) 说明书摘要:发明、实用新型应当提交申请所公开内容概要的说明书摘要(限300字)。

(5) 说明书附图:是实用新型专利申请的必要条件。发明专利申请如有必要也应当提交附图。附图应当使用绘图工具和黑色墨水绘制,不得涂改或易被涂擦。

(6) 外观设计的图片或者照片:外观设计专利申请应当提交该外观设计的图片或者照片,必要时应有简要说明。

(7) 优先权文件:要求优先权的专利,须在提出申请的三个月内(从申请日算起)提交经原受理机关证明的优先权文件。对于发明和实用新型专利申请,其优先权期限为自首次申请的申请日起12个月。对外观设计,其专利申请的优先权期限为自首次申请的申请日起6个月。

2. 专利申请的一般性原则

(1) 请求原则:申请专利时,需要递交一份请求书。

(2) 书面原则:申请专利时,需要若干书面材料,当申请成功后,这些书面材料具备一定的法律性质。

(3) 先申请原则:当有两个或多个申请人申请同一项专利时,优先授予第一个申请人专利权。

(4) 优先权原则:一项专利在其他国家再次提出申请时,可以享有优先权。

3. 申请专利的途径 专利申请按照国家保护范围的不同可分为国内申请和国际申请。

(1) 国内申请途径:国内申请一般向我国的国家知识产权局或委托专利代理机构直接申请。国内申请途径又分为:①自行申请:专利申请人自己直接向中国专利局或者其代办处办理专利申请;②委托代理申请:专利申请人委托代理机构以委托人的名义按照专利法规定向中国专利局或其代办处办理专利申请。

(2) 国际申请:国际专利的申请主要有两种途径:一是按照巴黎公约原则提出申请(一般适用于一个或少数几个国家保护的专利申请);二是利用PCT(Patent Cooperation Treaty,专利合作条约)途径提出申请(适用于多个国家保护的专利申请)。

4. 生物技术领域中专利申请的主题范围 主要有微生物、动植物细胞系、DNA/RNA物质、质粒、蛋白质、疫苗和抗体。该领域中不授予专利权的主题有动植物品种和疾病的预防与针对的治疗方法。可申请专利的微生物主要有：细菌、放线菌、真菌、病毒、病原生物和藻类。另外，该微生物是已知种的新菌株或变种或是已知属的一个新种，并具有工业应用价值也可以申请。微生物的专利申请必须说明获得该微生物的途径、保藏信息、新微生物的特征描述（形态学特征、培养特征、生理特征和代谢特征）、新微生物的培养方法和繁殖方法、新微生物的具体用途和效果。

(四) 授予专利权的条件

1. 授予专利权的发明和实用新型，应当具备新颖性、创造性和实用性。

（1）创造性：是指与申请日以前已有的技术相比，该发明有突出的实质性特点和显著的进步，或该实用新型有实质性特点和进步。

（2）新颖性：是指在申请日以前相同的发明或实用新型在国内外出版物上未公开发表过，在国内未公开使用过，相同的发明或实用新型未曾由他人向专利局提出过申请。

（3）实用性：是指该发明或实用新型能够制造或者使用，并能够产生积极效果。

2. 授予专利权的外观设计，应当同申请日以前在国内外出版物上公开发表过或者国内公开使用过的外观设计不相同和不相近似，并不得与他人在先取得的合法权利相冲突。

具备以上条件的一般均授予相应的专利权，但对于下列各项不授予专利权：①科学发现；②智力活动的规则和方法；③疾病的诊断和治疗方法；④动物和植物品种；⑤用原子核变换方法获得的物质。

案例 6-1 中，该医生对其发明的治疗技术不能获得专利权。原因是进修医生把这项治疗技术带回到当地的医院开始实施并根据实施效果撰写论文发表了，因此该医生对其发明的治疗技术已不具备授予专利条件的新颖性。

(五) 专利文献

1. 专利文献的概念　专利文献是实行专利制度的国家、地区及国际性专利组织在审批专利过程中产生的官方文件及其出版物的总称。专利文献有广义和狭义之分：狭义专利文献是指专利说明书；广义专利文献包括专利公报、专利文摘、专利索引、专利分类表和专利书刊报纸等。

2. 专利文献的种类　按不同属性可将专利文献分为多种类型：

（1）按法律性质：分为申请说明书和专利说明书两种。申请说明书（也称公开说明书）是指申请案经一般形式审查后，自申请之日起满 18 个月向公众公开该项发明并出版的说明书。对其所公开的技术内容，法律上给予临时性保护（最短 6 个月，最长 7 年）。

专利说明书有三种情况：①在实行登记制的国家，申请案通过形式审查后出版的说明书；②在实行审查制的国家，申请案通过实质性审查批准后出版的专利说明书；③在实行早期公开、延迟审查制的国家有两种情况：一种是自申请之日起申请人即提出实审请求，经实审后出版的说明书；另一种是公开说明书出版后，在专利法规定的时间内提出实审请求，经实审后出版的说明书。

（2）按技术内容：分为发明专利说明书、实用新型专利说明书和外观设计文件。

（3）按加工层次：分为专利说明书；专利文摘、索引、题录、公报等；专利分类表、分类表索引等。

（4）按载体形式：分为印刷型、缩微型和电子型。

3. 专利文献的特点

（1）提供经济、技术和法律信息：专利文献收录了解决一项技术课题新方案的专利，同时它又是宣布发明所有权和权限范围的法律文件。据 WIPO（World Intellectual Property Organization）统计，90%～95% 的最新技术首先见于专利文献。经常查阅专利文献可节省 60% 的科研时间，节约 40% 的科研经费。专利文献将经济、技术和法律三种信息融于一体，是优于其他文献的最主要特点。

(2) 内容新颖、范围广泛：要获得专利权，首先就必须具备创新性、新颖性，因此经专利局批准的专利说明书，在当时来讲应该是最高水平的、最新内容的。范围广是指专利文献收录了所有应用技术领域的专利，从日常生活小用品如拉锁、卫生筷到复杂的高精尖技术如手术器械等。

(3) 内容详尽、可操作性强：专利说明书详细地记录了每件专利的全部信息，普通专业人员能根据说明书中的内容，制造出该产品。

(4) 出版迅速，重复量大：全世界每年公布150万件专利文献，其中基本专利说明书只有35万~40万件。这是因为一个发明有时向几个国家申请，造成重复公布；另一个原因是受理审批过程中多次出版。

(5) 分类和检索方法特殊：各国专利文献都有它自己独特的分类方法和检索方法，但都标注上统一的国际专利分类号，这样也为阅读和查找带来了便利。

4. 专利文献的作用

(1) 法律作用：专利文献就是一种法律性文件，专利说明书中的"权利要求"部分，是申请人请求保护的技术范围。而有关专利申请日期不仅是该发明临时保护的依据，也是判断专利权是否有效的依据。专利文献还可作为判断是否构成侵权行为和追溯、计算索赔侵权损失的法律依据。

(2) 技术指导作用：专利文献系统性强，反映新技术时差短。每一件专利说明书都详细记载着解决某项课题的最新技术方案。因此，查阅专利文献不仅可以了解最新技术，还可追踪、预测某项技术的发展趋势、决策等。

(3) 经济作用：专利文献为外贸和技术交流提供准确的经济信息。在引进技术、设备，或出口技术、产品时，只有熟悉引进或出口项目是否为专利，专利权是否在有效期内，或是否接近自动终止的期限，专利权保护范围等，才能减少盲目性，防止上当受骗，避免侵权和经济上的损失。

5. 专利文献的著录内容　专利说明书属于一次文献，记载了发明成果的详细内容，是专利文献的核心内容。通常由题录部分、说明书正文和附图三部分内容组成。

(1) 题录部分：著录了该发明技术及其法律信息等内容。主要内容包括发明名称、发明人姓名、申请人姓名、地址、申请日期、申请号、分类号、专利号、文摘等。每个国家著录这些内容的排列顺序有差异，但每个著录内容前面的代码是国际通用的，该代码为INID［Internationally agreed Numbers for the Identification of (bibliographic) Data］代码，即专利局间信息检索国际合作委员会用于标记专利著录项目的代码。

(2) 说明书正文：详细记录了发明内容。这些内容包括序言、发明细节叙述及权利要求三部分。

(3) 附图：用于解释说明发明内容原理，一般放在说明书的最后。

二、中国国家知识产权局专利检索

(一) 选取理由

中国国家知识产权局专利检索与查询网站（http://www.sipo.gov.cn/zljsfl/）是政府性官方网站。它收录从1985年以来至今的中国专利文献，免费提供专利检索服务。内容每周更新一次，与中国国家知识产权局的专利公布信息同步。

(二) 功能特色

检索途径多；检索提示清楚；可提供专利题录、文摘、全文的检索；便于用户掌握。说明书为TIF格式，须安装专用阅读器。

（三）检索方法

主要有常规检索、表格检索和多功能查询器等三种方法。

1. 常规检索　主要通过检索要素、申请号、公开（公告）号、申请（专利权）人、发明人、发明名称等途径查找专利。

2. 表格检索　可使用多种检索途径或检索式编辑区查询中外专利文献的检索方法。如图6-1所示。

图6-1　国家知识产权局专利检索——表格检索

（1）号码字段的检索：分类号可由《国际专利分类表》查得，同一专利具有若干个分类号时，第一个为主分类号；申请（专利）号由1~9位数字组成，前2~4位表示年份，其余表示随机号码；公开（公告）号由1~9位数字组成。

（2）日期字段的检索：日期均由年月日三部分组成，各部分之间用圆点隔开，年为4位数字，月和日为1或2位数字。年、月、日分别可以用来检索，如可键入".10.5"检索公开日为某年10月5日的专利。可以用"="、">"、">="、"<"、"<="、":"等进行日期范围的检索，键入"1998:1999"可检索公开日为1998到1999年之间的专利。

（3）申请（专利权）人和发明（设计）人等字段的检索支持多个申请人或发明人的逻辑运算。

（4）专利名称和专利摘要等字段的检索尽量选用关键词检索。

（5）地址字段的检索指专利申请人的通讯地址，可输入省市名称和邮政编码。

（6）优先权字段的检索：优先权由表示国别的字母和表示编号的数字组成。

3. 多功能查询器　可对IPC分类号、法律状态、申请（专利权）人别名、国别代码、双语词典、分类号关联、关联词等内容进行查询。IPC（International Patent Classification）又称为国际专利分类号或国际专利分类法，是检索国内外专利文献的有效检索途径。IPC分类原则是将科学发明和专利的技术主题尽量作为一个整体，按功能分类或按应用分类，而不是将它的各组成部分分别分类。

主题在于某物的本质属性或功能，且不受某一特定应用领域的限制，则将该技术主题按功能分类。主题涉及"专门适用于"某特定用途或目的的物；涉及某物的特殊用途或应用；涉及某物加入到一个更大的系统中。

IPC 的 8 大部类：A 部—人类生活必需；B 部—作业、运输；C 部—化学、冶金；D 部—纺织、造纸；E 部—固定建筑物（建筑、采矿）；F 部—机械工程；G 部—物理；H 部—电学。分类体系：由高至低依次排列的等级式结构，设置的顺序是：部、分部、大类、小类、主组、小组。

除此之外，还可以对中国专利进行法律状态的查询。法律状态包括实质审查请求的生效、专利权的无效宣告，专利权的终止，权利的恢复，专利申请权、专利权的转移，专利实施许可合同的备案，专利权的质押、保全及其解除，著录事项变更、通知事项等。中国专利法律状态检索可以从申请（专利）号、法律状态公告日进行检索，但是法律状态检索所提供的法律状态信息仅供参考。

还可对与 IPC 分类（国际专利分类体系）关联的其他分类体系号码进行查询。如 ECLA（欧洲专利分类）、UC（美国专利分类）、FI/FT（日本专利分类）。

（四）检索技巧

1. 逻辑运算符　"AND"表示逻辑与；"OR"表示逻辑或；"NOT"表示逻辑非。
2. 模糊运算符　"＋"、"?"和"♯"表示截词符。"?"代表 0~1 个字符；"＋"代表任何长度的字符串；"♯"代表一个强制存在的字符。所有截词符为半角字符。

（五）易犯错误

错误 1　过度依赖关键词检索，而不使用分类号检索：如果一个研究主题有准确的分类号，则优选分类号途径进行检索。分类号准确表达了一个技术领域，检索结果比较准确。而关键词表达的是一个概念而已，它可能存在很多同义词、近义词，检索过程存在漏选、泛选或名词术语不规范等，使得检索结果不准确、不全面。

错误 2　使用与分类号含义重复的关键词：将表示同一检索要素的分类号和关键词用"AND"算符连接进行检索容易导致漏检。例如：一种外科手术刀，表示"外科手术刀"这一检索要素的分类号是 A61B17/3211，表示"外科手术刀"这一检索要素的关键词是"手术刀"、"柳叶刀"等。检索式 A61B17/3211 AND（"手术刀"OR"柳叶刀"）得到的检索结果是分在该分类号下同时具有该关键词的文献，这会遗漏没有分在该分类号下但具有上述关键词的文献，以及分在该分类号下但不具有上述关键词的文献。因此，那些由于分类错误或分类习惯的原因没有分到该分类号下的文献会被遗漏，采用其他与所选择的"手术刀"或"柳叶刀"不同的表述方式（例如解剖刀）的文献也会被遗漏。

错误 3　关键词表达不全面：比如检索手机方面的专利时，使用的关键词，不仅有"手机"、"移动电话"、"大哥大"等，还要加上"进行通话的移动设备或移动工具"。检索一个研究主题或产品或药品，不仅要从字面，还要从功能和用途等方面拟定检索词进行检索。

错误 4　使用错误的检索字段检索：当查询某个大学、科研机构或企业申请或授权的专利时，很多用户一般使用地址字段进行检索，它是查询科技文献常使用的字段。但是，在中国专利数据库中有更好的字段——专利权人，它表示专利所有权的归属，可以非常准确地显示结果。

（六）检索国内专利文献应注意的问题

问题 1　分类号检索时，如果该分类号下文献数量比较少，可以直接阅读文献；如果该分类号下文献数量比较多时，不适于逐篇阅读，可以再缩小文献数量。但是对没有准确分类号的主题内容，往往需要使用关键词检索。

问题 2　考虑不规范的表达方式：在中国专利数据库中检索时，要考虑一些错别字的表达，

如"艾滋病"可写作"爱滋病";桂圆常误写作"桂园",二氧化硅误写为"二氧化矽"等。

三、美国专利商标局专利检索

(一)选取理由

美国专利商标局(USPTO)网站(http://www.uspto.gov)是政府性官方网站,它已将1790年以来的美国各种专利的数据在其网站上免费提供给世界公众查询。该网站针对不同信息用户设置了专利授权数据库、专利申请公布数据库、法律状态检索、专利权转移检索、专利基因序列表检索、撤回专利检索、延长专利保护期检索、专利公报检索及专利分类等。数据内容每周更新一次。

(二)功能特色

检索途径多;提供电子版全文和图像全文说明书;专利授权和专利申请分开检索,还可以查询专利法律状态、专利权人变更等信息。

(三)检索方法

USPTO网站提供了专利授权数据库和专利申请公布数据库。专利授权数据库中收录了自1790年至今的各种美国授权专利,其中1790年至1975年的数据只有全文图像页,可通过专利号和UC分类号进行检索;1976年以后的数据除了全文图像外,还涵盖了授权专利全文,用户可通过多个检索入口进行检索。专利申请公布数据库中收录了自2001年3月15日以来公布的美国专利申请公布文献,用户可通过多个检索入口进行检索。

专利授权数据库有三种检索方式:快速检索、高级检索、专利号检索;美国专利申请公布数据库也有三种检索方式:快速检索、高级检索、专利申请公开号检索。两个数据库收录范围和个别字段有所不同。

1. 快速检索　提供两个检索入口:Term 1 和 Term 2。与两个检索入口对应的是两个相应检索字段选项:Field 1 和 Field 2。在快速检索的两个检索字段(Field 1、Field 2)之间有一个布尔逻辑运算符选项。在检索字段"Field 2"下方有一个年代选择项(Select years)。所有选项均可以展开一个下拉式菜单,供用户根据检索需求选择所需的特定检索字段和检索年代,并在两个检索字段之间用布尔逻辑运算符来构造一个完整的检索式。

2. 高级检索　在该页面有一个可输入检索表达式的文本框Query,一个可选择检索的年代范围的选项(1976年至今的美国授权专利的全文文本和1790年至今的整个数据库内的授权专利),下面的字段框内有31个可供检索的字段,包括"Field Code(字段代码)"和"Field Name(字段名)"的对照表。点击"Field Name(字段名)"可以查看该字段的解释及具体信息的输入方式。检索的表示方法为:检索字段代码/检索表达式。

两个数据库中高级检索界面公布日期、申请公布号、文献种类代码等检索字段代码有区别。

3. 专利号及专利申请公开号检索　在检索框中输入专利号或专利申请公开号进行检索。专利分类号有两种检索方式:

(1) 通过类号/小类号进入分类系统:用户需输入某种分类号,选择相应的方式,如:Class Schedule (HTML),Class Definition (HTML)。

(2) 键入关键词,查找对应的分类号:页面上方有几个按钮,常用的有Class Number & Titles(类号/类名)、Class Number Only(仅有类号)和Index to the U. S. Patent Classification (USPC) System(美国专利分类的索引系统)。

检索结果中,类号前面的红色字母"P"可与专利检索数据库进行链接,结果显示该类号或类号/小类号下的美国专利文献数目,并可查看每一件文献的全文文本。

4. 法律状态检索　在"Patent Application Information Retrieval"检索界面上输入需要查

询法律状态的申请号或专利号，即可获得该号码的专利记录结果。选择"Fees"一项，可查询该美国专利维持费的缴费情况。

进入"Withdraw Patent Number"网页，可见该页面中列出了所有被撤回的专利。输入要查询的专利号，即可得知该专利是否已被撤回。

（四）检索技巧

1. 短语检索　用引号标记短语，如"liver cancer"，引号中不能用"$"。

2. 逻辑组配检索　逻辑与"AND"；逻辑或"OR"；逻辑非"ANDNOT"。

3. 右截词检索　截词符"$"，表示前方一致检索，截词符必须使用在至少3个字母之后，并适用所有的检索词。选定某输入框时"$"前至少有3个字母，选all fields时"$"前至少有4个字母。

4. 各检索字段检索表达式

（1）发明者或申请者的名字：Doe-John-E；Doe-$；Doe-John$；Doe-J$；等。

（2）专利号：除发明专利外，其他专利均需表明类型代码。如D339456、PP8901、H645等。

（3）申请号：由6位数组成，不足六位前面补零，如65423，应为065423。由于申请号为多循环编制，同样的申请号会有出现不同循环阶段的文献，可通过年代加以辨别。

（4）专利类型：1＝Utility；2＝Reissue；4＝Design；5＝Defensive Publication；6＝Plant；7＝Statutory Invention Registration；检索时仅输入数字代码即可。

（5）日期：表达式为19960103；1-3-96；1/3/96或1/$/96；1/3/96→2/14/96（表示日期的时间段）等。

（6）国际分类号：输入格式要求大组必须3位数，不足补0。如G06F19/00，应输入为G06F019/00。

（7）美国专利分类号：表达式为427/2.31、427/3A、427/$等。

（8）参考文献：查找一篇专利被引用情况时，输入专利号即可。

（9）PCT信息：表达式为PCT/FR88/00100（PCT申请号）或WO88/06811（PCT公开号）。

（10）发明人国别：用两个大写字母表示，具体查看统一的INID代码表，如GB、CN、FR等。

5. 引号括起的词组中不能使用截词符。

6. 专利号输入时也可采用右截断进行检索，如514664$，$代表0~9的数值，不能代表无数个值，检索结果为5146640~5146649共10件专利。

7. 国际专利分类号的大组必须有3位，不够位的填0补充。如：A61K31/785，应该为A61K031/785。

（五）检索国外专利文献应注意的问题

问题1 高级检索注意事项：

（1）允许使用复合逻辑检索，即用括号（）表示运算顺序，括号内的检索式先运算。如：tennis AND（racquet OR racket）。

（2）用标识符指定字段

IN/Bobbs　（发明名称字段）

CLAS/270/31　（分类字段）

AN/MCNC AND TTL/solder（多字段）

TTL/（nasal or nose）与TTL/nasal or TTL/nose等同。

在关键词前若不注明字段代码，系统则默认在全字段检索。

问题2 专利号检索注意事项:

(1) 多个专利号输入时,专利号之间需用空格或使用 "OR" 逻辑运算符;专利号中间使用逗号或缺省均可。

(2) 不同的专利类型在专利号前加入相应的代码。

第二节 医学会议文献检索

案例 6-2 某老师想知道国内外即将召开的遗传学会议,他想了解国内外遗传学的新技术和方法,同时想结识业内更多的学者,请帮助他查询相关的会议信息和会议文献。

一、医学会议消息检索

传统的会议信息获取途径主要有专门预报会议信息的期刊、医学期刊上刊载的会议信息和专业学会的通知等。目前因特网上汇集了大量的生物医学会议信息,下面介绍几个主要的网站。

(一) Doctor's Review Meetings

1. 选取理由 Doctor's Review Meetings (http://www.doctorsreview.com/meetings/) 由加拿大魁北克蒙特利尔 Parkhurst 出版公司建立,它提供了全球 209 个国家和地区的医学会议和医学教育材料,是深受医生和患者欢迎的一个会议网站。

2. 功能特色 检索途径多,检索方便灵活,网站除了提供会议信息外,还包括会议举办城市的自然景观等旅游信息,比较人性化。用户还可以发布会议消息。

3. 检索技巧

(1) 关键词检索时,可以输入单个词组,也可以输入带有逻辑运算符的复合表达式。

(2) 会议地点和专业,按照网站中设置的选项加以选择。

(3) 会议日期,可以按照系统中设置的方式加以选择。

案例 6-2 要查找国外遗传学方面的会议信息,使用该平台检索方法为:选择关键词检索,在检索框中输入 "genetics",点击 Search 2000+ Medical Meetings 按钮,可查询到今年和明年即将召开的国际遗传学会议信息和遗传学课程培训信息。

4. 检索会议消息应注意的问题 根据学科专业范畴大小,拟定合适的关键词。如果学科专业范畴小,就使用宽泛的关键词;如果学科专业范畴大,就使用专指的关键词。

(二) MedSci

1. 选取理由 MedSci (上海北岸信息技术有限公司,http://www.medsci.cn/meeting/) 是医学教育与临床研究学术服务提供商,主要提供科研教育培训、国内外医学学术会议消息等。

2. 功能特色 检索途径多,提供广泛的国内外医学会议信息,同时还可以发布会议信息。

3. 检索技巧

(1) 学科分类:43 个类目,主要是临床医学、基础医学和公共卫生等学科。

(2) 浏览地域:包括上海、北京、南京、广州、武汉、天津、重庆 6 个城市的会议信息。

(3) 会议名称:可以输入中英文单个关键词进行搜索,不能输入复合逻辑表达式。

(三) 中国学术会议在线

1. 选取理由 中国学术会议在线 (http://www.meeting.edu.cn/meeting/) 是由教育部科技发展中心主办,面向广大科技人员的科学研究与学术会议信息服务平台。

2. 功能特色　为用户提供国内外学术会议信息预报、会议分类搜索、会议在线报名、会议论文征集、会议资料发布、会议视频点播、会议同步直播等服务。会议信息定期更新。

3. 检索技巧

(1) 浏览：从会议预告、会议通知、会议回顾三个栏目中获取需要的会议信息。也可以从学科专业分类浏览相应学科的会议消息。

(2) 检索：包括模糊检索、会议检索、视频检索和会议论文摘要检索四种方式。模糊检索是指模糊匹配所有字段为命中检索结果，而会议检索是在会议名称字段匹配检索结果，会议论文摘要检索则是在摘要字段匹配检索词。所以用会议检索结果比较准确；模糊检索结果比较多，干扰信息也多。用户应根据情况适当选择。

4. 检索会议消息应注意的问题　由于会议消息网站没有规范主题标引，所以对研究主题内容可以采用同义词和近义词检索，扩大会议信息量。

二、会议论文检索

(一) CNKI 会议数据库

1. 选取理由　CNKI 会议论文数据库收录中国科协系统及国家二级以上的学会、协会、高校、科研院所、政府机关举办的重要会议以及在国内召开的国际会议上发表的文献。

2. 功能特色　重点收录 1999 年以来国内外会议文献信息。其中，国际会议文献占全部文献的 20% 以上，全国性会议文献超过总量的 70%，部分重点会议文献回溯至 1953 年。该库分为基础科学、工程科技Ⅰ、工程科技Ⅱ、农业科技、医药卫生科技、哲学与人文科学、社会科学Ⅰ、社会科学Ⅱ、信息科技、经济与管理科学十大专辑，168 个专题。

3. 检索技巧　可通过检索、高级检索、专业检索、作者发文检索、科研基金检索、句子检索和来源会议检索查找会议论文。

(1) 检索：提供主题、篇名、关键词、作者、单位、会议名称、基金、摘要、全文、论文集名称、参考文献、中图分类号等字段进行检索。输入词或词组可查找会议文献。

(2) 高级检索：在检索中，将检索过程规范为三个步骤：第一步，在主题、篇名、关键词、摘要、全文、论文集名称、参考文献、中图分类号等字段输入检索内容；第二步，在会议时间、会议名称、支持基金、报告级别、作者、作者单位等限定选项输入限定条件；第三步，对检索结果的分组排序选择，浏览检索结果。

(3) 专业检索：使用逻辑运算符和关键词编制复合逻辑式的检索方式。可通过主题、篇名、关键词、摘要、全文、作者、第一作者、作者单位、会议名称、论文集名称、参考文献、更新时间、基金、中图分类号、ISBN、被引频次等 16 个字段进行检索。有多个检索词或选项时，可以使用 AND、OR、NOT 运算符进行逻辑组配检索。三种逻辑运算符的优先级相同；如要改变组合的顺序，请使用英文半角圆括号()将条件括起。如果不清楚复合逻辑表达式的规则，点击"检索表达式语法"，查看专业检索语法表，进行检索。

(4) 作者发文检索：通过作者或第一作者及作者单位查找会议文献的方法。注意每个字段最好都选择准确匹配方式。

(5) 科研基金检索：是通过科研基金名称，查找科研基金资助的文献。通过对检索结果的分组筛选，还可全面了解科研基金资助学科范围、科研主题领域等信息。在检索中，可直接在检索框中输入基金名称的关键词，也可以点击检索框后的按钮，选择在相应的基金检索框中查询。

(6) 句子检索：在全文的同一段或同一句话中进行检索。同句指两个标点符号之间，同段指 5 句之内。由于句子中包含了大量的事实信息，通过检索句子可以为用户提供有关事实的问题答案。在每个检索项后输入检索词，检索词之间可以进行三种组合：并且、或者、不包含。

(7) 来源会议检索：通过会议时间、会议名称、会议主办单位和网络投稿人等内容来进行查询。

案例 6-2，要查询遗传学会议文献，使用该库的检索方法为：进入检索界面，选择会议名称字段，检索框中输入"遗传学"，匹配方式选择"模糊"，之后点击检索，可查询到国内的遗传学会议论文。

4. 应注意的问题

问题 1 检索会议消息时，可以多选几个字段分别进行查询。

问题 2 会议文献主题不规范，需要增加同义词或近义词检索。

(二) 万方《中国学术会议论文库》

1. **选取理由** 该库收录了 1985 年以来，国家一级学会、协会、研究会在国内组织召开的全国性学术会议论文。包括自然科学和社会科学各领域，每年的会议数量达上千个。由中国科技信息研究所、中国医学科学院医学信息研究所、中国农业科学院文献中心、林业部科技情报所共同研制，并在以上四个单位收藏。

2. **功能特色** 检索途径多，检索方便，易于掌握。

3. **检索技巧** 按学科分类浏览会议内容。通过主题、篇名、关键词、创作者、作者单位、摘要、日期、会议来源、会议名称、主办单位、会议 ID 等字段检索会议内容。检索方式分为快速检索、高级检索和专业检索。专业检索时，可以使用逻辑运算符，"*"表示为逻辑与，"+"表示为逻辑或，"^"表示为逻辑非。专业检索表达式用（）括起来才能进行检索。

4. **应注意的问题**

问题 1 主题字段检索，检出的论文来自篇名、关键词、摘要三个字段，所以比单独用三个字段的论文数量要多。

问题 2 专业检索表达式，用（）括起来才能进行检索。

问题 3 会议文献主题不规范，需要增加同义词或近义词扩大检索结果。

(三) 国家科技图书文献中心（NSTL）《中文会议论文库》

1. **选取理由** 国家科技图书文献中心（National Science and Technology Library，NSTL）《中文会议论文库》（http://www.nstl.gov.cn/NSTL/）收录了 1985 年以来我国国家级学会、协会、研究会以及各部委等组织召开的全国性学术会议论文。涵盖自然科学各领域，每年的会议数量达上千个。该库由中国科学院文献情报中心、中国科技信息研究所、机械工业信息研究院、冶金信息标准研究院、中国化工信息中心、中国农业科学院农业信息研究所、中国医学科学院医学信息研究所、中国标准化研究院国家标准馆、中国计量科学院文献馆共同研制，为以上 9 个单位的馆藏。

2. **功能特色** 检索简单，易于掌握。可以免费获取会议文摘信息。

3. **检索技巧** 通过篇名、作者、关键词、时间、会议名称、ISBN、文摘等字段查询会议内容。检索词之间可以通过下拉式菜单选择相应的逻辑运算符。

4. **应注意的问题**

问题 1 检索框中输入检索的词或词组，不能输入复合逻辑表达式。

问题 2 会议文献主题不规范，需要增加同义词或近义词扩大检索结果。

(四) ISI Proceedings

1. **选取理由** 该库是美国科技信息所（ISI）基于 Web of Knowledge 平台开发的综合性会议录文献数据库。

2. **功能特色** 该库收录了 1990 年至今的 6 万次重要的会议、评论、研讨会、座谈会的会议资料 270 万条。每年以 22 万多条的会议录递增，数据内容每周更新，可以了解新的研究，再现会议情形。该库包括 Science & Technology 和 Social Sciences & Humanities 两个子库。

目前，该库已整合到 Web of Science 数据库平台，可以单独选择会议数据库进行检索。

3. 检索技巧　检索方法包括检索、引用文献检索、化合物检索、高级检索。只不过会议文献数据库的检索字段不同于期刊论文，检索字段有主题、作者、出处、文献类型、交流语种、被引用信息、会议信息（名称、日期、举办者）、作者通讯地址、出版社、IDS 号、ISSN 或 ISBN 等内容。检索方法和技巧详见第五章第三节内容。

4. 应注意的问题

问题 1　会议文献主题不规范，需要增加同义词或近义词扩大检索结果。

问题 2　用会议名称缩写和全称同时检索。

问题 3　国外的会议论文通常在期刊或图书上发表，可以利用 ISSN 或 ISBN 进行检索。如果发表在图书上，还可以选择丛书或丛编名称字段检索。如果发表在期刊上，注意期刊封面中有"conference issue"的标识。

第三节　学位论文检索

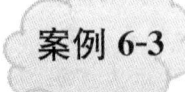

某同学即将开始撰写学位论文，他想知道学位论文的撰写格式要求和撰写方法，请帮助他检索有关肿瘤药物耐药性方面的学位论文。

一、中文学位论文检索

（一）CNKI《中国博硕士学位论文全文数据库》

1. 选取理由　《中国博硕士学位论文全文数据库》是目前国内相关资源最完备、高质量、连续动态更新的数据库。

2. 功能特色

（1）出版内容全：覆盖基础科学、工程技术、农业、医学、哲学、人文、社会科学等各个领域。

（2）文献来源广泛：收录 1984 年以来的全国 404 家培养单位的博士学位论文 12 万余篇和 621 家硕士培养单位的优秀硕士学位论文 95 万余篇。

（3）专辑专题多：分为十大专辑：基础科学、工程科技Ⅰ、工程科技Ⅱ、农业科技、医药卫生科技、哲学与人文科学、社会科学Ⅰ、社会科学Ⅱ、信息科技、经济与管理科学，十大专辑下分为 168 个专题。

3. 检索技巧

（1）文献检索：可以通过检索、高级检索、专业检索、科研基金检索和句子检索等途径检索学位论文，还可以通过学位授予单位导航和博硕士学位论文电子期刊浏览来查找学位论文。

①检索：在主题、篇名、作者、导师、学位授予单位、关键词、摘要、目录、全文、参考文献、中图分类号、学科专业名称等字段中输入检索词进行查询。人名、单位和分类号最好使用精确匹配。

②高级检索：将检索过程规范为三个步骤：第一步，在主题、篇名、关键词、摘要、目录、全文、参考文献、中图分类号、学科专业名称等字段输入检索内容；第二步，在发表时间、学位单位、学位年度、支持基金、优秀论文级别、作者、作者单位等限定选项输入限定条件；第三步，对检索结果的分组排序的选择，浏览检索结果。

③专业检索：使用逻辑运算符和关键词编制复合逻辑式的检索方式。可通过主题、篇名、关键词、目录、摘要、全文、作者、导师、作者单位（或导师单位）、学位授予单位、参考文献、发表时间、基金、中图分类号、被引频次等 15 个字段进行检索。有多个检索词或选项时，

可以使用 AND、OR、NOT 运算符进行逻辑组配检索。三种逻辑运算符的优先级相同；如要改变组合的顺序，可使用英文半角圆括号（）将条件括起。如果不清楚复合逻辑表达式的规则，点击"检索表达式语法"，查看专业检索语法表，进行检索。

④科研基金检索：是通过科研基金名称，查找科研基金资助的文献。通过对检索结果的分组筛选，还可全面了解科研基金资助学科范围、科研主题领域等信息。在检索中，可直接在检索框中输入基金名称的关键词，也可以点击检索框后的按钮，选择相应的基金输入检索框中查询。

⑤句子检索：在全文的同一段或同一句话中进行检索。同句指 2 个标点符号之间，同段指 5 句之内。由于句子中包含了大量的事实信息，通过检索句子可以为用户提供有关事实的问题答案。在每个检索项后输入检索词，检索词之间可以进行三种组合：并且、或者、不包含。

（2）学位授予单位导航：将学位授予单位导航细分为地域导航和学科专业导航。可在"按学位授予单位检索"的检索框中直接输入单位名称进行检索。点击任何地区的名称，可以显示该地区下所有学位授予单位的名称；括号中的数字代表该地区下包括的学位授予单位的数量。

（3）博/硕士学位论文电子期刊导航：也可以称为期刊浏览的方式，检索功能同 CNKI 期刊全文数据库中的期刊导航。

4. 应注意的问题

问题 1　没有主题概念检索，因此要增加同义词或近义词进行检索，以提高文献的查全率。

问题 2　使用一个字段检索，往往查不到论文。应多选用更多字段检索，扩大搜索范围。

（二）NSTL《中文学位论文》

1. 选取理由　NSTL《中文学位论文》（http://www.nstl.gov.cn/NSTL/）收录了 1984 年以来我国高等院校、研究生院及研究院所发布的硕士、博士和博士后的论文。包括自然科学各专业领域，并兼顾社会科学和人文科学。由中国科学院文献情报中心、中国科技信息研究所、机械工业信息研究院、冶金信息标准研究院、中国化工信息中心、中国农业科学院农业信息研究所、中国医学科学院医学信息研究所、中国标准化研究院国家标准馆、中国计量科学院文献馆共同研制，为以上 9 个单位的馆藏。

2. 功能特色　检索简单，易于掌握。可以免费获取文摘信息。

3. 检索技巧　通过题名、作者、关键词、导师、学位、培养单位、研究专业、研究方向、授予年、文摘等字段查询论文内容。检索词之间可以通过下拉式菜单选择相应的逻辑运算符，不用手工输入。

（三）CALIS 学位论文中心服务系统

1. 简介　CALIS 学位论文中心服务系统（http://etd.calis.edu.cn/）面向全国高校师生提供中外文学位论文检索和获取服务。目前博硕士学位论文数据逾 384 万条，其中中文数据约 172 万条，外文数据约 212 万条。数据还在持续增长中。

2. 功能特色　检索功能便捷灵活，提供简单检索和高级检索，可进行多字段组配检索，也可从资源类型、检索范围、时间、语种、论文来源等多角度进行限定检索。系统能够根据用户登录身份显示适用用户的检索结果，检索结果通过多种途径的分析和排序方式进行过滤、聚合与导引，并与其他类型资源关联，方便用户快速定位所需信息。部分论文可以免费阅读前 16 页。

3. 检索技巧

（1）简单检索：通过题名、作者、导师、摘要和关键词等字段检索所需论文。

（2）高级检索：通过题名、作者、主题词、ISBN 等字段进行查询，也可以限定年代、语种、资源类型、学校范畴等条件。

(3) 浏览：通过学科专业、答辩年和学校浏览所需论文。

4. 应注意的问题

问题1　检索框中输入检索的词或词组，不能输入复合逻辑表达式。

问题2　高级检索中的主题字段，不是表示主题概念，而是指在题名、摘要中提炼出来的中心词，所以，需要增加同义词或近义词提高查全率。

（四）万方学位论文

1. 选取理由　万方学位论文全文数据库是由北京万方数据股份有限公司建立和维护，收录自1980年以来我国自然科学领域各高等院校、研究生院以及研究所的硕士、博士以及博士后论文。

2. 功能特色　检索途径多，检索方便，易于掌握。

3. 检索技巧

(1) 按学科专业和学校所在地浏览论文内容。

(2) 通过主题、题名、关键词、创作者、作者单位、摘要、日期、学位专业、学位授予单位、导师、学位等字段检索论文内容。

检索方式分为快速检索、高级检索和专业检索。专业检索时，可以使用逻辑运算符，"*"表示为逻辑与，"+"表示为逻辑或，"^"表示为逻辑非。表达式用（）括起来才能进行检索。

4. 应注意的问题

问题1　主题字段检索，检出的论文来自篇名、关键词、摘要三个字段，所以比单独用三个字段的论文数量要多。

问题2　检索框中输入检索的词或词组，不能输入复合逻辑表达式。

问题3　没有主题概念检索，需要增加同义词或近义词扩大检索结果。

二、外文学位论文检索

（一）ProQuest Digital Dissertations（PQDD）学位论文数据库

1. 选取理由　由美国 ProQuest Information and Learning 公司出版，是世界著名的学位论文数据库。PQDD 收录了欧美 1000 余所大学文、理、工、农、医等领域的 200 万篇博士学位论文的摘要及索引，是学术研究中十分重要的参考信息源，每年约新增 7 万篇论文摘要。目前国内通过上海交通大学和 CALIS 中心的镜像站点提供服务，可以下载博士论文的 PDF 全文。如果是 1997 年以后的论文，还可以点击"24 页预览"查看前 24 页内容。

2. 功能特色　检索功能便捷灵活，提供简单检索和高级检索功能。

3. 检索技巧　主要提供简单检索、高级检索、论文分类浏览三种方式。

(1) 简单检索：通过关键词、作者来查询论文的方法。关键词可以是单词或者短语。输入作者名字时，可以以任意顺序输入。例如：输入 John A. Smith 或者 Smith, John A. 得到的检索结果是一样的。还可以同时输入多个作者名字，中间用 AND 进行分隔，就可以检索出多个作者合作撰写的论文。

(2) 高级检索：在简单检索的基础上增加了检索字段，包括：引文和文摘、文摘、指导老师、作者、委员、学位、院系、文档编号、语言、正文、论文题目、索引条目/关键词、出版物、订购号、学校名称/代码、主题名称/代码、附加文件、卷期等。同时，对各字段增加了 AND、OR、AND NOT 等布尔逻辑运算符和 with、pre 等位置算符。

案例 6-3，要查询肿瘤药物耐药性方面的学位论文，使用该库的检索方法：选择高级检索，第一行检索框中输入"multidrug resistance"匹配所有字段，之后选择逻辑算符"AND"，第二行检索框中分别输入"antineoplastic drug" OR "antineoplastic agents"匹配所有字段，点击检索按钮，可查询到肿瘤多药耐药的论文。这里需要解释一下，肿瘤化疗时，一般为多种药同时服用,所以研究肿瘤多药耐药具有实际意义,使用了 multidrug resistance 检索词。

(3) 论文分类浏览:按照学科类目进行浏览查询。学科类目分一级类目和二级类目。在浏览结果时,系统还提供在所有字段进行二次检索。

(4) 该数据库可以运用布尔逻辑运算符、截词符、位置算符、嵌套检索、二次检索等检索技术。

①布尔逻辑运算符:AND、OR、AND NOT。

②截词检索:只有右截断,截词符为"?",检索词为复数或不同词性,或对拼写不确定时,可采用此方式。如输入检索词"biolog?",命中结果包含"biology"、"biological"的记录。

③位置算符:W/n 表示算符两边的检索词在命中结果中词序不定,二词间隔不超过 n 个单词。如输入检索式"media W/10 culture"命中结果将包括含有"culture media"、"in Axenic culture on defined media"的记录。W/PARA 表示算符两边的检索词在命中结果中必须出现在同一段(大约在 1000 个字符以内),仅限在"文章正文"字段检索时使用。W/DOC 表示算符两边的检索词在命中结果中必须出现在文章正文中。当限定在"题录和文章正文"或"文章正文"字段时,可以代替"AND"来查询。PRE/n 表示算符两边的检索词在命中结果中词序固定,二词间隔不超过 n 个单词。如输入检索式"military PRE/1 weapons",命中结果只包括含有"military weapons"的记录。

④二次检索:允许在上一次检索的结果里,进一步修改检索策略。

(二) NDLTD 学位论文数据库

1. 选取理由 NDLTD (http://www.ndltd.org/ndltd/find) 全称是 Networked Digital Library of Theses and Dissertations,是由美国国家自然科学基金支持的一个网上学位论文共建共享项目,为用户提供免费的学位论文文摘,有部分可免费获取全文。

2. 功能特色 目前,全球有 170 多家图书馆、7 个图书馆联盟、20 多个专业研究所加入了 NDLTD。其中 20 多所成员已提供学位论文文摘数据库 7 万条,可以链接到全文的大约有 3 万条。参与共建学校通过共享免费获取全文。覆盖的地域范围较广,有德国、丹麦等欧洲国家,也有中国香港等。NDLTD 的学位论文比 PQDD 的学位论文少,适合作为国外学位论文的补充资源利用。

第四节 标准文献检索

案例 6-4 有位用户请求帮助查询偏瘫患者社区康复训练技术规范方面的文献。请问你怎么做?

一、标准文献

(一) 标准文献概述

1. 标准文献的概念 标准文献是指在一定范围内获得最佳秩序,经协商一致决定并由公认机构批准,共同适应和重复使用的规范性文件。标准化是国民经济中一项综合性的基础工作,它对发展国民经济和科学技术,提高工农业产品和工程建设质量,提高科学管理水平,扩大对外贸易,提高人民健康,增加社会经济效益,都具有重要作用。

2. 标准文献的种类

(1) 按使用范围可分为五大类:

①国际标准:如国际标准化组织(ISO)标准。

②区域性标准：如欧洲（EN）标准。
③国家标准：如美国国家标准（ANSI）、我国的国家标准（GB）。
④专业标准：如我国轻工业部的部颁标准（QB）。
⑤企业标准：如缓蚀剂的企业标准 Q/SZH01-2009。
⑥地方标准：如上海市的标准，沪 Q/SG4-25-82。

(2) 按内容划分为：基础标准、制品标准、方法标准。

3. 标准分类体系和代号

(1) 分类体系：各国都编有适合国情的标准分类体系。概括起来有三种形式：

①字母分类法：即以字母为标记的分类法。这种方法将标准分成若干类，每类用一个字母表示。采用这种分类法的有澳大利亚、加拿大、墨西哥等国。

②数字分类法：即以数字作为标记的分类法。这种方法将标准分成若干类，有的还分为几级类目，每个类用一组数字表示。采用这种分类法的有丹麦、印度、葡萄牙、意大利、西班牙、比利时、阿根廷、荷兰、瑞士等国。

③字母数字混合分类法：即采用字母和数字相结合，这种方法把标准分类后，每一类用字母加数字表示。采用这种分类法的有美国、日本、芬兰、法国、俄罗斯、罗马尼亚、波兰等国。

(2) 标准代号：各国的标准都有各自的代号。了解这些代号，对于查找各国标准很有用处。一些主要国家的标准代号如表 6-1 所示。

表 6-1 主要国家的标准代号

美国	ANSI	俄罗斯	OCT
英国	BS	日本	JIS
法国	FN	瑞典	SIS
意大利	UNI	荷兰	NEN
德国	DIN	挪威	NS
加拿大	CSA	比利时	NBN
澳大利亚	AS	丹麦	DS

4. 标准文献特点　和一般技术文献相比，标准文献有着自己独特的风格和体制。其主要特点有：①独立的文献体系；②技术成熟度高，有约束力；③新陈代谢频繁，时效性强；④数量多，篇幅小，文字简练；⑤严格、准确、可靠；⑥出版形式多样。

（二）中国标准文献及其检索

1. 概况　1978 年 9 月，我国以中国标准化协会（CAS）名义，加入了国际标准化组织（ISO），并参加了其中 103 个技术委员会。1979 年 7 月，"中华人民共和国标准管理条例"的颁布，标志着我国标准化工作进入了一个新的发展时期。1979 年以来，我国已成立了 200 个专业标准技术委员会，327 个分标准化技术委员会。据统计，到 1992 年底，国家标准已达到 1.8 万多个，专业（部）标准 3 万个，企业（地方）标准 15 万个。国家标准 40% 采用国际标准和国外先进标准。

我国标准的分类是采用字母数字混合分类法。字母表示大类，数字代表小类，由 A 到 Z 共分 23 个大类。我国标准号的形式为：标准代号＋标准编号＋发布年份。如 GB13668-92。

2. 我国标准文献的检索工具类型　查找我国各类标准的检索工具有以下几种：

(1) 印刷型检索工具：

①《中国标准化年鉴》：由国家标准局编辑，1985 年创刊，以后每年出版一本。内容包括

我国标准化事业的现状、国家标准分类目录和标准序号索引三部分。

②《中华人民共和国国家标准目录》：由中国标准化协会编辑，不定期出版。内容除包括现行国家标准外，还列出了行业标准。该目录分标准序号索引和分类目录二部分编排。

③《最新国家标准和国际标准目录》：由中国标准信息中心编辑出版。该目录汇总了 1991 年 1 月至 1992 年 9 月期间发布的所有新的国家标准和国际标准，以及对现行标准的修改（补充）和作废情况。内容包括分类目录和标准序号索引二部分。

（2）标准数据库：

①中外标准数据库：由中国标准情报中心建立，是中西文混合检索的标准数据库。该库除国家标准（GB）外，还包含中国台湾标准、ISO、IEC、日本、美国等国际标准组织和西方各国的标准，提供了以 30 天周期的标准的发布、修改、作废信息。数据库数据可以以软盘或光盘形式向广大用户提供。

②中国标准全文数据库：由国家质量技术监督局提供，包括国家标准、国家推荐标准、行业标准、行业规范等内容。目前可以使用中国标准全文数据库中矿业、能源、化工、机械、电工、土木、环境保护、电子元器件与信息技术等类目下国家标准及行业标准，共计 1 万 6 千余条，电子全文为 PDF 格式。标准的内容来源于中国标准出版社，相关的文献、专利、成果等信息来源于 CNKI 各大数据库。可以通过标准号、中文标准名称、起草单位、起草人、采用标准号、发布日期、中国标准分类号、国际标准分类号等检索项进行检索。

（3）相关免费网络资源：目前提供标准文献查询的网站很多，如中国标准服务网、中国国家标准咨询服务网等。因特网上的标准文献网站收录范围大同小异，相比较而言，中国标准服务网仍是查询国内外标准内容最齐全的国内站点。另外，几乎所有网站都仅提供免费题录信息，获取全文需要付费。仅有中国国家标准化管理委员会对我国强制性标准提供全文免费下载服务。

（三）国际标准及其检索

国际标准是由国际标准化组织采用的标准或在某些情况下由国际标准化团体采用的技术规范。

目前，国际标准包括两部分：①国际标准化组织（ISO）和国际电工委员会（IEC）指定的标准；②国际标准化组织认可的其他 27 个国际组织制定的一些标准。如国际无线电干扰特别委员会、国际电报电话咨询委员会等组织。

1. 国际标准化组织（ISO）及其标准文献检索

（1）国际标准化组织（International Organization for Standardization，ISO）：ISO 成立于 1947 年 2 月 23 日，是制作全世界工商业国际标准的各国国家标准机构代表的国际标准建立机构，成员包括 162 个会员国。其主要职能是制定 ISO 国际标准，协调世界范围内的标准化工作。其制定标准范围除电气工程和电子工程以外的其他学科领域。它的目的和宗旨是，"在世界范围内促进标准化工作的开展，以利于国际物质交流和互助，并扩大知识、科学、技术和经济方面的合作。"

ISO 下设技术委员会（Technical Committee，TC）、分技术委员会（SubCommittee，SC）和工作小组（Working Group，WG）。ISO 国际标准均由 TC、SC 和 WG 负责制定，其标准制定审批程序十分严密。到目前，ISO 共颁布 9200 个国际标准。ISO 标准每隔五年就要重新修订审定一次。

ISO 标准分类法采用 ISO 技术委员会（TC）和国际十进分类法（UDC）两种标志。如 TC43 为声学。1971 年前，其标准以推荐标准（ISO/R）形式公布，其编号结构形式为 ISO/R＋顺序号＋年份。1992 年以后正式标准公布，其编号结构形式为 ISO＋顺序＋年份。

（2）ISO 标准检索工具及其文献检索：

①《国际标准目录》：由 ISO 编辑出版，报道 ISO 各技术委员会制定的标准。该目录为年

刊,用英法文对照本形式出版,部分还加俄文对照。每年2月份出版发行,报道上一年12月底为止的全部现行标准。每年还出版4期补充目录。主要内容包括:技术委员会序号目录、作废标准目录、标准号序表以及国际十进位分类号技术委员会序号索引、主题索引。除了上述部分主要内容外,该刊还附有"ISO指南索引"、"标准手册索引"和"参考文献索引"。

②《ISO技术规则》:由国际标准化组织编辑出版,年刊,报道4000多份可视为国际标准的文件和已达到委员会草案(CD)阶段和国际标准草案(DIS)阶段的全部文件。

2. 国际电工委员会(IEC)及其标准文献检索

(1) 国际电工委员会(International Electrotechnical Commission,IEC):成立于1906年。现该组织有89个技术委员会(Technical Committee,TC)和107个分委员会(Sub Committee,SC)。目前,有60个国家和地区参加该组织。IEC负责电气和电子领域中标准化组织和协调工作,制定电子、电力、电信和原子能等领域的国际标准。由于ISO制定的标准所涉及的专业范围不包括这些内容,这些领域的世界标准完全由IEC负责制定。所以IEC标准可以说是国际标准的组成部分。

IEC制定标准的范围大致分名词术语和电路用的图形、符号、单位、文字符号等。在试验方法方面制定产品质量或性能指标,以及有关人身安全的技术标准。1975年前,IEC以推荐标准形式发布,1975年后改为IEC国际标准。目前,已发布电子电工国际标准近4885件。IEC国际标准分类均按专业技术委员会(TC)名称设立类目,其后加数字序号,如TC1为名词术语,TC61为家用电器的安全。IEC标准号结构形式为标准代号IEC+顺序号+制定年份,例如IEC335-2-1980。

(2) IEC标准文献检索工具及其文献检索:检索工具为《国际电工委员会标准目录》,年刊,由IEC中央办公室以英法文对照的形式编辑出版。其内容分为标准顺序排列的"标准号目录"和按主题词词顺排列的"主题索引"两部分,没有分类目录。可以从序号和主题途径查找所需IEC标准的名称、页数、价格、简介、版次等内容。国际标准除了ISO和IEC制定的标准外,还包括国际标准化组织认可颁布国际标准的其他27个国家组织制定的一些标准。可以利用这些组织主办的学术刊物和专门的检索刊物查找这些组织制定的标准。

(四)区域标准及其检索

1. 欧洲标准化委员会(European Committee for Standardization) 该组织成立于1957年。欧共体成立后,为了使共同市场得以正常发展与协调,该委员会向成员国推荐标准,统一成员国的标准,以便增进贸易和促进业务交流。

2. 亚洲标准咨询委员会(Asian Standard Advisory Committee,ASAC) 该组织成立于1967年,是亚洲及远东地区政府间的标准化机构,其宗旨是在ISO标准基础上制定亚洲地区性标准,培养标准技术人员,统一、协调和健全认证制度。

3. 非洲地区标准组织(African Regional Standard Organization,ARSO) 该组织成立于1977年,其目的是促进非洲地区的标准化开发活动,制定非洲地区性标准。

4. 泛美技术标准委员会(Ran American Standards Commission) 该组织成立于1965年,其目的是促进中美和南美各国的经济发展,制定统一使用的技术标准——泛美标准。

二、标准文献检索

(一)CNKI《标准数据总库》

1. 选取理由 《标准数据总库》是国内数据量最大、收录最完整的标准数据库,分为《中国标准题录数据库》(SCSD)、《国外标准题录数据库》(SOSD)、《国家标准全文数据库》和《中国行业标准全文数据库》。《中国标准题录数据库》(SCSD)收录了所有的中国国家标准(GB)、国家建设标准(GBJ)、中国行业标准的题录摘要数据,共计标准约13万条;《国外标准题录数据库》(SOSD)收录了世界范围内重要标准,如:国际标准(ISO)、国际电工标准(IEC)、欧洲标准(EN)、德国标准(DIN)、英国标准(BS)、法国标准(FN)、日本工业标准(JIS)、美国标准(ANSI)、美国部分学协会标准(如 ASTM、IEEE、UL、ASME)等标准的题录摘要数据,共计标准约 31 万条。《国家标准全文数据库》收录了由中国标准出版社出版的、国家标准化管理委员会发布的所有国家标准,占国家标准总量的 90% 以上。《中国行业标准全文数据库》收录了现行、废止、被代替以及即将实施的行业标准,全部标准均获得权利人的合法授权。标准的内容来源于中国标准化研究院国家标准馆,相关的文献、专利、成果等信息来源于 CNKI 各大数据库。可以通过标准号、中文标题、英文标题、中文关键词、英文关键词、发布单位、摘要、被代替标准、采用关系等检索项进行检索。

2. 功能特色　检索功能强大,检索入口多,界面简洁,使用方便。

3. 检索技巧　主要提供检索、高级检索和专业检索。

(1) 检索:通过标准名称、标准号、关键词、摘要、全文、发布单位、出版单位、起草单位、中国标准分类号、国际标准分类号和起草人等字段查找标准文献的方法。可以选择一个字段或多个字段逻辑组配检索。对于分类号、标准号和人名字段选择精确匹配的方式。

案例 6-4,要查询偏瘫患者社区康复训练技术规范的文献,使用该库的检索方法:选择全部库检索界面,第一行关键词字段,检索框输入偏瘫,关键词模糊匹配;第二行关键词字段,检索框输入康复训练,模糊匹配,检索结果为 0。调整检索词,选择全文字段,检索框中输入康复训练,模糊匹配,可查到相关的文献,其中有脑中风、脑梗死、脑出血的标准文献,全文中涉及康复训练的方法。所以目前没有偏瘫患者社区康复训练技术规范的标准,可以参考脑中风、脑梗死、脑出血的标准文献中康复训练方法。

(2) 高级检索:将检索过程规范为三个步骤:第一步,在标准名称、标准号、关键词、摘要、全文、发布单位、出版单位、起草单位、中国标准分类号、国际标准分类号和起草人等字段输入检索内容;第二步,选择标准状态:在全选、现行、作废、被代替、废止转行标、即将实施等选项中加以选择;第三步,对检索结果的分组排序的选择,浏览检索结果。

(3) 专业检索:使用逻辑运算符和关键词编制复合逻辑式的检索方式。可通过中文标准名称、英文标准名称、中文主题词、英文主题词、标准号、发布单位名称、发布日期、被代替标准、摘要等字段进行检索。有多个检索词或选项时,可以使用 AND、OR、NOT 运算符进行逻辑组配检索。三种逻辑运算符的优先级相同;如要改变组合的顺序,请使用英文半角圆括号()将条件括起。如果不清楚复合逻辑表达式的规则,点击"检索表达式语法",查看专业检索语法表,进行检索。

4. 应注意的问题

问题 1　分类途径查找时,应注意我国标准的分类体系。

问题 2　注意数据录入过程存在错误性,防止漏检。

问题 3　注意收录中国标准的范围不完整,适当扩大范围。

问题 4　注意没有提供标准修改单和作废信息的标准。

(二) ISO 国际标准数据库

1. 选取理由　国际标准化组织是世界上最大的非政府性标准化专门机构,在国际标准化中占主导地位。

2. 功能特色　检索途径多,检索方便,易于掌握。

3. 检索技巧　主要通过浏览和检索两种方式查询标准文献。

(1) 浏览:通过 ICS (International Classification for Standards) 和 TC (Technical Committees) 两种方式浏览。

ICS 是一种国际标准分类号,如电气工程或技术。共有 40 个一级类目,一级类目下面还有二级类目。直接点击二级类目号就可以浏览到相应的标准信息，并浏览该标准的标准号、英文题名、版本、页码、TC、文摘、价格等信息。浏览到的标准信息有四种状态：Published standards、Standards under development、Withdrawn standards 和 Projects deleted（last 12 months）。标准的文摘可以免费获取，标准的全文需要付费获取。TC 是技术委员会的分类标准，共有 242 个技术委员会。浏览方法同 ICS。

（2）检索：通过一般检索和高级检索查询所需标准文献信息。一般检索主要输入标准号或关键词检索所需标准文献。关键词默认的检索字段是标题题目和文摘。高级检索，可以输入条件复杂的检索式，查找的范围更广。可限定标准信息状态，可输入关键词或短语，还可以通过 ISO 分类号或部分类号、技术委员会、语种、文献类型等进行限定。文献类型包括资料、指南、国际标准、国际标准概要、工作组协议、公用规范、推荐、技术报告、技术规范、技术趋势评估等。

（3）逻辑运算检索：AND、OR、NOT。系统默认逻辑与"AND"的检索。

（4）截词检索：截词符号为"﹡"。表示无限截词，可以用于开头，也可以用于结尾。

4. 应注意的问题

问题1 进行短语检索时，用双引号。

问题2 用数字进行检索时，表示对分类号字段检索，用部分号码检索时，不必使用截词符。

小 结

1. 专利文献是受法律保护的一种特殊文献类型。专利文献记载了技术解决方案，确定专利权保护范围，揭示了专利权人、注册证书所有人权利变更等法律信息。同时，依据专利申请、授权的地域分布，可分析专利技术销售规模、潜在市场、经济效益及国际间的竞争范围。专利是集经济、技术、法律为一体的综合科技信息源。

2. 会议文献能反映某学科或专业领域内最新进展和发展趋势，主题内容新颖，学术性强，技术方法创新，是传递科技信息、交流科技成果与经验方面的重要信息源。

3. 学位论文选题新颖，理论性、系统性较强，论证翔实可靠。

4. 标准文献时效性强；具有法律约束力，要求人们自觉遵守；各种标准都将随着科学技术的发展而不断地修订和补充。

练习题

1. 查询艾滋病疫苗国内外专利申请情况，其中国内专利有多少件？国外专利有多少件？
2. 查询国内外即将召开的医学遗传学会议有哪些？将在哪些城市举办？是否有您感兴趣的主题内容？
3. 查询近两年国内外免疫学专业的博士学位论文，并对比国内外论文的研究主题方向有何差异？研究方法有何差异？
4. 查找国内外关于牛奶中农药残留测定的标准文献。

第七章　循证医学证据检索

现代医学发展到今天，医学模式发生了巨大的改变，从"以疾病为中心"的传统生物医学模式向"以病人为中心"的现代生物-心理-社会医学模式转变。新的医学模式要求临床医护人员开展科学、合理的临床决策，而基于临床证据的循证医学诞生，则推动了现代医学科学决策的发展。*The Lancet* 将循证医学誉为医学实践领域的人类基因组计划，美国 *The New York Times* 将它称为 80 个震荡世界的伟大思想之一，*The Washington Post* 称之为医学史上又一最杰出成就。

第一节　循证医学相关知识

一、循证医学的定义

循证医学（Evidence-Based Medicine，EBM）意为遵循证据的医学，是遵循最佳科学依据的医学实践过程。1996 年著名临床流行病学家 David Sackett 教授在《英国医学杂志》（*British Medical Journal*，BMJ）上将循证医学定义为"慎重、准确和明智地应用当前所能获得的最佳研究证据来确定患者的治疗措施"。

循证医学的概念最早见于 1992 年发表在《美国医学会杂志》（*The Journal of the American Medical Association*，*JAMA*）上的 "Evidence-Based Medicine：A New Approach to Teaching the Practice of Medicine" 一文。1994 年，David Sackett 出版了第一本循证医学专著 *Evidence-Based Medicine: How to Practice and Teach Evidence-Based Medicine*，系统详细地介绍了循证医学的意义及其实践和应用过程。1992 年底 Iain Chalmers 博士在英国成立了英国 Cochrane 中心，明确提出了循证医学的思想。1993 年国际 Cochrane 协作网成立，循证医学得到了更广泛的传播。

循证医学是最好的研究成果与医生的临床实践技能和患者意愿三者之间的有机结合。最好的研究证据来源于医学基础研究成果、系统评价和高质量的临床随机对照试验；临床实践是指医生在对患者进行仔细的病史采集和认真的体格检查基础上，充分应用自身的专业知识、临床技能与经验，有效地解决患者的问题；患者的意愿指患者为获得最好的医疗服务而恢复健康的期望、需求和选择。

近年来，不少研究者在此基础上对 EBM 的概念进一步完善与丰富。循证医学指的是临床医师面对具体的病人，在收集病史、体检以及必要的实验和有关检查资料的基础上，应用自己的理论知识与临床技能，分析与找出病人的主要临床问题（病因、诊断、治疗、预后以及康复等），并进一步检索、评价当前最新的相关研究成果，取其最佳证据，结合病人的实际临床问题与临床医疗的具体环境做出科学、适用的诊治决策，在病人的配合下付诸实施，最后分析与评价效果。它是基于现有最好的证据，兼顾经济效益和价值取向，进行医学实践的科学的概念。

二、循证医学的实践步骤

临床医师在临床实践中，经常面临各种临床决策。要做出最合理、最有效的决策，需要搜集大量的临床证据，并对其阅读、分析、评价，最后结合病人的具体情况，把最佳证据运用于决策，而这实际上就是实践循证医学的过程。循证医学的实践可归纳为"五部曲"。每个步骤之间相互联系，任何一个步骤存在不足，都会影响循证医学实践的质量。

1. 构建具体的临床问题　构建具体的临床问题是循证医学实践的起点，是首要的关键环节。临床实践中，医护人员要做出最佳临床决策，前提是对临床问题进行整理，理清关键问题。当前，国际上常用的构建临床问题为PICO模式。P指特定的患病人群（Population/Patients），即实践对象具体情况的描述，包括年龄、性别、人种、既往史等；I指干预措施或暴露因素（Intervention），如治疗方案、诊断试验等；C指比较因素或对照标准（Comparison），与所采取的干预措施相对照的因素；O指研究结果（Outcome），是干预措施的诊疗效果。

2. 检索相关文献，全面搜集临床证据　在按照PICO模式构建起具体的临床问题后，实践进入到第二步骤即检索相关文献，全面搜集目前已有的最佳证据。只有搜集到足够的证据，才能为最佳临床决策提供保证和支撑。而足够的证据不仅来自于电子出版物、网络数据库，还应包括教科书、专著、专业杂志等。当前，不同类型的网络数据库为不同的检索需求提供了多样选择。常用的检索循证医学信息的资源包括二次研究资源（Secondary Sources）数据库，例如Evidence-Based Medicine、ACP Journal Club、Bandolier等。此外，很多书目型数据库，如PubMed、EMBASE、中国生物医学文献数据库（CBM）等均能检索到原始研究资源。针对这些循证医学信息资源，临床医师应根据问题的特点，选择合适的数据库，制定最佳检索策略。

3. 严格评价，找出最佳证据　受研究者研究水平、观察对象的选择以及各种其他因素的影响，临床证据质量参差不齐。因而临床医师需要在搜集证据后，应用临床流行病学及EBM质量评价标准，从证据的真实性、可靠性、临床应用价值及适用性等方面对搜集到的证据进行严格评价，以筛选出最佳证据，应用于临床实践。

4. 应用最佳证据，指导临床决策　将上述经过严格评价的最佳证据，结合临床专业知识与技能、具体的医疗环境以及病人的需求与价值取向，应用到临床实践与决策中，解决临床问题。

5. 评价实践后的效果和效率　在完成上述四个步骤后，评价应用最佳证据解决具体问题的效果。若成功可用于指导进一步的临床实践；反之，应具体分析在整个实践过程中可能存在的问题，针对问题，重新调整，不断提高自身循证医学实践能力。

三、循证医学证据的类型

循证医学证据种类繁多，按照不同的分类标准，可划分为不同类型的证据。

1. 从方法学角度进行分类，可分为原始研究证据和二次研究证据。

原始研究证据是指直接以人群，即病人和（或）健康人为研究对象，对相关问题进行研究所获得的第一手数据，经统计学处理、分析、总结而形成的研究报告。主要包括随机对照试验、交叉试验、队列研究、前后对照研究、病例对照研究、非传统病例对照研究、横断面调查设计、非随机同期对照试验及叙述性研究等。

二次研究证据是指在全面收集针对某一问题所有原始证据的基础上，应用科学的标准，经严格评价、整合处理、分析总结而形成的研究报告。主要包括系统评价、临床实践指南、临床决策分析、临床证据手册、卫生技术评估报告及卫生经济学研究等。

2. 按研究问题分类，可分为病因临床研究证据、诊断临床研究证据、预防临床研究证据、治疗临床研究证据和预后临床研究证据。

3. 按用户需要分类，可分为临床实践指南、临床决策分析、临床证据手册、卫生技术评估及健康教育资料等。如临床医师主要使用临床实践指南、临床决策分析和临床证据手册对患者进行处理。卫生管理部门和人员主要根据卫生技术评估做出决策。公众可通过健康教育资料了解相关医学知识与研究情况。

4. 按获得渠道分类，可分为公开发表的临床研究证据、灰色文献、在研临床研究证据和网上信息。公开发表的临床研究证据是公开发表在杂志上的临床研究证据，包括原始研究证据和二次研究证据；灰色文献指已完成、但未公开发表的临床研究证据，通常以会议论文和内部资料的形式交流；在研临床研究证据指正在进行的原始临床研究和二次研究证据，如新药试验（原始研究证据）和正在进行的系统评价、卫生技术评估及临床实践指南（二次研究证据）；网上信息是指各种医学组织和机构在网上建立与发布的各种原始研究证据和二次研究证据。

循证医学证据来源广泛，目前有大量可供医学研究证据查询的资源，包括数据库（因特网在线数据库、公开发行的 CD、循证医学中心数据库等）、杂志、指南及专著等。针对这些资源，R. Brian Haynes 提出了循证医学证据资源的分类。

Haynes 等在 2001 年提出了循证医学资源的"4S"模型；随后 2006 年，又在"4S"模型基础上提出了"5S"模型。与"4S"相比，"5S"模型在证据系统（systems）与证据摘要（synopses）之间增加了证据总结（summaries）这一级别。

"5S"模型将证据按照级别高低以金字塔的形式排列，即证据级别由高到低，依次为证据系统（systems）、证据总结（summaries）、证据摘要（synopses）、证据综述（syntheses）和原始研究（studies），见图 7-1。在利用证据"5S"模型指导临床决策时，证据的选择应先从级别高的类型开始，逐级向下进行，直到检索到合适的证据为止。

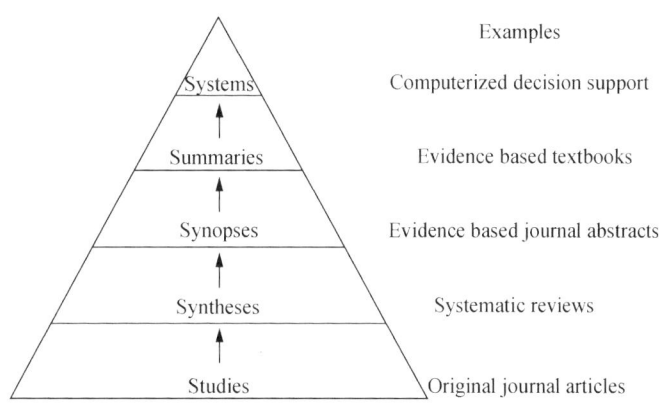

图 7-1　R. Brian Haynes 在 Evid Based Med，2006，11，162-164. 提出的循证医学证据"5S"金字塔模型

（1）证据系统（Systems）：证据系统即计算机决策支持系统（Computerized decision support systems，CDSS），是级别最高的证据，也是最完善的证据。一个基于证据的临床信息系统（CDSS）能针对某个特定的临床问题，概括总结所有相关和重要的研究证据，使得该工系统本身也成为一种新的研究证据，并通过电子病历系统，自动建立证据与具体病患之间的联系，为临床医师提供决策支持。然而目前具备此功能的信息系统数量微乎其微。

（2）证据总结（Summaries）：证据总结围绕特定临床问题，对现有最佳证据进行总结，提供综合证据，并定期更新，如循证教科书（Evidenced based textbooks）。目前提供此类证据的网站资源包括 Clinical Evidence（www.clinicalevidence.com）、DynaMed（dynamed.ebscohost.com）、美国医师学院的 PIER（pier.acponline.org）、UpToDate（www.uptodate.com）、MD Consult（www.mdconsult.com）等。

(3) 证据摘要（Synopses）：即循证杂志摘要（Evidence-based journal abstracts）。当前临床上很多证据都比较冗长复杂，对于工作繁忙的临床医师来说，要抽取时间系统阅读全文非常困难。为了帮助临床医师快速有效地阅读文献，方法学家和临床专家共同组织起来，制定严格的评价标准，对主要医学期刊上发表的原始研究和二次研究证据从方法学和临床重要性两方面进行评价，筛选出高质量的论著同时对证据的精华内容进行提取，并在摘要后附有针对被摘要证据的方法学质量、研究结果在临床的适用性等方面的专家评价，帮助临床医师解读，从中提取出临床决策所需要的信息。

常见的证据摘要资源包括 ACP Journal Club（www.acpjc.org）、Bandolier（www.medicine.ox.ac.uk/bandolier）、Evidence-Based Medicine（ebm.bmj.com）、Database of Abstracts of Reviews of Effects（DARE）（www.crd.york.ac.uk/CRDWeb/）等。

(4) 证据综述（Syntheses）：即系统评价（systematic review），是针对某一临床问题（如疾病的病因、诊断、治疗、预防、预后等）全面、系统地搜集已发表或未发表的临床研究，严格评价纳入文献的偏倚风险，筛选出符合质量标准的文献，进行定性或定量合成（meta-analysis，荟萃分析），得出系统、客观、可靠的综合结论。系统评价汇总了现有最好原始研究的结果，能够为临床医师节省大量的检索、阅读原始文献的时间。此外，由于用于制作系统评价的原始研究均经过严格的质量评价，也避免了临床医师分析、评价原始研究。系统评价分为 Cochrane 系统评价和非 Cochrane 系统评价，前者由 Cochrane 协作网制作并发表到 Cochrane Library 上，后者发表在期刊上。

提供证据综述的资源包括 Cochrane Library（www.thecochranelibrary.com）的系统评价数据库（CDSR）和疗效评价摘要数据库（DARE），EvidenceUpdates（plus.mcmaster.ca/evidence updates）、PubMed Clinical Queries 的系统评价检索等。

(5) 原始研究（Studies）：原始研究是发表在期刊的，未经专家评估的文献，通常能在综合文献数据库中检索。原始研究是产生和提供证据的基石，很多高级别的证据都是以原始研究为对象，进行评价、加工而成。临床医师在利用原始研究时，需要自己对研究结果的真实性、临床重要性和适用性进行评估后方可应用。提供原始研究的资源包括 Cochrane Library 临床对照实验数据库（CENTRAL）、PubMed Clinical Queries 的 Clinical Study Categories 检索、EMBASE、CBM 等。

四、循证医学证据的级别

临床证据类型多样，质量良莠不齐。不同的证据效用与可信性级别也各不相同。不少研究者根据论证强度将证据定性分为多个级别，构建证据分级标准，并进一步定量评价证据利弊关系。所谓证据论证强度是指证据的研究质量的高低以及结果真实可靠程度。在进行临床决策时，首先考虑的应是效用及可信性高的证据。

按质量和可靠程度，循证医学证据通常可分为以下五级（可靠性依次降低）。

Ⅰ级：收集所有质量可靠的随机对照试验（Randomized Controlled Trial，RCT）后做出的系统评价或 Meta 分析结果；大样本多中心随机对照试验。

Ⅱ级：单个、样本量足够的 RCT。

Ⅲ级：设有对照但未采用随机方法分组的病例对照研究和队列研究。

Ⅳ级：按时间顺序或配对的病例对照研究。

Ⅴ级：权威专家意见、专家委员会报告、无对照的病例观察（描述性研究）。

不少国外机构均制定出详细的证据分级评价系统。1979年，加拿大定期体检特别工作组（Canadian Task Force on the Periodic Health Examination，CTFPHE）首次对研究证据进行分级并给出推荐意见。此后多个机构和组织对证据的分级和推荐强度进行了规范，但方法各异，标准不一，较有代表性的证据分级标准见表7-1。

表 7-1　11 个证据分级一览表

时间	国别	制定者	分级	特点	用途
1979	加拿大	CTFPHE	三级	第一次基于试验设计对研究证据分级	预防体检
1986	加拿大	David Sackett	五级	考虑证据质量	临床用药
1992	美国	AHCPR	四级	纳入 Meta 分析	临床指南
1996	英国	NEEBGDP	三级	纳入系统评价	临床指南
2001	英国	SIGN	八级	同时将系统评价、Meta 分析与 RCT 作为最高证据	临床指南
2001	美国	SUNY Downstate Medical Center	九级	纳入动物实验和体外研究	临床指南
2001	英国	CEBM	五级	引入分类概念	卫生保健
2004	国际	GRADE	四级	考虑研究的设计、质量、结果一致性和证据的直接性	卫生保健
2004	中国	CEBMC	五级	非医药领域分级	科学研究
2005	美国	Aragon	四级	针对动物研究分级	基础研究
2006	中国	CEBMC	五级	决策与管理领域分级	政府决策

*CTFPHE：加拿大定期体检特别工作组；AHCPR：美国卫生保健政策研究所；NEEBGDP：英格兰北部循证指南制定项目；SIGN：苏格兰院际指南网络；CEBM：牛津大学循证医学中心；GRADE：国际推荐分级评价、制定与评估工作组；CEBMC：中国循证医学中心。

五、循证医学证据检索的特点

循证医学的产生和发展得益于临床研究数量增加、质量提高以及信息加工传播技术的不断发展。循证医学强调基于问题的研究，依靠当前可得最佳临床研究证据结合临床医师经验和患者期望进行决策和实践。因此，系统、全面、准确地获得最佳证据是循证医学研究和实践的基础。面对海量质量参差不齐的原始文献、层出不穷的各种数据库，要系统、全面、准确地检索临床证据，就要掌握循证医学证据检索的方法和技巧，选择合适的循证医学资源、制定最佳检索策略，及时评价检索效果并加以改进。与传统的文献检索相比，循证医学证据检索既有相似之处，又在信息来源、检索的范围、检索方式、数据库选择、检索策略的制定和检索结果的关注等方面存在着一定的差异（表 7-2）。

表 7-2　循证医学证据检索与传统文献检索的比较

	循证医学证据检索	传统文献检索
信息来源	注重多渠道检索，强调全面检索各种数据库、检索工具书、相关期刊以及正在发表和未发表的临床研究文献	较少检索正在进行和未发表的临床研究文献
检索范围	强调获得当前可得的全部相关文献（多国别、多语种文献）	对检索范围和查全率没有严格要求
检索方式	以机检为主，辅以手工检索、参考文献追查、灰色文献搜集	缺乏对参考文献的追查以及灰色文献的搜集
数据库选择	选择临床证据数据库、临床实践指南数据库和书目型数据库	无严格要求，一般以书目型数据库为主，辅以全文数据库
检索策略的制定	严谨	无严格要求
对检索结果的关注	关注临床证据级别，尤其重视系统评价和随机对照试验方面的研究结果，重视对文献真实性、方法学和负结果的评价	较多关注述评文献或综述文献，未充分重视研究类文献真实性、方法学的评价

实际上，循证医学证据的检索因检索目的不同，在检索过程中侧重点也稍有不同。在以应用循证医学证据解决临床问题为目的的检索中，可按照 Haynes 提出的"5S"模型，在选择检索资源时，按照证据分级由高到低的顺序逐步进行：证据系统→证据总结→证据摘要→证据综述→原始研究，以确保临床医师能够检索到高质量的证据。在此实践过程中，并不需要五个级别的证据全部检索，而是按照顺序逐步检索。如果检索到高级别的证据，检索即结束；否则，继续向下进行检索，直到检索出相关证据为止。但如果是以制作循证医学证据为目的的检索，那么在检索过程中更强调检索的系统、全面、无偏倚，这一点是有别于以应用证据为目的而进行检索的关键环节。制作系统评价应尽可能提高检索的查全率，不必过分强调检索的精确性，因此在数据库资源的选择、检索词的使用、检索式的构建方面均应尽量考虑周全，保障查全率。

第二节 循证医学证据检索的来源

案例 7-1 一孕 25 周出生的早产儿，重 1700g，出生 4 小时后出现呼吸困难、青紫，伴呼气性呻吟、吸气性三凹征，并进行性加重。经 X 线平片与 CT 检查，确诊为新生儿肺透明膜病（Hyaline membrane disease，HMD），又称为新生儿呼吸窘迫综合征（Neonatal respiratory distress syndrome，NRDS）。临床上孕妇产前可采用氨溴索（Ambroxol）预防新生儿呼吸窘迫综合征的发生。请问采用氨溴索治疗新生儿呼吸窘迫综合征是否可行？治疗的有效性及安全性又如何？

以上为某临床医师工作中遇到的案例。现按照本章第一节所述的 PICO 原则对该临床问题进行转化和分解：

P：Patient or Population（患者或人群），为问题的对象。

本案例中问题的对象为患有新生儿呼吸窘迫综合征的早产儿。

I：Intervention（干预措施），例如诊断方法、治疗方法等。

本案例的干预措施为氨溴索治疗，属治疗范畴。

C：Comparison（比较因素），与所采取的干预措施相对照的因素。

本案例比较因素为治疗早产新生儿呼吸窘迫综合征的常规治疗及护理。

O：Outcome（结果），是干预措施的诊疗效果。

本案例的结果为采用氨溴索治疗的有效性及安全性，包括临床症状是否得到改善、药物的不良反应、可能出现的并发症等。

按 PICO 各要素完成对该案例的分解后，如何开展对相关各类型证据的检索是本节论述的重点。当前，因特网上与循证医学有关的网站已经超过一百万个，有关循证医学的信息分散在各个 EBM 网站、数据库及期刊中，而这些循证医学资源在收录的证据类型、检索功能上各有特点。下面结合上述案例，分别介绍原始研究、实践指南、结构性摘要以及系统评价与荟萃分析等不同类型证据检索，以及常用循证医学元搜索引擎的使用。

一、原始研究类证据

（一）选用的资源

1. PubMed（http://www.ncbi.nlm.nih.gov/pubmed） 用户在主页检索提问框输入检索词或检索式后，可通过检索结果页面左侧的 Filters 把文献类型（Article Types）限定在随机对照临床试验（Randomized Clinical Trial，RCT）或临床试验（Clinical Trial）。

PubMed 的 Clinical Queries 是根据系统预先设计好的检索策略而建立的嵌入式过滤器，是专门为工作繁忙的临床医师设计的一种快速、方便的检索服务。它主要包括三方面的内容，分别为"Clinical Study Categories"、"Systematic Reviews"以及"Medical Genetics"。其中"Clinical Study Categories"和"Systematic Reviews"是专门为循证医学检索而设计的。"Clinical Study Categories"可用于查找某一疾病的 Therapy（治疗）、Diagnosis（诊断）、Etiology（病因学）、Prognosis（预后）、Clinical prediction guides（临床实践指南）等与临床密切相关的文献。检索中还可根据检索需要，选择检索范围 broad（侧重于查全，但文献专指性不强）或 narrow（侧重于查准，但查全率较低）。

另外，PubMed 的 Comparative Effectiveness Research（http://www.nlm.nih.gov/nichsr/cer/cerqueries.html）也是用于查找循证医学证据的一个工具。Comparative Effectiveness Research 可用于检索有关效用比较的临床研究文献。页面上提供了三个检索提问框分别用于查找 PubMed 已发表的文献、HSRProj 上正在进行的研究以及 ClinicalTrials.gov 的相关文献。其中 PubMed 的检索提问框下方，用户可把文献类型限定为：Randomized Controlled Trials、Observational Studies（Cohort，Administrative data，Registries，and Electronic health records）以及 Systematic Reviews，Simulations，Models。检索的主题也可分别在 Health Disparities、Costs and Cost Analysis、Comparative Effectiveness Research as Subject 进行限制。

2. EMBASE 目前可通过 OVID 平台或 www.embase.com 付费访问。它是全球最大、最具权威性的生物医学与药理学文摘型数据库，覆盖各种疾病和药物信息，尤其涵盖了大量欧洲和亚洲医学刊物。由于其收录的独家期刊并未收录在 PubMed 中，所以与 PubMed 形成了有效互补。

EMBASE 独有 EMTREE 主题词表，覆盖了所有 MeSH 术语。此外在高级检索中的高级限定功能中提供了针对循证医学的限定，可把文献类型限定为 Cochrane Review、Cochrane Clinical Trial、Meta Analysis、Randomized Clinical Trial、Systematic Review。

3. Cochrane 临床对照试验数据库（Cochrane Central Register of Controlled Trials，CENTRAL） 为 Cochrane Library 数据库的一个子库，收录了由文献数据库和其他出版来源所出版的随机对照试验和对照临床试验文献，每篇文献包括题目和来源，某些部分还包含摘要。

4. 中国生物医学文献数据库（CBM） 为中国医学科学院医学信息研究所开发研制的中国生物医学文献服务系统（SinoMed）中的一个子库，是查找国内生物医学领域文献信息的重要文摘型数据库。该数据库采用《中国图书分类法》和《医学主题词表》、《中医药学主题词表》对收录的文献进行分类、主题词标引，提供分类号、医学主题词检索。检索中可把文献类型限定为随机对照试验、临床试验、多中心研究等。

（二）检索技巧

有关以上 PubMed、EMBASE 和 CBM 的详细使用，可参见第三章相关内容；有关 CENTRAL 的使用可参见本节第四部分系统评价与荟萃分析类证据的检索。下面结合本节案例，简述如何在上述数据库检索原始研究类证据。

1. 确定检索词 对案例进行分析，确定在证据检索时用到的检索词：新生儿呼吸窘迫综合征（Neonatal respiratory distress syndrome，NRDS）、新生儿肺透明膜病（Hyaline membrane disease，HMD）、氨溴索（Ambroxol、Mucosolvan）、盐酸氨溴索（Ambroxol hydrochloride，Amb）、沐舒坦。

2. 构建检索式 外文检索式（hyaline membrane disease OR HMD OR neonatal respiratory distress syndrome OR NRDS）AND（Ambroxol OR Mucosolvan OR AMB），检索过程中根据数据库检索特点，可对检索式稍作调整。中文检索式（肺透明膜病 OR HMD OR 新生儿呼吸窘迫综合征 OR NRDS）AND（氨溴索 OR 沐舒坦）。

3. 检索相关数据库 首先使用 PubMed Clinical Queries 进行检索，由于本节案例是有关疾病的治疗，所以 Category 选择 Therapy，检索范围分别选择 Broad 和 Narrow 时，获得的文献量会有不同。同时也可通过 Comparative Effectiveness Research 的检索，查找 HSRProj 和 ClinicalTrials.gov 上的相关研究。但当前在 HSRProj 和 ClinicalTrials.gov 上并未找到相关文献。

由于 EMBASE 中有多种独家期刊是未被 PubMed 收录的，所以要全面搜集原始研究类证据，EMBASE 是必不可少的。EMBASE 中的基本检索和高级检索均支持布尔逻辑检索、截词检索、词组检索、邻近算符检索及字段限定检索。所以只需把构建好的检索式直接输入即可。同样 CENTRAL 的高级检索与 CBM 均支持布尔逻辑检索，直接输入检索式即可检索相关证据。在检索 CBM 的时候，可通过限定功能，把文献类型限定为随机对照试验、临床试验、多中心研究等。

（三）需注意的问题

循证医学中的最佳证据是基于尽可能全面搜集当前可得的全部相关文献基础上进行评估、筛选而获得，因此在检索中应尽可能提高查全率，检索词的同义词、缩写、主题词以及近义词等应尽可能考虑。在检索 EMBASE 数据库时，当直接输入多个单词时，系统默认的是逻辑与的关系。若输入的为词组，需注意加上引号，否则，在系统自动扩展检索时（即检索词自动转化为主题词及主题词的下位词进行检索），会以单个单词与 EMTREE 主题词表进行匹配，影响了查准率。而在检索 CBM 数据库时，可分步检索，充分利用系统基本检索中的智能检索功能。

二、实践指南类证据

临床实践指南（Clinical Practice Guidelines，CPGs）是循证医学资源的重要组成部分，是以系统评价为依据，针对特定的临床情况，系统制定出的帮助临床医师和病人做出恰当处理的指导性意见（推荐意见）。

（一）选用的资源

1. National Guideline Clearinghouse（NGC，http：//www.guideline.gov） 由美国卫生健康研究与质量机构（Agency for Healthcare Research and Quality，AHRQ）、美国医学会（American Medical Association，AMA）和美国健康计划协会（American Association of Health Plans，AAHP）联合建立的循证医学临床实践联机指南数据库，收录了来自全世界 200 多个指南制定机构提供的上千个覆盖多种病症的预防、诊断、治疗和预后等临床操作指南的结构性摘要，用户可免费检索，并可通过链接读取全文。

2. Canadian Medical Association（CMA） Clinical Practice Guidelines（http：//www.cma.ca/cpgs）由加拿大医学会（CMA）开发，收录了来自加拿大各地和各机构团体提供的临床实践指南，提供有关键词检索、高级检索和浏览检索等途径，用户可免费检索全文。

（二）检索技巧

由于各实践指南网站的检索功能比较相似，下面仅以 NGC 检索作简单介绍。NGC 提供有检索、浏览和比较等查询功能。

1. Search（检索功能） 分为基本检索（Search）和高级检索（Advanced Search）。NGC 的基本检索支持输入单个单词、词组（加引号）以及由布尔逻辑运算符构建的检索式；支持使用"*"进行截词检索。高级检索允许进行更加专指的查询。在输入关键词后，可限制检索主题（Disease/Condition、Treatment/Intervention、Health Services Administration），同时还可对患者年龄、评价证据质量和强度的方法学、临床专业、出版时间、指南类别、机构类别、性别、分析证据的方法学等进行全方位限定。检索结果可按照相关度或出版时间进行排序。

2. Browse（浏览功能） 用户可按照主题（包括 Disease/Condition、Treatment/Intervention、Health Services Administration）、机构（Organization）、指南索引（Guideline In-

dex)等途径进行浏览。每种途径中的指南都有特定的排列方式。例如在 Disease/Condition 浏览中，NGC 借鉴了美国国立医学图书馆的医学主题词表的等级分类体系，所有疾病名称借鉴树形结构表的等级排列，可以进行上、下位类的扩展，每个主题词后对应于指南的条数。

3. Compare Guidelines（比较功能） 是 NGC 最有特色的栏目，允许用户对来自不同国家和地区同类主题的指南进行联机比较，通过深入地分析观察全球指南发展的共性与区别点，方便临床决策时进行有效的评价、选择和使用。比较的信息主要包括指南的题目、发表时间、适用范围、指南的制作者、疾病、临床学科专业等。此外，NGC 还对一些主题已有的指南进行了合成（Guideline Syntheses），便于用户直接阅读和参考。同时，还对指南的参考文献、指南制作方法、指南的评价、指南使用等提供链接、说明或注释等。

用户通过 Search 或 Browse 功能检索出相关指南后，只要在命中指南列表中进行勾选，然后点击"Compare Guidelines"即可进行对比。

检索结果页面列有指南的简略版（Brief Summary）、完整版（Complete Summary）和全文版（Full Text）三种形式。

因此，要检索案例中有关新生儿呼吸窘迫综合征的实践指南，直接输入疾病名称"neonatal respiratory distress syndrome"进行检索即可。

（三）需注意的问题

当前检索实践指南的网站较多，但由于指南的制定情况各有不同，如有基于专家共识的指南，也有基于证据的循证临床实践指南，因此用户在检索指南后，应注意对指南进行评价。此外，还可注意检索那些附有指南评价的网站，如英国国家临床示范研究所建立的 National Institute for Health and Clinical Excellence（NICE，http://www.nice.org.uk）、苏格兰院际指南网络 Scottish Intercollegiate Guidelines Network（SIGN，http://www.sign.ac.uk/guidelines/）。

三、结构式摘要类证据

（一）选用的资源

1. Clinical Evidence（http://www.clinicalevidence.com） 由著名的 BMJ（British Medical Journal）出版集团出版，是常见的临床治疗效果证据指南目录，涵盖 650 多个疾病主题以及超过 3100 种治疗方法，定期更新。该数据库在广泛进行文献检索的基础上，针对每种疾病，采用严格的过程评估每种治疗方法的疗效和安全性，能对大范围内临床问题预防与治疗的已知、未知及不确定等方面提供精确的描述。用户只有订购才能使用该资源。

Clinical Evidence 以疾病为单元，系统地介绍了疾病的概况、预防、治疗干预手段、指南等，并提供证据的 GRADE 分级。此外，它还具有以下特点：

（1）提供了病症的概述，以及用于该病症的预防和治疗干预手段的优缺点；

（2）强调了支持特定干预手段的最佳可得实证，重在为患者带来最佳结果；

（3）涵盖了治疗和护理中所见到的最常见病症；

（4）包括链接至 PubMed、EMBASE 和 Cochrane 精华内容的参考资料；

（5）提供了包括电子邮件提醒服务、常见缩写、术语和药物名称指南之类的有关网站工具、讲座用的下载版 EBM（循证医学培训）模块以及借助 PDA 快捷方式获得全部的临床实证内容等其他服务。

2. MD Consult（http://www.mdconsult.com） 由世界著名的医学出版商 Elsevier 出版，它把从世界上最重要的医学期刊、医学教科书、医学会议中收集的最新信息进行整合，旨在为用户提供全面、权威、及时的参考指南，使之始终保持处于医学领域的最前沿。MD Consult 全文在线、内容丰富，提供了权威的医学信息以及智能化的服务模式，目前已经被世界上近 1700 家医疗机构所采用，其中包括美国近 95% 的医学院校。用户只有订购才能使用该资源。

该数据库具有多个功能版块，提供不同的服务。其中的 First Consult 实际上是在线专家诊疗系统，能为医生及医学生提供患者评估、诊断、治疗、管理和预防等方面持续更新的循证医学指导，包括医学主题、鉴别诊断、操作程序三个部分，可按字母顺序和关键词搜索进行检索。

3. ACP Journal Club（http://www.acpjc.org/） 由 American College of Physicians（ACP）和 American Society of Internal Medicine（ASIM）于 1991 年创办，2008 年改为月刊。它按照循证医学要求从 100 多种生物医学期刊中挑选出高质量的原始研究论文和系统评价，以结构性摘要进行总结，并由临床专家评估文献的临床应用价值。对于每篇文献，均按照 McMaster 在线证据分级系统（McMaster Online Rating of Evidence System，MORE）进行评分，给出星级评价，帮助用户快速、有效挑选高质量文献。用户需付费阅读文献全文。

4. Bandolier（http://www.medicine.ox.ac.uk/bandolier） 由英国牛津大学于 1994 年创办，1995 年开始在网络上运行，月刊，可免费获取全文。Bandolier 使用循证医学技术，收集包括以临床研究为基础制作的系统评价以及从二级研究杂志中选择的信息等。Bandolier 收集内容广泛，除治疗外还包括诊断性试验信息。该网站的文献资源来源于 York 疗效分析公报，以及近年来 PubMed 或 Cochrance Library 收录的系统评价、Meta 分析、随机对照试验、高质量的病例对照、队列研究等文献。Bandolier 对有关循证临床实践单篇文章均进行了简要评估。

（二）检索技巧

Clinical Evidence 提供了主题检索和疾病浏览两种检索方式。当用户需要查找可能出现在各类目中的某一特定药物和疾病信息时，可直接在主页检索提问框输入相应的检索词进行直接检索。当然，用户检索该数据库的最佳方式是通过点击主页检索提问框旁边的"Show Conditions"进行疾病浏览，浏览方式可选择按疾病分类或者按疾病字顺。例如，要查找新生儿呼吸窘迫综合征主题的文献，点击"Show Conditions"后选择"Child Health"（儿童健康）浏览该类目下的所有疾病主题，发现并未查找到相关的主题，这主要是由于 Clinical Evidence 覆盖的疾病主题有限，并非所有的疾病主题都可以在其中查找到。

由于在 Clinical Evidence 未找到新生儿呼吸窘迫综合征的有关信息，下面进入 MD Consult 数据库再次检索。用户登录主页后，可点击菜单栏的"First Consult"进入相关页面。First Consult（图 7-2）由 Medical Topics（医学主题）、Differential Diagnoses（鉴别诊断）和 Procedures（医疗操作）三部分组成。检索途径有主题检索和按疾病字顺浏览两种。如案例中要检索新生儿呼吸窘迫综合征的相关信息，可分别通过以上两种途径在医学主题中进行查找。在新生儿呼吸窘迫综合征的页面上，可看到 MD Consult 提供了该疾病主题多方面的信息，如概要（疾病描述、症状、紧急措施、注意要点等）、背景（主要临床特点、病因、流行病学、疾病代码）、诊断（临床表现、并发症、鉴别诊断、临床检查、临床要点、会诊）、治疗（治疗目的、处理措施、治疗策略、临床要点、随访等）、证据总结、后果（预后、并发症、会诊）、预防（初级预防、筛查）、相关资源等。

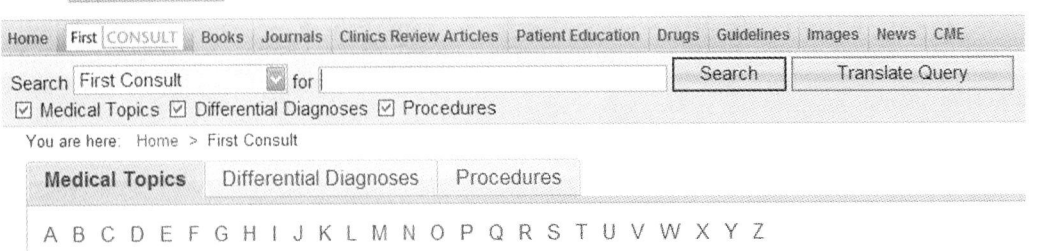

图 7-2 First Consult 的检索页面

(三) 需注意的问题

Clinical Evidence 和 MD Consult 均属于结构性摘要类证据资源，内容较全面，更新较及时，效用性和可信性较高，是临床医师了解疾病信息的重要来源。但由于二者涵盖的疾病主题有限，部分疾病可能未被收录，因此用户在检索时，在其中一个数据库未查找到相关主题时，可尝试到另一个数据库中继续查找。如案例中的新生儿呼吸窘迫综合征在 Clinical Evidence 并未收录，但在 MD Consult 可检索到相关内容。另外，由于 Clinical Evidence 和 MD Consult 等循证医学类资源检索功能有限，用户最好先通过分类浏览的方式查找某一疾病主题的相关信息。

Clinical Evidence 和 MD Consult 虽然都提供主题检索，但两者的检索有着较大的区别。Clinical Evidence 的主题检索，是在数据库收录的系统评价、引文、指南等正文中进行检索，而 MD Consult 的主题检索则是在疾病列表中检索。

四、系统评价与荟萃分析类证据

系统评价（Systematic Review）是根据特定人群、针对某一具体临床问题、系统全面地收集全世界已发表或未发表的临床研究，按照统一科学标准筛选出合格的研究，通过综合分析和统计学处理，得到可靠的结论，用于指导临床决策。

荟萃分析（Meta-Analysis）从广义角度看，是系统评价的一种，是用定量的方法分析、综合、概括各研究结果的一种系统评价。它通过综合多个目的相同的研究结果，以提供量化结果来回答根据临床情况提出的研究问题。

由于系统评价与荟萃分析均属于二次临床研究证据，制作时均采用科学的标准对原始研究进行了评估，因此阅读时避免了对原始证据进行再评价。

(一) 选用的资源

1. Cochrane Library（http://www.thecochranelibrary.com） Cochrane Library（CL）是 Cochrane 协作网（Cochrane Collaboration，http://www.cochrane.org）的主要产品，它将医疗保健干预的有效性研究汇集一处，提供了有关最新医疗方法的最客观信息，是循证医学的金标准，是获取循证医学证据的重要检索系统。由于其涉及的内容包括循证医学系统评价、临床试验、评价方法学研究、健康技术评估、卫生经济学评价等众多主题，并且提供的信息全面、可靠，因此一直被广大的临床医生、科研和教学人员、患者以及医疗卫生行政决策人员所广为利用。目前，该数据库可通过 Wiley Interscience 平台进行访问，网上所有用户均可免费浏览和检索其摘要，但只有付费用户才能浏览全文。Cochrane Library 主要包括六个子数据库：

（1）Cochrane 系统评价数据库（Cochrane Database of Systematic Reviews，CDSR）：该数据库收录的是由 Cochrane 协作网系统评价专业组在统一工作手册指导下完成的系统评价，可随着用户的建议、评论以及新的临床试验的出现不断补充和更新，属于二次研究证据，包括系统评价全文（Completed Review）和研究方案（Protocols）。

（2）疗效评价摘要数据库（Database of Abstracts of Reviews of Effects，DARE）：由位于英国 York 大学的 Centre for Reviews and Dissemination（CRD）中心制作，仅提供结构性摘要。DARE 的特色在于它是唯一收录经过评选的系统性评价摘要的数据库，每篇摘要包括评价的概要及质量评语，每个概要包括评价总结以及对于整体质量的关键评论。

（3）临床对照试验数据库（Cochrane Central Register of Controlled Trials，CENTRAL）：资料来源于各 Cochrane 中心、各系统评价专业组和其他组织等通过检索，从医学文献数据库（如 Medline 和 EMBASE）、医学杂志、会议论文集等其他发表与未发表的资源中收集的随机对照试验和对照临床试验文献。每篇文献包括题目和来源。CENTRAL 的目的是向系统评价专业组和其他制作系统评价的研究人员提供信息。

(4) Cochrane方法综述数据库 (The Cochrane Methodology Register, CMR): 该数据库提供对在对照试验中所用方法进行研究的文献, 包括期刊论文、图书、会议文集、会议摘要以及正在进行的方法学研究报告。

(5) 卫生技术评估数据库 (Health Technology Assessment Database, HTA): 收录的卫生技术评估多为有关卫生保健干预的医学、社会学、伦理学和经济学意义的研究, 包括如疾病的预防、筛查、诊断、治疗和康复的药物、疫苗、器械设备、医疗方案、手术程序、后勤支持系统和行政管理组织等具体内容。

(6) 英国国家卫生服务系统经济评价数据库 (NHS Economic Evaluation Database, NHSEED): 收录了来自世界各地的经济评价文献摘要, 提供关于卫生保健干预措施的成本效益分析, 由位于英国York大学的CRD中心制作。

2. PubMed Clinical Queries 如前所述, PubMed Clinical Queries提供了"Systematic Reviews"的检索。用户通过系统预先设定好的检索式, 可快速查找Systematic Reviews、Meta-Analyses、Reviews of Clinical Trials、Evidence-Based Medicine、Consensus Development Conferences、Guidelines等类型的文献。

另外, 用户利用PubMed、EMBASE以及CBM数据库, 均可在检索过程中通过把文献类型限定为Systematic Reviews、Meta-Analysis实现对该类型证据的查找。

(二) 检索技巧

用户在Cochrane Library主页查找系统评价, 除了可以输入特定检索词进行检索外, 还可以分别按照字顺、主题、新系统评价、更新的系统评价以及评价小组进行浏览查找。在检索结果页面, 点击想要查看的系统评价标题, 可链接到系统评价或研究方案的摘要。

Cochrane Library的主题检索途径有基本检索以及高级检索 (Advanced Search) 两种。高级检索页面共有四种检索功能选择, 分别为Search、Search Manager、Medical Terms (MeSH) 以及Browse。高级检索支持截词符*、位置算符、短语检索双引号""以及逻辑运算符AND、OR、NOT的使用。如果所构建的检索式较为复杂, 建议采用高级检索中的Search Manager功能。Search Manager (图7-3) 不仅支持检索词、检索式的输入, 还可使用检索式的序号对检索式进行逻辑组配运算。

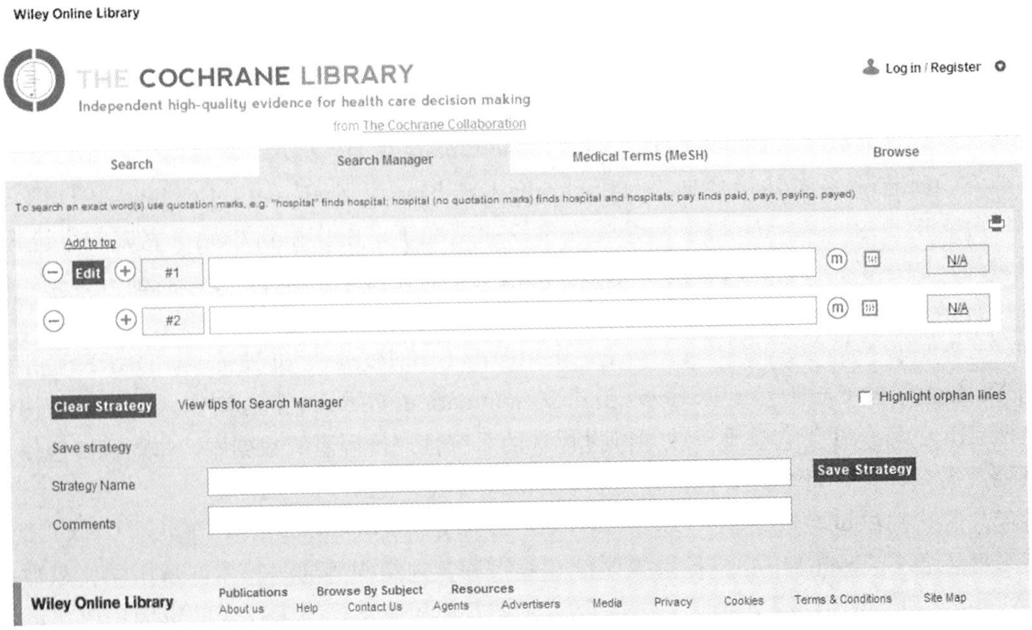

图7-3 Cochrane Library中Search Manager检索模式

回顾本节案例，由于使用的检索词较多，建议使用 Search Manager 进行检索。为提高查全率，检索中可使用自由词与主题词联合检索。进入 Cochrane Library 主题词检索有两种途径，一是通过切换到高级检索的 Medical Terms (MeSH) 页面直接检索；二是通过高级检索 Search Manager 检索提问框后的 ⓜ 进入。进入主题词检索页面后，首先在 Enter MeSH Term 的检索提问框输入检索词点击"Lookup"，然后根据数据库提供 Thesaurus matches 的相关主题词选择确认。如需限定副主题词，可点击 Select MeSH qualifiers 检索提问框进行副主题词的选择。若输入的检索词在数据库中可直接匹配对应的主题词，系统自动跳转到 Select MeSH qualifiers 确定副主题词这一步。在主题词和副主题词都确定以后执行检索，Cochrane Library 会列举出相关文献在各个子数据库的分布情况。如果需要把此次主题词检索与其他检索式进行匹配，点击页面右方的"Add to Search Manager"即可把本次检索添加到 Search Manager 的检索式中。本案例的检索，可在 Search Manager 中分步检索，再进行逻辑组配。其中有关新生儿呼吸窘迫综合征（Neonatal respiratory distress syndrome，NRDS）以及氨溴索（Ambroxol）的检索均可采用主题词与关键词联合检索，提高查全率。先进行主题词检索（见图 7-4），再通过"Add to Search Manager"把检索式发送到 Search Manager，与其他检索式进行逻辑组配运算。点击 Search Manager 检索提问框后的 ▦ 图标，可对来源的子数据库、出版时间等进行限定。

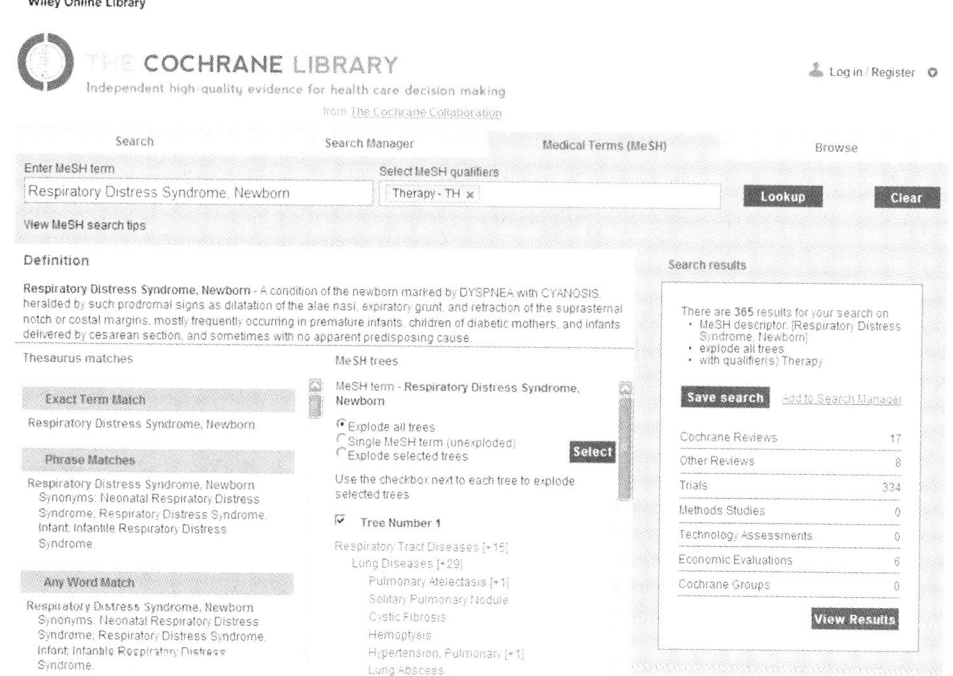

图 7-4　在 Cochrane Library 使用 Medical Terms (MeSH) 检索新生儿呼吸窘迫综合征的文献

在 Cochrane Library 检索结果界面，用户可通过识别一些检出的系统评价标题后的图标了解其包含的内容信息。其中 Review 代表的是系统评价，包含完整的结果和讨论、资料分析和相关的图表；Protocol 代表的是研究方案，指制作系统评价时的准备大纲，包括背景、原理说明和方法等；Comment 代表的是带有评论或批评的系统评价；New 代表最新一季版本收录的系统评价或研究方案；Update 代表最新一季的版本做过更新；Withdrawn 代表该系统评价或研究方案被撤销，其撤销的原因会在该篇文章中有详细说明。

（三）需注意的问题

在 Cochrane Library 检索提问框中输入检索词后，系统会自动查找不同的词形变化，包括由于词性所引起的变化、英美不同拼写、单复数变化、不规则动词变化等，如不需此功能，可通过加上双引号""进行功能屏蔽。由于双引号""同时可用作短语检索，所以在进行短语检索时，若希望系统能自动匹配查找不同的词形变化，可点击 Search Manager 检索提问框后的图标，把"Word variations will not be searched"的选项取消。

利用高级检索中的 Search Manager，用户若要进行限定字段检索，可按照以下语法操作 search term：search field。如要在标题、摘要、关键词字段查找有关氨溴索（Ambroxol）的文献，检索式为 Ambroxol：ti, ab, kw。若未对检索字段进行限定，系统会在参考文献以外的所有文本字段进行检索。常用字段可参见表 7-3。

表 7-3　Cochrane Library 常用检索字段一览表

字段名称	字段缩写	字段描述
Title	ti	文献标题
Abstract	ab	文献摘要
Keywords	kw	关键词
Author	au	作者
Publication Type	pt	出版物类型，注意此字段仅用于 CENTRAL 数据库
Source	so	来源，包括刊名、会议名称、报告名称等
Tables	tb	表格说明
Digital Object Identifier	doi	数字对象标识符

五、证据的检索：元搜索引擎

元搜索引擎以一个统一的检索界面，通过为用户同时检索多种网络资源，免去了用户登录多个网络资源的麻烦，能在一定程度上满足用户方便、快捷获得多种网络资源信息的需求。

（一）选用的资源

1. TRIP（http://www.tripdatabase.com）　1997 年开发的"一站式"的循证医学搜索引擎。主要收录了 75 个以上高质量的医学信息资源，包括 Cochrane Library 系统评价数据库（CDSR）的摘要、疗效评价摘要数据库（DARE）、National Guideline Clearinghouse（NGC）、Bandolier、Evidence-based Medicine、Patient Oriented Evidence that Matters（POEMs）以及主要的医学期刊论文，如《英国医学杂志》、《美国医学会杂志》和《新英格兰医学杂志》等。在 TRIP 网站不仅可检索到临床证据，还能检索到图片（Images）、视频（Video）、医学继续教育信息（Education）、患者信息（Patient Information）、新闻（News），并且可以把检索词发送到 PubMed Clinical Queries 以及 DynaMed 进行检索。

2. SUMSearch2（http://sumsearch.org/）　由美国德克萨斯州卫生科学中心建立及维护，可同时检索 MEDLINE、疗效评价摘要数据库（DARE）、National Guideline Clearinghouse（NGC）等多个数据库资源的原始研究、系统评价以及实践指南。

（二）检索技巧

1. TRIP　用户除了可通过 TRIP 主页的检索提问框进行检索外，还可选择高级检索（Advanced Search）和 PICO 检索两种检索模式进行检索。其中 PICO 的检索模式为循证医学检索独有模式。用户可按照 PICO 原则对临床问题先进行分解，再按照对应的要素输入。TRIP 支持使用双引号""进行短语检索；支持 AND、OR 等布尔逻辑组配检索以及使用"*"进行截词检索。根据在前面对新生儿呼吸窘迫综合征临床问题的分析，可将相应要素输入 PICO 各提问框中。在 Population 一栏输入 hyaline membrane disease OR HMD OR neonatal respiratory distress syndrome OR NRDS；在 Intervention 一栏输入 Ambroxol OR Mucosolvan OR AMB，即可查找相关证据。TRIP 的检索结果可按照循证医学证据的类型进行归类，ALL Secondary Evidence（包括 Evidence-based Synopses、Systematic Reviews 和 Guidelines）、Clinical Q & A、Key Primary Research、

Controlled Trials、Extended Primary Research、Case Reports、eTextbooks。用户可利用结果页面右侧的"Filter"功能，对检索结果进行过滤。

2. SUMSearch2　与 TRIP 相比，检索比较简单，用户直接在检索框中输入检索词即可，并无高级检索模式。用户也可点击"MeSH"按钮链接到 PubMed 的主题词表。注意非正式术语和缩写不能作为检索词，各检索词之间可以用 AND、OR 和 NOT 进行逻辑组配，支持"$"或"*"进行截词检索。在页面的下方可以选择 intervention、diagnosis 等进行限定；此外，还可限定检索的年龄、语种等。SUMSearch2 提供兼容数据检索（meta search）和可能性检索（contingency search）两种方式。数据检索就是在多个网站和数据库中同时进行检索，将检索结果在一个页面一次性输出。可能性检索是根据检索结果的多少，再选择二次检索。如果检出结果过多，系统会增加限定而减少检出结果数；如果结果过少，则会增加检索站点来增加文献条数。SUMSearch2 检索结果分 Original studies、Systematic reviews 以及 Guidelines 三类显示。用户可点击检索结果页面右方的"Show evidence search details"查看 SUMSearch2 在各个数据库执行的具体检索式。

（三）需注意的问题

元搜索引擎虽然可一站式检索多个循证医学资源，但在证据检索中，某些循证医学资源可提供比元搜索引擎更丰富的检索途径和检索功能。因此，在需要全面、系统地检索循证医学证据时，应先选择前面所述的各种类型数据库检索，辅以元搜索引擎进行补充。

小　结

循证医学是遵循证据进行决策的科学。"基于问题之研究，遵循证据之决策，关注实践之后果，后效评价、止于至善"是循证医学的思想灵魂。"提出问题，搜寻证据，评价分析，决策实践，效果评价，持续改进"是循证医学的实践模式。本章详细介绍了循证医学的概念、循证医学实践的"五部曲"，并介绍了循证医学证据的分类、分级以及 Haynes 的"5S"模型；分析了循证医学证据检索与传统文献检索的区别。

由于循证医学证据可划分为不同类型，不同类型的证据级别又各不相同，因此针对不同类型证据的获取，第二节结合具体的案例进行了网上免费或收费相关资源的内容介绍。实际上在循证医学证据的检索中，检索目的不同，检索的流程也会有所不同。如需解决临床问题而搜集证据，则按照 Haynes 的"5S"模型，应先检索 Clinical Medicine、MD Consult 等这一类证据资源，若顺利查找到所需信息，检索结束；否则需继续一级一级往下查找。若是需要制作系统评价，则检索应以原始类证据为主，检索重点应为 PubMed、EMBASE 和 CENTRAL 等数据库。要进行证据检索，用户应在检索前，理清检索思路，确定所需的证据类型，选择合适数据库，制定检索策略，开展检索。

练习题

1. 请问以下两种证据检索在检索过程中有何不同？
   （1）为临床决策作参考搜集循证医学证据；
   （2）搜集相关临床证据以制作系统评价。
2. 循证医学二次研究证据包括哪些类型？每一类型相应的网络资源有哪些？
3. 请根据 PICO 原则对以下临床问题进行分析并检索相关证据回答：对频发的原发性痛经患者，采用非甾体抗炎药治疗，其疼痛症状及其他疗效考核指标是否有好转，对乙酰氨基酚（扑热息痛）与其他非甾体类抗炎药比较，何者更优？

第八章　网络学术文献检索

随着学术文献开放获取的开展以及 Google Scholar 和 SCIRUS 等专业学术搜索引擎的发展，专业数据库已经不再是获取学术文献的唯一渠道，因特网公共领域已经成为获取学术文献的新阵地。在网络环境下搜索引擎所扮演的角色与传统的手工检索工具在印刷版时代所扮演的角色相似，二者都是对信息资源进行搜集、整理并提供多种查询途径。搜索引擎是目前可以有效查找网络信息资源的检索工具，它主要面向网络信息资源，并通过因特网来提供服务。

第一节　使用搜索引擎检索学术文献

一、搜索引擎概述

（一）历史、现状及发展趋势

20 世纪 90 年代初，随着网络技术的发展与因特网的出现，基于 Web 的网络信息资源急剧增长。为了帮助用户及时在海量信息中获取所需信息，搜索引擎应运而生，它已经成为用户获取信息不可或缺的工具。

搜索引擎的前身是 1990 年由蒙特利尔大学学生 Alan Emtage 发明的 Archie。Archie 的工作原理与现在的搜索引擎已经很接近，它依靠脚本程序自动搜索网上的文件，然后对有关信息进行索引，供用户以一定的表达式查询。Archie 为用户查找信息提供便利，深受用户欢迎。

1994 年 4 月，斯坦福大学两名博士生和美籍华人杨致远共同创办了超级目录索引 Yahoo!，并成功地使搜索引擎的概念深入人心，从此搜索引擎进入了高速发展时期。

1994 年 7 月，Michael Mauldin 第一次使用搜索引擎的"机器人"（蜘蛛程序）建立索引库，创立了 Lycos。这是一个真正意义的搜索引擎，可对结果进行相关性排名，可自动获取摘要，同时提供了前缀匹配和字符相近限制。

1995 年 12 月，Altavista 一经问世，便凭借其速度、新闻组搜索、高级搜索语法（and，or，not）等新功能迅速达到当时搜索引擎的顶峰。

1997 年，斯坦福大学博士生 Larry Page 注册了域名 google.com，1999 年 Google 搜索引擎问世。Google 以其网页评级机制 pagerank 对搜索结果进行相关性排名，大大提高了用户体验。

2000 年 1 月，李彦宏、徐勇创办了"百度"，其核心技术是"超链分析技术"。超链分析就是通过分析链接网站的多少来评价被链接的网站质量，这保证了用户在百度搜索时，越受用户欢迎的内容排名越靠前。

进入 21 世纪后，搜索引擎得到迅速发展，产生了大量优秀的搜索引擎，如必应（http://www.bing.com）、搜搜（http://www.soso.com）、搜狗（http://www.sogou.com）和即刻搜索（http://www.jike.com）等。

过去十余年，各搜索引擎服务商均将研究重点放在信息发现与相关性排名之上，反馈给用户的是按相关性排名的信息源的链接，而非信息本身。如何对所发现的信息进行二次整合，自动识别用户兴趣模型,让信息"主动"寻找用户,是智能搜索拟解决的主要问题。智能搜索引擎是结合了人工智能的新一代搜索引擎技术,它除了能提供传统的快速检索、相关度排序等功能外,还能提供用户角色登记、用户兴趣自动识别、内容的语义理解、智能信息化过滤和推送等功能。近年来,移动因特网的迅速发展使智能搜索的实现成为了可能。

(二)搜索引擎及其工作原理

1. 搜索引擎的概念　目前,搜索引擎尚无统一的概念,但基本可归纳为两种。第一种观点认为搜索引擎是一种在 Web 上应用的软件,它以一定的策略在 Web 上搜集和发现信息,在对信息进行处理和组织后,为用户提供 Web 信息查询服务。第二种观点认为搜索引擎是一个网站,该网站通过运行一个软件,在网络上通过各种链接,自动获得大量站点页面的信息,并按照一定规则进行归类整理,从而形成数据库,以备查询。

实际上,搜索引擎主要指利用自动搜索技术软件或人工方式,对网络资源进行收集、整理与组织并提供检索服务的一类信息服务系统。搜索引擎主要面向网络信息资源,并通过因特网来提供服务。

2. 搜索引擎的工作原理　搜索引擎的工作原理简单来说可以分为三步:数据采集、建立索引数据库、在索引数据库中搜索排序,见图 8-1。

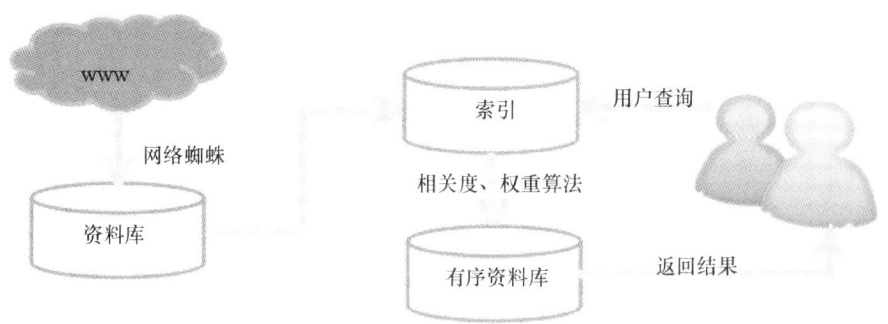

图 8-1　搜索引擎工作原理

(1) 数据采集:搜索引擎的自动信息搜集功能分两种,一种是定期搜索,即每隔一段时间搜索引擎主动派出"蜘蛛"程序,对一定 IP 地址范围内的因特网站进行检索,一旦发现新的网站,它会自动提取网站的信息和网址加入自己的数据库;另一种是提交网站搜索,即网站拥有者主动向搜索引擎提交网址。

(2) 建立索引数据库:搜索引擎对采集而来的信息资源进行标引、编制摘要以形成规范的页面索引,并通过数据库管理系统建立相应的索引数据库。数据库中的每一条记录基本上对应一个网页,包括关键词、网页摘要、URL 地址等信息。

(3) 在索引数据库中搜索排序:根据用户提出的查询要求,应用查询软件将其转换成为计算机执行命令,在索引数据库中检索符合条件的网页记录,将检索结果按相关度进行排序,相关度越高排名越靠前。运行后将查询结果返还给用户。

3. 搜索引擎的分类

(1) 根据搜索引擎搜集内容分:主要有综合性搜索引擎、专题搜索引擎和特殊搜索引擎。综合性搜索引擎是以搜集所有类别 Web 页面为目标的搜索引擎,又称为通用型搜索引擎,如 Google、Baidu 等;专题搜索引擎是以搜集面向某一主题或领域的 Web 页面为目标的搜索引擎,如 MedicalMatrix、PharmWeb 等;特殊型搜索引擎是专门用来检索某一类型信息或数据的搜索引擎,如查询人物的 Ucloo、查询图像的 WebSEEK。

(2) 根据搜索引擎搜集功能分:主要有全文搜索引擎(Full Text Search Engine)、目录索引类搜索引擎(Search Index/Directory)和元搜索引擎(MetaSearch Engine)。全文搜索引擎即通常所称的搜索引擎,是利用搜索器自动实现对网页的搜集,并自动生成索引库,根据相关

第八章　网络学术文献检索

算法实现用户检索词与索引库的相关度计算，把结果按照相关度排序返回给用户，如百度、Google等。目录索引类搜索引擎不同于通常所称的搜索引擎，它不使用蜘蛛、机器人等程序搜索网页信息，而是通过其他网站的自动提交或是人工的形式对网页进行评分、分类和整理，将相应的网页归入对应的类，供用户浏览使用。目录索引类搜索引擎严谨的信息组织方式虽然可以提高用户的查准率，但同时也降低了查全率。如Yahoo!、DMOZ等。元搜索引擎是将检索词提交到不同的搜索引擎，并将结果分别以不同的形式提交给用户，实现多个搜索引擎的同步检索，如InfoSpace、Vivisimo等。

二、使用综合性搜索引擎

案例8-1　请在公开网络中搜索牛奶含有黄曲霉毒素的PDF文档，要求检索结果限定在卫生部（http://www.moh.gov.cn）官方网站，并且"黄曲霉毒素"要出现在网页标题中。

（一）百度

1. 选取理由　百度（http://www.baidu.com）是目前全球最大的中文搜索引擎，百度公司于1999年底由李彦宏和徐勇创建于美国硅谷。"百度"源于中国宋朝词人辛弃疾的诗句："众里寻他千百度"，象征着百度对中文检索技术的执著追求。百度以其核心技术"超链分析"，即通过分析链接网站的多少来评价被链接的网站质量为基础，提供的搜索服务赢得了广大用户的喜爱。百度拥有目前全球最大的中文网页库，每天处理超过138个国家和地区的超过数亿次的搜索请求。在中文搜索市场，百度所占市场份额达到78%（2011年），遥遥领先于搜搜、谷歌中文、搜狗等中文搜索引擎。

2. 功能特色　百度提供的搜索业务除了网页搜索外，还有视频搜索、音乐搜索、图片搜索、地图搜索、新闻搜索、百度翻译、移动搜索、专利搜索和老年人搜索等。另外提供的学习辅助功能有百度网盘、百度阅读和百度云等。

3. 检索方法

方法1　利用百度高级检索功能：在百度搜索框中输入"高级检索"进入百度高级检索页面。百度高级检索功能可帮助轻松定义搜索关键词之间的布尔逻辑关系、精确检索、时间、语言、文档格式、关键词出现的位置及站内搜索等功能。如案例8-1，在"搜索结果"中"包含以下全部的关键词"栏输入"牛奶"，在"包含以下完整关键词"栏输入"黄曲霉毒素"以避免搜索引擎拆分关键词，"文档格式"选择"Adobe Acrobat PDF（.pdf）"，关键词位置可选择"仅出现在网页的标题中"，"限定要检索制定的网站"输入"moh.gov.cn"或www.moh.gov.cn（注：两者有区别），见图8-2。

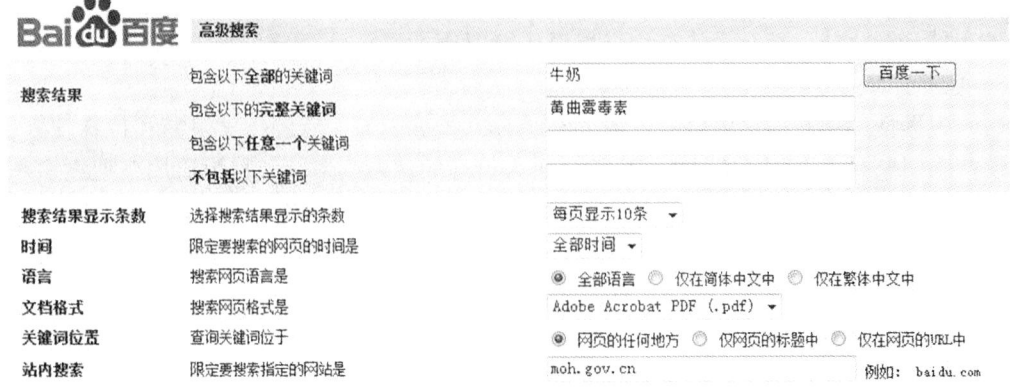

图8-2　百度高级搜索界面

方法2 利用百度搜索语法进行检索：利用百度高级检索功能虽比较简单，但较适合初级用户使用，且不能实现对特定关键词的出现位置进行限制。对于高级用户，可直接使用百度搜索语法进行检索，即直接在百度搜索框中输入：牛奶 intitle："黄曲霉毒素" filetype：pdf site：moh.gov.cn。

4. 检索技巧

技巧1 特定文档类型的搜索（filetype）：除搜索一般网页外，在百度和 Google 中，可以限定搜索特定类型文档，如 PDF、XLS、DOC、PPT 和 RTF 等。初级用户在搜索特定类型文档时习惯使用"关键词＋文档后缀"的检索式，如搜索有关肿瘤的 ppt 时直接使用"肿瘤 ppt"，但会发现搜索结果中除了 ppt 格式的文档外，也有网页、word、pdf 等格式的文档。这是因为上述检索式的含义是在全文范围内检索包含"肿瘤"和"ppt"关键词的文档，ppt 此时变成了一个关键词而非文档格式。如果使用"肿瘤 filetype：ppt"会发现所有结果均为 ppt 格式的文档。因此，filetype 是一个非常有用的语法，其语法格式为：关键词 filetype：*或 filetype：*（*为文档后缀）。

技巧2 在网页标题中搜索（intitle、allintitle）：通常一篇网页的标题概括了该网页的核心主题，所以网页的核心关键词往往会出现在网页的标题之中。因此，在检索时可以限定关键词必须出现在网页的标题中。

技巧3 在网址中搜索（inurl、allinurl）：有时网址中包含有一些我们所需的关键词，在百度和 Google 中，可直接对网址中的某个关键词或字符进行搜索。语法：inurl：*，如 inurl：mp3；如果是多个关键词，可使用 allinurl：关键词关键词。如搜索教育类网站上发布的教师招聘信息，可用检索式：教师招聘 inurl：edu.cn。

技巧4 在指定网址内搜索（site）：有时并不需要在所有网页里去搜索，而只需在特定网站内进行检索，如案例 8-1 中要求在卫生部网站内搜索，此时可用 site 语法。如 site：moh.gov.cn 或 site：www.moh.gov.cn，两者的区别在于前者在一级网址或二级网址内搜索，后者只在一级网址搜索。注："site："后不能有"http://"前缀或"/"后缀，网站频道只局限于"频道名．域名"方式，不能是"域名/频道名"方式。

技巧5 精确匹配（引号和书名号）：搜索引擎会自动对检索词进行拆分，有时并不希望拆分关键词，此时可用引号（""）和书名号（《》）对关键词进行限制。由于引号是一种语法而不是标点符号，所以不会出现在搜索结果中。书名号（《》）是百度的特殊用法，会出现在搜索结果中，且书名号内的关键词不会被拆分。

技巧6 网页快照：搜索引擎的搜索器如百度的"蜘蛛"、Google 的"机器人"每隔一段时间会返回目标网页获取更新信息，并以快照的形式采集回来保存在搜索引擎服务器上，在搜索结果列表页提供"百度快照"或"网页快照"。当目标网页无法打开，或打开较慢时可使用网页快照功能查看搜索结果。

技巧7 百度学术检索：2011 年 5 月底，百度联合万方、维普等推出学术搜索平台，收录了上千万篇学术文献，提供基本检索和高级检索途径，搜索结果提供了引文分析功能，以满足用户对学术资源的初级需求。

（二）Google

1. 选取理由　Google（http://www.google.com.hk）由美国 Stanford 大学计算机系的 Larry Page 和 Sergey Brine 博士创建于 1998 年 5 月，当年 9 月发布测试版，1 年后正式开始商业运营。Google 目前被公认为是全球规模最大的搜索引擎，它提供了简单易用的免费服务，用户可以在瞬间得到相关的搜索结果。Google 是由英文单词 googol 变化而来，"googol"是美国数学家 Edward Kasner 9 岁的侄子 Milton Sirotta 发明的，指的是 10 的 100 次幂，写出的形式为数字 1 后跟 100 个零，可用来代表因特网上可以获得的海量资源。Google 公司采用这个词显示了公司想征服网上无穷无尽资料的雄心。目前，Google 拥有 56 种语言的近百亿网页，

第八章　网络学术文献检索

支持 40 多种语言检索，每日可为世界各地用户提供 2 亿次的检索服务。

2. 功能特色

（1）将中英文检索整合于同一界面，是收集亚洲网站最多的搜索引擎。

（2）可检索可移植文档（PDF）和 PowerPoint 格式（PPT）等多种文件类型。

（3）独特的"网页快照"将用户浏览过的网页存储在服务器上，并用不同颜色突出显示检索词。此功能既能节约网页浏览时间，又可在原网页链接失效时备用，但目前在我国无法正常使用。

（4）检索响应速度快，搜索时间通常不超过 0.5 秒。

（5）特有的网页级别技术（PageRank）。能根据被其他网页链接次数的多少，计算出该网页的级别（即重要性），结合文本匹配技术，提供相关的搜索结果。

（6）收集了 4 亿多幅图像，使其成为目前因特网上较好用的图像搜索工具。

（7）"Preference"（使用偏好）可将 Interface Language（界面语言）设置为中文简体。

（8）自动进行汉字简繁体转换，可将结果中繁体中文网页翻译成简体中文网页显示。

（9）Google 除了提供网页搜索外，还提供了移动搜索、地图、图片、视频、新闻等普通搜索，同时提供博客、财经、学术、购物等专业搜索以及 Google 文档、Google 协作平台、Google 翻译等家用和办公应用工具。

3. 检索方法

方法 1　利用高级检索：点击 Google 搜索框右上角的选项按钮，进入 Google 高级搜索页面。根据页面提示输入相应关键词（与百度类似），在网站或域名栏输入"moh. gov. cn"或"www. moh. gov. cn"，点击"高级检索按钮"进行检索。

方法 2　利用 Google 搜索语法进行搜索：直接在搜索框中输入：牛奶 intitle："黄曲霉毒素" filetype：pdf site：moh. gov. cn（与百度相同）。

4. 检索技巧

技巧 1　语法搜索：Google 与百度同样支持的语法有 filetype、intitle、allintitle、inurl、allinurl、site 等，用法一样。

技巧 2　定义搜索（define）：Define 是 Google 特有的一个语法，用于搜索指定关键词的定义。用法：define：关键词。

技巧 3　图片搜索：图片搜索（http://images. google. com. hk/）用于查找与特定图片相关的各种内容。用户只需指定一张图片（通过粘贴图片网址或自行上传），即可从网络上找到其他类似或相关的图片以及相关的搜索结果。

技巧 4　手气不错：输入关键词后点击 Google 搜索框下方的"手气不错"按钮，可直接进入搜索引擎认为最相关的网页。

技巧 5　用中文搜索：用户可以在 Google 地图或街景中直接使用中文搜索外文城市街道的地图及街景。

5. 百度和 Google 逻辑组配应用比较　在百度和 Google 中使用布尔逻辑运算存在着一些差别，用户使用时需注意区别对待，见表 8-1。

表 8-1　布尔逻辑运算符在百度和 Google 中的应用对比

布尔逻辑运算	功能		百度		Google
逻辑与	用于同时搜索两个及以上关键词	A B	直接使用空格表示 AND	A B	直接使用空格表示 AND
逻辑或	用于搜索至少包含一个指定关键词	A｜B	"｜"与 A、B 之间均有空格	A OR B	要求 OR 必须大写
逻辑非	要求搜索结果中不含特定查询词	A －B	"－"与 A 之间有空格；与 B 之间无空格	A －B	"－"与 A 之间有空格；与 B 之间无空格

（三）有效使用综合搜索引擎应注意的问题

网络资源的海量使得任何一个搜索引擎的收录范围都是非常有限的。据统计，目前Google等大型搜索引擎的网页收录量也不超过网页总量的三分之一。因此，在综合使用搜索引擎时，应尽量多选用几个搜索引擎，或者使用元搜索引擎，以扩大检索范围。由于搜索引擎只能对网页进行搜索，不能对网页的质量进行判断，因此，检索结果中往往存在很多重复的、虚假的信息，需要用户自己进行选择和判断。另外，用户可以使用搜索引擎的分类目录浏览方式对检索提供一些线索和启示，或使用搜索引擎的帮助信息学习其检索技巧，来帮助检索。

三、使用专业学术搜索引擎

案例 8-2　请查找在 *Nature Medicine* 上发表的利用基因表达预测（gene expression to predict）乳腺癌（breast cancer）方面的期刊文献。

（一）Google Scholar

1. 选取理由　Google 于 2004 年 11 月推出免费学术搜索引擎 Google Scholar（http://scholar.google.com.hk），除提供原 Google 普通搜索引擎已经包含的一系列出版商和集团，如计算机协会（ACM）、IEEE、OCLC 等之外，还包括一些学术出版物、专业学会、预印本库、大学及网上学术文献，文献类型覆盖期刊论文、学位论文、图书、预印本、文摘、学术报告等。自推出后迅速成为用户获取学术文献的主要入口。

2. 功能特色　Google Scholar 以艾萨克·牛顿爵士的名言"如果我看得更远的话，那是因为我站在巨人的肩膀上"为信息资源组织宗旨，其特色在于，从一个地方方便地检索不同信息源的信息。Google Scholar 对检索结果进行相关性排名时，综合考虑了每篇文章的完整文本、作者、刊登文章的出版物以及文章被其他学术文献引用的频率等因素。它具备以下特点：从一个位置方便地搜索各种资源；查找报告、摘要及引用内容；通过所在的图书馆或在 Web 上查找完整的论文；了解任何科研领域的重要论文。

3. 检索方法

方法1　利用二次检索：直接在搜索框中输入"gene expression predict * breast cancer"，再点击搜索框右侧的下拉指示符进入"学术高级搜索"，在"显示以下刊物上的文章"栏输入"Nature Medicine"，点击搜索按钮。

方法2　利用高级检索：点击搜索框右侧的下拉指示符，进入"学术高级搜索"。在"包含全部字词"栏输入"gene expression predict* breast cancer"，"显示以下刊物上的文章"栏输入"Nature Medicine"，点击搜索按钮。

4. 检索技巧

技巧1　精确检索：Google Scholar 利用引号实现对关键词的精确检索。如上例中分别使用"gene expression predict* breast cancer"和"gene expression" predict* "breast cancer"进行搜索，检索结果差别很大。后者通过给相应的关键词加上引号，提高了检索的精确度。

技巧2　截词检索：在搜索英文文献时，截词检索的使用非常重要。如上例中使用"gene expression" predicts "breast cancer"检索结果便进一步缩小。这是因为英文单词 predict 在文献中的词性不同所致，在文献中与 predict 相关的单词还有 predicts、prediction、predictor 等。Google Scholar 支持通配符的使用，星号（*）可代表任意字符，但并不支持问号（?）等单字符通配符检索（? 也是任意字符通配符）。

技巧3　限定条件检索：Google Scholar 提供多种限定条件检索。在搜索结果页面左侧提供了"时间限定"（提供近 3 年文献的筛选，也可以自定义时间范围）、"结果排序限定"（可按

相关度和日期对检索结果进行排序)、"搜索语言限定"(提供搜索所有网页、中文网页和简体中文网页筛选)。在"学术搜索设置"中可对搜索结果、搜索语言、图书馆链接等进行设置。高级检索中可以对关键词出现的位置、作者、出版物和时间等字段进行限定。

技巧4 查看文献被引频次:在搜索结果列表的最下方,可以查看某篇文献被引次数,可以帮助用户对文献的质量及权威性进行直观的判断,同时可以查看引用文献列表。

技巧5 生成引文格式:点击搜索结果列表最下方,点击"引用"按钮,可以直接复制目标文献的几种引文格式。Google Scholar 提供 GB/T 7714、MLA、APA 三种参考文献格式的输出,同时提供导入 BibTeX、EndNote、RefMan 和 RefWorks 四种文献管理软件格式的导出。

5. 使用 Google Scholar 注意的问题

问题1 作者检索:如果想要搜索某位作者发表的某篇文献,可直接在普通搜索框中输入关键词加上作者的姓氏进行检索。如搜索 Laura J. van't Veer 发表的有关 gene expression 的文献只需直接输入 LJ van't Veer gene expression 即可。Google 学术搜索编入索引的某些来源仅提供首字母,因此尽量使用首字母而不要使用全名。要想查全某位作者的文献,尽量尝试全称和多种缩写姓氏,如要查找 Donald E. Knuth(唐纳德·E. 克努特),可以尝试[作者:"d knuth"]、[作者:"de knuth"]或[作者:"donald e knuth"]。

问题2 期刊检索:由于期刊可能有多种拼写方式,为了提高查全率,需要对同一出版物多尝试几种拼写方法。例如:Journal of Biological Chemistry(《生化杂志》)经常被简写为 J Biol Chem。

(二)SCIRUS

1. 选取理由　SCIRUS 由荷兰著名出版集团 Elsevier Science 于 2001 年推出,致力于科技文献信息的搜索。SCIRUS 号称全球最全的科技信息搜索引擎,采用了最新的搜索技术,可帮助用户快速精确定位因特网上所需的科技、学术、技术、医学数据等信息,查找其他搜索引擎容易忽略的最新科学报告、预印本、专利、重印本、期刊文献等。

2. 功能特色　在 SCIRUS 收录的科技类网页中,包括了 2.32 亿教育类网页(.edu)、6 千万机构类网页(.org)、3.5 千万英国学术类网页(ac.uk)、5.4 千万商业类网页(.com)、5 千万政府机构网站(.gov),另有 1.44 亿全球范围内 STM 和大学网站。除了网页,SCIRUS 还索引了专业出版集团的科学数据库,如 11.8 万的 BioMed Central 全文,68.6 万 BMJ 全文,借助 PubMed 收录了 2 千多万条 Medline 索引。

SCIRUS 利用种子列表(seed lists)对网络科技信息采集源的质量、权威性进行控制。种子列表通常包括 Elsevier 出版部门定期提供的主题领域站点表,SCIRUS 技术人员提供的资源站点以及用户提交的新网站建议等。SCIRUS 机器人通过遍历种子列表中包含的 URL,保证了 SCIRUS 信息源的权威性。

3. 检索方法

方法1 直接输入检索式:在基本检索框中输入:title:gene expression AND title:breast cancer AND title:predict*(journal:Nature Medicine),也可直接使用字段标识符,如 ti:gene expression AND ti:breast cancer AND ti:predict*(jo:Nature Medicine)。有用的字段标识符有:au(作者)、ti(标题)、jo(期刊名称)、ke(关键词)、url(UR)和 dom(域名)等。

方法2 使用高级检索:选择"all of the words"字段,输入"gene expression breast cancer predict *"并限定出现在"article title",再选择"all of the words"字段,输入"Nature Medicine",其他字段选择默认值,点击"search"进行检索。

4. 检索技巧

技巧1 精确检索:在高级检索中,SCIRUS 不仅提供了"all of the words"(要求检索结

果中出现输入的每一个关键词,类似 AND)和 "any of the words"(检索结果中只要包含一个及以上输入关键词即可,类似 OR),同时提供了 "Exact phrase"(检索结果与输出关键词严格匹配,相当于引号的应用)。

技巧2 日期限定:SCIRUS 的日期限定功能可以提供任意日期段的限定,最早可追溯于 1900 年,最新到 2014 年。

技巧3 信息类型限定:在高级检索界面,用户可以限定拟搜索信息的类型,如文摘、会议论文、论文、图书、专利和预印本等。

技巧4 文档类型限定:高级检索功能中可对文档类型进行限定,提供 PDF、HTML、WORD(doc)、PPT 等文档的限定。

技巧5 主题范围的限定:SCIRUS 提供 20 余个学科专业主题范围供用户选择,学科按首字母字顺进行排序。

技巧6 搜索结果过滤:SCIRUS 提供对搜索结果的过滤,用户可清楚了解来自网站和期刊的搜索结果,各种文档类型的搜索结果。同时,SCIRUS 建立了一个独特的在线推荐检索词表,系统对每次搜索到的信息内容会自动抽取反映主题内容的关键词以列表的形式显示在搜索结果的左侧,点击列表中的某一个词,系统会自动添加到检索式中,对上一次的搜索结果再实施一次限定检索,缩小检索结果。

技巧7 使用通配符:SCIRUS 提供了任意通配符星号(*)和单字符通配符问号(?),用户可使用通配符提高查全率。

5. Google Scholar 和 SCIRUS 比较　见表 8-2。

表 8-2　Google Scholar 和 SCIRUS 比较

	Google Scholar	SCIRUS
信息处理	机器采集与机器自动分类,缺少人工干预	利用种子列表(seed lists)对网络科技信息采集源的质量、权威性进行控制,人工参与
布尔逻辑运算	支持 and or	支持 and or not
精确检索	引号	引号,Exact phrase
结果输出	提供 GB/T 7714、MLA、APA 三种参考文献格式的输出,同时提供导入 BibTeX、EndNote、RefMan 和 RefWorks 四种文献管理软件格式的导出	提供 RIS 和 TXT 两种格式的输出
引文分析	支持引文分析	不支持引文分析
通配符	任意通配符*或?	任意通配符*,单字符通配符?
结果排序	相关度、日期	相关度、日期
关键词位置限定	全文、标题、作者、出版物等	全文、标题、关键词、作者、机构、ISSN、期刊等

(三)生物医学专业搜索引擎

1. Medscape　Medscape(医景,http://www.medscape.com)是美国 Medscape 公司于 1995 年投入运营的一个功能强大的医学专业搜索引擎,提供免费的临床医学全文文献和医学继续教育资源。资源:Medscape、MedscapeCME、eMedicine、Drugs 和 Medline。

2. HON　HON(Health On the Net Foundation,健康在线基金会,http://www.hon.ch)于 1995 年在瑞士日内瓦创建。资源:MedHunt、HONselect。

3. Medical Matrix　Medical Matrix(医源,http://www.medmatrix.org)由美国医学信息学会主办,是一个以医学主题词为基础的医学专业型搜索引擎,属于目录型医学检索工具。

资源：收录了6000多个医疗网站，链接到150多万个网页，主要收录医学新闻、全文、多媒体、期刊、参考书、影像学和病理切片、医学教育等资源。

4. Health AtoZ　Health AtoZ（www.healthatoz.com）是美国医学网络公司于1996年建立的卫生与医学专业搜索引擎，为医学工作者和健康消费者提供医学信息搜索服务。资源：Disease & Condition、Test & Procedures 和 Drug & Guide。

5. Oncolink　Oncolink（www.oncolink.com）由美国宾夕法尼亚大学癌症中心的医生于1994年建立，为医学专业工作者、癌症患者及其家属免费提供癌症的有关信息。资源：信息内容涉及肿瘤的病因、诊断、治疗、普查和预防、肿瘤学最新研究进展等。

（四）有效使用专业学术搜索引擎应注意的问题

因特网上的医药学网站发展良莠不齐，如何快捷有效地获得自己所需的信息仍然是一个有待解决的问题。专业搜索引擎或学科覆盖面宽广的大型目录与网站往往各有所长，很难一家独揽天下，可互补利用。生物医学信息资源多而且广，根据专业需要，利用好检索工具，在上网实践中勤于对比研究，就能形成更为有效的学习与研究思路。同时，需注意的是虽然网络免费医学信息资源众多，但信息质量良莠不齐。如果用户在科研活动中需要系统全面地查找某一课题的文献信息，应更充分地利用医学专业数据库进行查找。

第二节　使用开放获取资源检索学术文献

一、开放获取概述

开放获取（Open Access，OA）国内还称为公开获取、开放使用、开放式出版等。OA起源于1991年美国Los Alamos国家实验室的一个专门用来张贴原创性高能物理学研究论文预印本的网站。此后，随着网络的快速发展，OA这一新的学术交流理念和机制备受关注并不断发展，特别是2001年底的"布达佩斯开放获取倡议"（Budapest Open Access Initiative，BOAI）和其后多个专门致力于OAP的出版和传播机构的成立，使得OA迅速发展。

（一）开放获取的内涵

关于开放获取的内涵，近年来，各国学术界都对其进行不断研究。现阶段的标志性成果有以下两个：

1. 2001年的《布达佩斯开放获取倡议》（BOAI）　该倡议认为对于某文献，存在多种不同级别和种类的、范围更广、更容易的获取访问方式，对某文献的开放获取，即意味着它在因特网的公共区域中可以被免费获取，允许任何用户阅读、下载、复制、传递、打印、检索、超链接该文献；允许用户为之建立索引，用作软件的输入数据或其他任何合法用途。用户在使用该文献时不受财产、法律或技术的限制，只需在操作时保持文献的完整性。对其复制和传播的唯一限制，或者说版权的唯一作用是使作者有权控制作品的完整性，并且当作品被引用时应标明出处同时对被引者进行致谢。

2. 2003年的《贝塞斯达开放获取出版宣言》　2003年4月11日，在美国马里兰州的Bethesda召开了开放获取出版会议，6月20日正式发布了《贝塞斯达开放获取出版宣言》。该宣言描述了开放获取出版需要满足的两个条件：①作者和版权所有者授予全世界所有的读者免费、永久不可撤回地获取的权利，出于合理的目的使用任何形式的数字媒介复制、使用、分发传播、向公众展示作品、传播派生作品的权利以及制作少数印本作为个人使用的权利。②一个作品在出版之后其完整版本和所有补充资料以及上述授权的文书，以标准的电子形式存储到至少一个联机的知识库中。这些知识库可以是由某个学术机构、学会、政府部门或其他知名的组织支持的，致力于实现科技资源的开放获取、无限制地传播、互操作和长期保存。

(二) 开放获取的特征

OA 是基于"自由、开放、共享"的理念,通过因特网使学术信息、学术成果在全球快速、广泛传播的有效途径。与传统的盈利性学术出版模式相比,OA 充分体现出自身的优势和特点,具体表现在以下几个方面:

1. 在信息交流内容和获取途径方面　OA 资源多样,内容包罗万象,涵盖了不同学科、不同语言。它既包括了图书馆的馆藏目录、电子期刊、学位论文、会议录、工作报告等;又包括了文本、图像、声音、软件等多媒体信息。由于 OA 资源都经过严格评审,特别是开放获取期刊资源,因而有效保证了资源的质量,使用户通过各种途径获取的 OA 资源都有很高的学术价值。

OA 资源主要通过因特网发布与获取。用户通过网络可以免费、无限制、方便快捷地获取相关学术信息,从而为科研工作带来了极大的便利,改变了传统学术传播与交流的方式,推动了科学的发展,同时也提高了作者的知名度和学术影响力。任何用户利用开放获取而实现阅读、下载、复制、传播、打印和链接等行为都不会遇到费用、版权或技术上的障碍,用户的限制仅仅是在使用作品时需保证其完整性以及必须尊重作者对作品的署名权,即在使用作品时应注明引用的信息。

2. 在信息的交流方式和交流效率方面　OA 重视提高信源、信宿交流的直接性和交互性,可以实现作者、读者、编辑之间"一对一"、"一对多"、"多对多"的全方位交互模式,具有很高的灵活性,缩短出版周期。

3. 在信息使用权限方面　OA 尊重知识产权,对作品的拥有者和使用者都提出了比较完善的机制来保护双方的合法利益。OA 期刊能够使学者的研究成果得到更为广泛的传播,成果的能见度和被引用率都得到了极大的提高。在学术信息使用权限方面,OA 扩大了使用者对学术信息的使用权限,可以为教学、研究、学习等目的而公开复制、打印、利用、扩散、传播和演示,使用者只需保证作品的完整性以及尊重作者的署名权。

(三) 开放获取资源的类型及实现模式

1. 开放获取期刊　OA 期刊有两种形式,一种是在出版之时就提供信息供用户开放获取,另一种是将原有的杂志通过一定的技术手段转化成可以开放获取的信息。这两种形式都对论文实施严格的同行评审制度,确保了论文的质量,都有很高的参考价值。OA 期刊对用户都是免费的,它的经费来源目前主要有四种形式:作者付费型(Author-pays)、外部赞助型(External grants)、收费式(Fee-based)、志愿型(Voluntary work)。目前主要用作者(机构)付费出版、读者免费使用的运行模式。

2. 开放获取仓库　OA 仓库分为学科 OA 仓库和机构 OA 仓库。这两种形式的仓库都对提交的信息内容不实施同行评审制度,由作者本人将论文以特定的格式放到文档服务器上实行开放性存档。OA 仓库大多由政府机构、科研机构、学术团体和大学建设和维护,成本较低,作者基本不用付费,这种方式也是 OA 的最佳出版模式。

3. 维客(wiki)和论坛　Wiki 是一种多人协作的写作工具,也是一种超文本系统。通过这个系统每个人都可以发表自己的意见,或者对共同的主题进行扩展或探讨。这种超文本系统支持面向社群的协作式写作,可以帮助人们在一个社群内共享某领域的知识。论坛可以说是因特网上分布最广、种类最多、内容最杂的信息交流平台。作为 OA 实现方式的 wiki 和论坛所面临的问题主要是过于开放、自由,这种过于开放、自由的特征使得发布的信息质量良莠不齐,如何确保 wiki 和论坛上存取信息的质量是其作为 OA 实现方式的重要基础。

4. 个人网站或博客　科研人员的个人网站和博客都是其借助网络无偿传播的方式实现个人表达的手段,是多种学科信息的集合体。这两种出版方式都没有专家评审制度,所发布的信息也不能很好地控制质量,主要依靠科研人员的自身学术水平来保证发布信息的公信力与权威性。由于它对所有使用者完全免费开放,所以可以认为它是 OA 的实现模式,但由于规模有限、检索困难、缺乏规范等原因并没有得到广泛的使用。

二、开放获取资源检索

(一) 开放获取期刊检索

1. DOAJ　DOAJ (Directory of Open Access Journals,开放获取期刊名录,http://www.doaj.org/)是瑞典隆德大学图书馆于 2003 年建立的开放获取期刊检索系统。截至 2013 年 7 月 3 日,该系统已经收录 120 个国家的 9790 种期刊,收录的论文达 113 3315 篇。

DOAJ 提供关键词检索和浏览检索两种检索方式。

(1) 关键词检索 (Search):用户可以在期刊 (Journals) 和论文 (Articles) 两者之间进行转换,提供基本检索和高级检索两种形式。基本检索在检索词输入框内输入相应的英文关键词即可。高级检索选择将检索词控制在论文的标题、期刊名称、ISSN 号、作者姓名、关键词、摘要、出版商等字段。系统规定,输入的关键词可以是单词或词组。若输入的不是一个单词,系统会自动进行短语检索。可以使用布尔逻辑运算符 AND、OR、NOT 进行多个检索词的组配。

(2) 浏览检索 (Browse):浏览检索提供了期刊字顺浏览、新收录期刊浏览、学科主题浏览、收录国家浏览、许可类型浏览和出版费用类型浏览等模式,用户可以根据需求选择。

DOAJ 大部分期刊可以直接链接到期刊的主页,全文格式以 PDF 为主,还有一部分期刊标有"DOAJ Content",表示在 DOAJ 站点上提供该刊的目次信息和全文链接,点击浏览即可。另外,DOAJ 提供了推荐期刊功能,用户只需点击标题栏的"Suggest"链接,填写好规定的推荐表格即可。

2. HighWire　HighWire (http://highwire.stanford.edu) 由美国斯坦福大学图书馆于 1995 年创立,是全球最大的提供免费自然科学期刊全文的学术文献数据库。目前已收录 1783 多种电子期刊、电子图书、参考书和相关学术出版物。收录内容包括生命科学、人文科学、医学、物理学、社会科学。

HighWire 提供快速检索和期刊浏览两种检索方式。

(1) 快速检索:支持单词检索、布尔逻辑检索、截词检索、强制检索等检索方法。快速检索模式下点击"more search options"进入高级检索,可控制检索词所在论文中的位置和发布时间等。

(2) 期刊浏览检索:可以对期刊按刊名字顺浏览,也可以按期刊主题、出版社或获取途径浏览。HighWire 查找到的期刊刊名后有一些标识符,"new"表示新收录期刊;"info"表示提供该刊详细出版信息;"soon"表示该刊不久将收录;"free TRIAL"、"free ISSUES"、"free SITE"分别表示免费试用、过刊免费和完全免费的期刊。

3. PubMed Central　Pubmed Central (PMC,http://www.pubmedcentral.nih.gov) 是 2000 年 2 月由美国国立卫生研究院 (NIH) 和美国国立医学图书馆 (NLM) 联合建立的一个生物医学和生命科学期刊文献全文数据库,免费向全球开放。目前,该系统共收录 1272 种期刊,数量在不断增加。其中大部分是在出版后允许立即下载全文,少数则在出版后 1~36 个月开放。

PMC 提供快速检索、高级检索和浏览检索等检索方式。

4. BioMed Central　BioMed Central (BMC,http://www.biomedcentral.com) 是英国一家独立的商业性出版机构,致力于提供经过同行评审的生物医学研究的开放获取资源。BMC 发表的所有原创研究文章,在发表之后立即可以在网上永久性免费访问。目前,共出版 257 种生物医学期刊,涵盖了生物医学和医学的各主要领域。BMC 采取作者付费的模式,即作者发表文章需要支付一定的费用，而机构也可以通过缴纳会费来免除本单位作者的出版费。BMC大多数期刊被 PubMed、Scirus、Citebase、OAIste 等数据库收录，其中有上百种被 SCI 收录，具有较高的学术价值。该网站提供论文关键词检索（快速检索、高级检索）和期刊目录浏览（刊名字顺浏览、主题类别浏览）等检索方式。

5. Free Medical Journals　Free Medical Journals（http://www.freemedicaljournals.com）由 Amedeo Group 创建，提供免费医学期刊全文信息。目前，它收录 3780 种免费全文医学期刊，分英语、法语、德语、葡萄牙语、西班牙语、土耳其语其他多语种版本。内容包括免费医学杂志站点、出版后 1~6 个月免费的站点、出版后 7~12 个月免费的站点、出版后 1 年免费的站点。网站的右侧是新加的和取消的免费医学期刊站点。Free Medical Journals 的免费期刊提供了四种浏览期刊方式："Topic"（主题）、"FMJ Impact"（影响因子前 60 位）、"Free Access"（免费类型）、"Title"（刊名）。

用户通过该网站，能链接到该公司创办的另一个重要的 OA 图书馆网站：FreeBooks4doctors（http://www.freebooks4doctors.com/）。它由 Flying Publisher 建立，主要提供网上免费医学图书目录。用户可以按照学科专业、影响因子、语种、出版年或评价的星级来预览。

6. PLoS　PLoS（Public Library of Science，http://www.plos.org）成立于 2000 年，是一家由众多诺贝尔奖得主和慈善机构支持的非营利性学术组织，是为科技人员和医学人员服务并致力于使全球范围科技和医学领域文献成为可以免费获取的公共资源。PLoS 期刊采取严格的同行评审制度以保证论文的质量。所有论文同时保存在 PMC 中，向所有用户免费开放。点击期刊列表即可查看每种期刊的详细内容。

（二）开放获取仓储检索

MIT Dspace 仓储软件系统（http://dspace.mit.edu）是基于麻省理工学院和美国惠普公司联合开发的 Dspace 构建，用来获取、传播和保存该校教师和研究人员的研究成果，并使用户通过一个界面来访问整个机构的数字化知识成果。MIT Dspace 包含文本、音频、视频和图片等信息资源 2 万余条，这些内容包括预印本、技术报告、研究手稿、学位论文、会议论文等。

MIT Dspace 提供基本检索和高级检索两种检索方法。

1. 基本检索　在检索框直接输入关键词即可。

2. 高级检索　可以对任意字段、作者、题名、关键词、文摘、标识符等进行限定。此外，MIT Dspace 还提供按部门和收藏单位（Communities and Collection）、资源名称（Titles）首字母、责任者（Authors）首字母、学科主题（Subject）、日期（By Date）等多种浏览功能。其他基于 Dspace 系统的开放获取仓储有：剑桥大学机构仓储（http://www.dspace.cam.ac.uk）和香港科技大学机构仓储（http://repoitorg.ust.hk/dspace）。剑桥大学机构仓储收录了该校各机构的研究资料全文，包括多媒体、交互式课件、数据集、数据库等形式；香港科技大学机构仓储收录了该校科研人员和博士生提交的论文（包括已发表和待发表）、会议论文、预印本、博士学位论文、研究与技术报告、工作论文和演示文稿等。

（三）开放获取预印本检索

1. E-print Network　E-print Network（http://www.osti.gov/eprints）是由美国能源部（Department of Energy，DOE）和科技信息局（Office of Scientific and Technical Information，OST）共同建立的电子印本档案搜索引擎，可供检索存放在学术机构、政府研究实验室、私人研究组织以及科学家和科研人员个人网站的 e-Print 资源。E-print Network 选取内容的基本原则是与 DOE 研究相关的、完全开放使用的电子印本科学信息资源。目前，提供 22000 多个电子印本站点的"一站式（one-stop）"浏览/检索和 91 万余篇电子印本的全文检索（目前只支持

PDF 格式文档的搜索，近期计划推出 PS 等其他格式文档搜索）。此外，还可检索 52 个主要数据库近 2000 万个全文页面，提供有 2900 个专业科技学会/协会的网站链接。E-print Network 可提供 E-mail 通告服务。

2. 中国科技论文在线　中国科技论文在线（http://www.paper.edu.cn/）是经教育部批准，由教育部科技发展中心主办，针对科研人员普遍反映的论文发表困难、学术交流渠道窄，不利于科研成果快速、高效地转化为现实生产力而创建的科技论文网站。内容主要是自然科学，社会科学领域仅涉及教育学、管理学、经济学。用户可以检索和按学科分类浏览。该网站采取文责自负的原则，只要作者所投论文遵守国家相关法律，为学术范围内的讨论，有一定学术水平，且符合中国科技论文在线的基本投稿要求，可在一周内发表。专业领域按自然科学国家标准学科分类与代码分为 39 类，论文格式多为 PDF 格式。

3. 中国预印本服务系统　中国预印本服务系统（http://prep.istic.ac.cn/）是由中国科学技术信息研究所与国家科技图书文献中心（NSTL）联合建设的以提供预印本文献资源服务为主要目的的实时学术交流系统。该系统由国内预印本服务子系统和国外预印本门户（SINDAP）子系统构成。国内预印本服务子系统主要收录国内科技工作者自由提交的预印本文章，可以实现二次文献检索、浏览全文、发表评论等功能。系统的收录范围按学科分为五大类：自然科学，农业科学，医药科学，工程与技术科学，图书馆、情报及文献学。除图书馆、情报与文献学外，其他各大类再细分为二级子类，如自然科学又分为数学、物理学、化学等。

国外预印本门户（SINDAP）子系统（http://sindap.cvt.dk）由中国科学技术信息研究所与丹麦技术知识中心合作开发完成，实现了全球预印本文献资源的一站式检索。通过 SINDAP 子系统，用户只需输入检索式一次即可对全球知名的 16 个预印本系统进行检索，并可获得相应系统提供的预印本全文。目前，SINDAP 子系统含有预印本二次文献记录约 80 万条。

（四）其他开放获取资源检索

1. 美国国家科学数字图书馆　美国国家科学数字图书馆（The National Science Digital Library，NSDL，http://www.nsdl.org）于 2000 年由美国国家自然科学基金会自主开发，是一个为科学、数学、工程和技术教育服务的综合学科的开放图书馆项目，全美有上百个项目组共同参与。NSDL 在经过一系列的版权操作后，大量的图书以电子方式呈现给公众。

2. 美国国家医学图书馆书架　美国国家医学图书馆书架 NLM-Bookshelf（http://www.ncbi.nlm.nih.gov/books/）是美国国立生物技术信息中心（NCBI）的一个重要网络节点。通过这个节点，用户能够获取免费的生命科学和医疗保健方面的书籍和文件。其检索方法和 PubMed 相似。

3. Socolar　Socolar（http://www.socolar.com/）是中国教育图书进出口公司研发，旨在为用户提供 OA 资源检索和全文链接服务的一站式检索平台，为非营利性项目。目前，它收录了 11 739 种开放获取期刊、1048 个开放获取机构仓储，总计论文 23 894 558 篇，每日更新。内容涵盖人文社会科学、自然科学和技术全部学科领域。Socolar 系统支持普通检索、浏览式检索、高级检索，并支持通配符（*）检索。

4. 国家科技文献中心开放获取期刊集成检索试用系统　国家科技文献中心开放获取期刊集成检索试用系统（http://oaj.nstl.gov.cn:8080/NSTL_OAJ/）是集期刊浏览、期刊检索两种功能为一体的开放式的期刊集成揭示与检索系统。本系统所收录的期刊主要源于 DOAJ、Socolar、cnpLINKer、Open Science Directory 等网络免费开放获取的科技期刊，学科范围涉及农业、林业、工业、商业、医学等 17 个领域。目前，收录期刊 4000 余种，其中非英语语种期刊 310 种，中国期刊的英文版 34 种，需要注册或申请后才能使用的期刊 130 种。

系统提供刊名字顺浏览、学科分类浏览两种浏览方式，且浏览过程中可通过期刊的一般信息与详细信息切换提示，进一步了解某个期刊的全部信息，包括刊名、ISSN、主题、学科分类、期刊内容揭示层次等15种相关信息。同时，用户可对刊名、ISSN、主题、出版者及全部字段进行期刊检索。为了便于系统的维护及更新，从而更好地为用户提供服务，系统特设互动热线栏目，用户可借助新资源推荐功能向系统推荐好的开放获取期刊，也可借助意见与建议功能及时与系统进行交流与反馈。

小　结

搜索引擎特别是学术搜索引擎以其广泛的收录及良好的可获得性已经成为多数研究者从事新课题、新研究的第一入口。用户不仅应熟练掌握综合性搜索引擎如百度和Google的常用搜索语法，还应理解搜索引擎的工作原理，才能提高自己的搜索技能。Google Scholar及SCIRUS则是所有拟从事研究工作与学习的用户应熟练掌握的学术搜索引擎。对于医学生，还应了解Medscape、HON、Medical Matrix等医学专业搜索引擎的使用。

开放获取是一种全新的学术信息交流和共享模式，它基于自由、开放、共享的理念，依托网络技术，使学术成果可以在全球范围内实现无障碍地传播，有助于提高社会公众的信息素养，缩小数字鸿沟。目前，国内真正的开放获取资源还不多，它的实现需要国家、科研机构、科研资助机构、出版机构以及信息服务机构的共同努力，需要政策上的制度保障，需要相关的技术支撑，同时还需要人们信息共享意识的提高。

总之，根据实际信息需求，利用合适的网络信息源快速、准确地获取有效的网络信息是本章要达到的学习目标。

练习题

1. 用Google搜索重庆医科大学前校长钱㥄教授有关的Word文档，要求检索结果限定在教育类网（edu.cn）上，并且"钱㥄"要出现在网页标题中，请写出检索表达式。
2. 试比较Google Scholar和SCIRUS在文献收录、文献处理、检索技巧及结果处理等方面的异同。
3. 试析全文搜索引擎的工作原理。
4. 用Google查找有关我国白血病的自然发病率。
5. 用Medical Matrix查找有关冠心病（coronary heart disease）研究的全文网站。
6. 开放获取的类型有哪些？

第九章 文献信息的管理与分析

参考文献管理软件又称为书目管理软件。它是一种具有文献检索与整理、引文标注、按格式要求生成参考文献列表等强大功能的软件，既可嵌入文字处理软件中使用，还可以直接通过在线数据库下载文献题录并对其进行统计分析。而文献分析工具可以对大量文献进行自动分类、确定文献之间的关系以及分析文献主题概念等。本章通过介绍几个典型的文献管理和分析软件的主要功能以及使用中的一些常见问题，希望能为您的信息管理与信息分析需求提供指导和帮助。

第一节 文献信息的管理

一、文献信息管理概述

在日常的科研工作中，需要对科技文献进行查阅、整理和分析。随着大量文献资源的电子化，传统的文献信息管理存在以下问题：①低效的文献收集方式：全文下载，在线阅读；②无序的文献存储方式：重复下载，遗忘丢失；③原始的文献阅读方式：耗时耗力，无法整合；④落后的论文写作方式：手工排版，枯燥费时。而参考文献管理软件（Reference Management Software）的出现便有效地解决了这些问题。

对于参考文献管理软件，维基百科中给出了一个较为基本的定义："参考文献管理软件是学者或作者用于记录、组织、调阅引用文献的计算机程序。一旦引用文献被记录，就可以重复、多次地生成文献引用目录。"其基本的功能包括：文献信息的收集；文献信息的整理和组织；论文中对文献引用的插入和参考书目的生成。

目前，参考文献管理软件的种类很多，分类方式也很多，如可分为商业软件和免费软件、开源和非开源、本地和在线等，各种类型都有其自身的优缺点和特色。国内外常用的参考文献管理软件包括 EndNote、EndNoteWeb、RefWorks、Zotero、Mendeley、JabRef、NoteExpress、Refwork 等。虽然各种参考文献管理软件功能存在着一些差别，但基本功能大体相同，所以本章以 NoteExpress 和 EndNote 两个软件为代表介绍文献管理软件的应用，使用户达到触类旁通能熟练掌握其他参考文献管理软件的目的，在以后的科研工作中根据自己的需要和使用习惯选择不同的软件。

二、NoteExpress

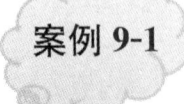

某医学生刚开始课题研究，查到了大量与本课题相关的文献资料，他需要将这些资料有序地保存，而且在以后的论文写作中可以方便地引用。请您提出一个合理的解决方案。

（一）NoteExpress 简介

NoteExpress（为了便于表达，后面将其缩写为 NE）是北京爱琴海软件公司开发的一款专业级别的中文文献检索与管理系统，它提供了信息导入、过滤、全文下载以及众多的管理功能，可以大大提高研究者的文献管理和研究效率。NE 是一个商业软件，目前多是由单位集团采购提供给本单位用户使用。

（二）安装

用户可以从 http://www.RefLib.org/ 网站上下载 NoteExpress 的安装程序，个人用户请下载标准版，集团用户请下载相应的集团版。下载成功后，双击安装程序，即可完成安装，如在安装过程中遇到防火墙软件或者杀毒软件提示，请选择"允许"，最好能将 NE 加入信任列表。Windows 2000＼XP＼Vista，Windows Server 2003＼2008 操作系统都支持 NoteExpress 2.X 版，NoteExpress 2.X 版的写作插件支持以下写作工具软件：MS Word 2003＼2007＼2010（32 位）、WPS Office 2010 文字、Open Office，NoteExpress 对 TeX/LaTeX 也有良好支持。

（三）题录和全文管理

1. 建立数据库　NE 安装完毕后首次启动会打开自带的 Sample 示例题录数据库，该数据库存放在"我的文档"目录下，供新用户练习使用。建议用户正式使用时建立自己新的数据库。在 NE 主程序的【文件】下拉菜单中点击【新建数据库】，然后选择保存位置即可，如图 9-1。

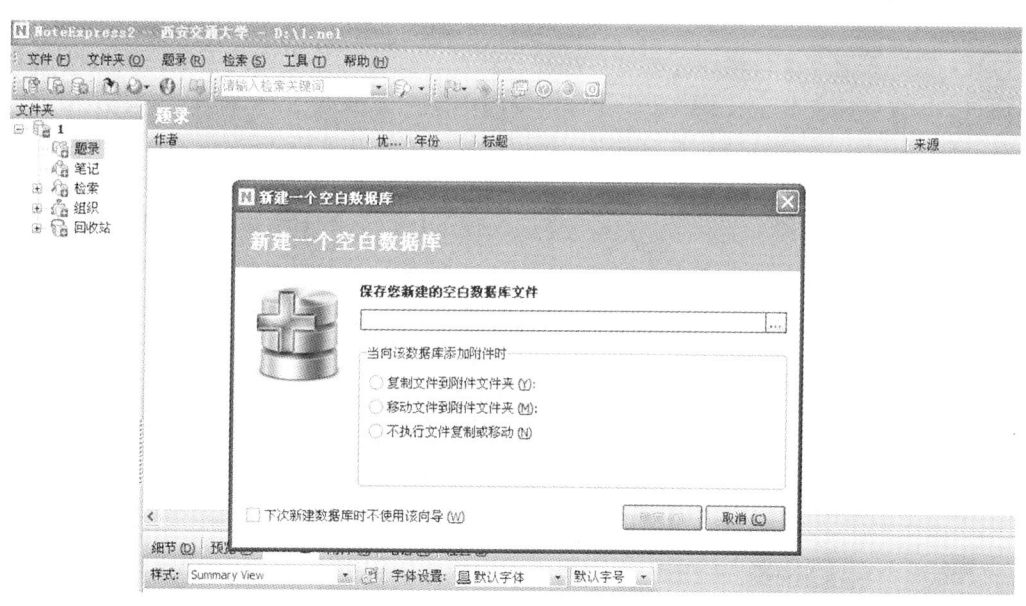

图 9-1　NoteExpress 建立数据库界面

2. 数据导入　NE 是以题录（文献、书籍等条目）为核心进行管理的。建立新的题录数据库后，用户需要将文献题录添加到数据库中。NE 提供了四种导入题录的方式：利用菜单栏的在线检索导入、内嵌浏览器检索导入、过滤器导入（网络数据库检索导入）和手工录入。其中过滤器导入方式，NE 根据不同的数据库提供了不同的过滤器，用户在导入的时候只要选择相应的过滤器即可。手工录入主要适用于在因特网上找不到的题录信息，但是用户也希望将该题录信息用 NE 管理起来。

对于已经下载了大量全文的用户，只需要两步操作：①导入需要编制的文件夹（目录）或单个全文文件；②使用在线更新功能。这样就可以将导入全文生成的简单题录更新为需要的详细题录。

3. 题录管理　通过上述方法导入文献题录，就基本形成了用户的个人数据库。当然，对研究和管理工作而言这仅仅是个开始。因为用户需要对纷繁的题录进行整理，以便为进一步的研究设计或文章撰写等服务。当然，用户完全可以依赖 NE 完成以上操作。NE 提供各种管理模块，使用户能够充分高效地掌控所获得的信息。

在不同数据库中检索，或者用户的数据库由几个小数据库合并而成，都不可避免地出现重复题录。在 NE 中，通过查重剔除功能可以方便快捷地查找并删除重复题录。

接下来，或许用户的文献管理工作才刚刚开始。在文献软件工具出现以前，研究者通常使用文件夹对自己掌握的电子文献进行分类整理。这样做的好处显而易见，如果分类正确，用户可以非常方便地找到需要的信息。那么在 NE 文献管理软件中，是否也会有类似的功能呢？NE 提供了非常方便的文件夹功能，可以将文献进行分类整理。NE 提供的虚拟文件夹功能实现了同一数据库下可以有不同的文件夹。这就类似于用户在自己的数据盘下建立了许多的文件夹，而且类似于资源管理器，可以通过文件夹树形结构非常清晰地看到它们之间的关系，可以根据需求非常方便地建立、删除和转移文件夹。

4. 附件管理　从数据库导入的题录，只有基本的题录信息，这些基本信息可以让用户大致了解某一文献的价值所在，决定是否有必要进一步阅读全文。在 NE 中，用户可以为每一条文献信息添加附件，方便在需要的时候快速打开全文。NE 支持任意的附件格式（也可以添加多个附件），比如常见的 PDF、Word 文档等，当然还有文件夹、URL 等。这样，文献题录信息就会与用户的全文信息关联在一起。添加了全文附件的题录，可以在"题录相关信息"栏看到一个回形针标志，点击回形针，或者使用 Shift＋Ctrl＋A 快捷键，可以迅速打开附件。当然，如果需要对某一文件夹下的多个文献添加附件，可以使用 NE 的"批量链接"功能，选择全文位置，文献信息与文件名匹配程度等，然后就可以批量链接附件到题录。如果没有全文，可以通过 NE 提供的下载全文菜单批量下载需要的全文。

在 NE 中，可以为文献题录添加附件、笔记，可以关联题录和文件夹。如果在用户的数据库中，已为多条文献添加了多项信息，而且都非常重要，那么，应如何非常直观地判断某条文献是否有附件、笔记，或者关联了题录和文件夹呢？NE 充分考虑了用户的需要，在题录列表栏中，第一列的图标显示题录类型，第二列可能有小的色块，如果添加过附件、笔记，或是关联了题录和文件夹，就可以看到 4 个不同颜色的色块。这样，就可以非常方便地了解某条文献的相关附件信息。

5. 数据库的备份　如果只需要备份题录和笔记，在菜单【文件】下，有【备份数据库】选项。如果希望手工备份，特别是附件如全文也需备份，就要了解以下更详细的信息和步骤：NoteExpress2.0 在安装时会自动安装 Sample.nel 这个软件默认的数据库，在"我的文档 \ NoteExpress2 \ Libraries"目录下可以找到。但是这是一个默认的数据库，用户应该建立一个自己的数据库：在【文件】的下拉菜单中有【新建数据库】这个命令，单击可以新建数据库并为数据库命名，和在 Word 中建立一个新的 Word 文档一样，将数据库命名并存放在自己所需的位置即可。

如果用户的数据库是在使用过一段时间之后才设置附件文件夹，那么仅仅备份附件文件夹不一定能备份所有附件，因为在设置附件文件夹之前添加的附件是不在附件文件夹里面的。要想通过备份附件文件夹实现备份所有附件，首先要保证所有的附件都在附件文件夹里面。选中题录根目录，然后通过【文件夹】→【显示文件夹下所有题录】或按快捷键 Ctrl＋B，此时右侧题录列表中将列出所有题录。然后对这些题录执行整理链接功能：【工具】→【附件管理器】→【修复链接】→【整理链接】。如此，NE 会将所有不在附件文件夹中的附件全部移动到附件文件夹中，然后再备份附件文件夹即可。

建议用户定期备份数据，并且备份时尽量选择不同于原始文件的磁盘进行存放。

（四）题录统计与分析

如果有时候觉得收集的文献信息过多，或者需要对某个研究者或期刊的文献信息进行整理，传统的统计方法费时又费力，通过 NE，用户可以方便快捷地对所关心的文献信息进行统计分析，这样就能够快速了解某一领域的重要专家、研究机构、研究热点等。分析结果能导出为 txt 和 csv 等多种格式，方便做出精准的报告。

首先选中需要进行统计的文件夹，然后点击鼠标右键，选择菜单【文件夹信息统计】，或点击【文件】的下拉菜单中的【文件夹信息统计】。

对于以上提及的文献题录导入、管理和分析，都是期望对研究和管理工作带来方便。在 NE 中，还提供了"综述"和"笔记"两项功能。通过"综述"的阅读方式，可以阅读文献题录尽可能多的信息，包括作者、标题、来源和摘要等；通过笔记，可以随时记录下阅读文献时的想法和关于研究的设想，这些信息都与用户看到的文献信息关联在一起，便于日后进一步展开工作。

（五）自动编排论文或书籍的参考文献

对于大多数使用 NE 的用户来说，使用 NE 管理文献的主要目的之一便是撰写文章或论文。NE 内置了多种国内外学术期刊和学位论文的国标格式规范。通过 NE 插入文献，然后选用需要的格式进行格式化，可以快速自动地生成参考文献。这样在写文章或论文的过程中，便可以从手工编辑与管理文献的繁重工作中解脱出来，而且还可以根据需要随时调整对应刊物的参考文献的格式。当然，如果 NE 没有所需要的文献格式，用户可以非常方便地编辑自己需要的格式。另外，在输出速度和内存占用上，NE 与国外产品相比都具有明显优势。而且，NE 首创的多国语言模板功能，能自动根据所引用的参考文献不同实现差异化输出。

当安装好 NE 后，在 Word 字处理软件中就会多出一个 NE 菜单项，在撰写论文时就可以利用该菜单边写作边插入参考文献。插入参考文献时，首先选择 NE 中的题录，然后转到 Word 点击 NE 菜单栏插入参考文献，见图 9-2。

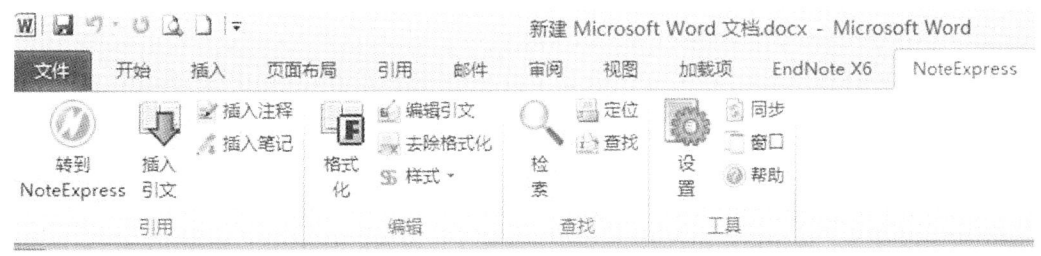

图 9-2　NE 在 Word 中的工具栏

图中插入引文、注释和笔记表示可以在文本编辑位置插入 NE 中选中的题录、注释和笔记；格式化表示将论文的参考文献格式化为指定的期刊格式。目前，NE 提供了 4000 多种中英文期刊的格式。编辑引文指可以对插入的参考文献进行修改；去除格式化表示对于已经编辑好的参考文献去除 NE 格式。需要注意的是在去除格式化前一定要保存一个没有去除格式化的副本，以便以后将文章更改成其他期刊的格式。同步指的是将论文的参考文献和 NE 中管理的文献题录进行同步，这种情况发生在修改了 NE 中的题录或文章中的参考文献。设置中有一点需要注意，在撰写论文时记得将即时格式化关掉，以不影响 Word 编辑论文的速度。

（六）常见问题

问题 1 EndNote 数据导入到 NE：①打开 EndNote 数据库，在 EndNote 菜单栏中选择 Edit→Output Styles→Open Style Manager；②打开 Style Manager 后，滑动列表选择"EndNote Export"；③点击选择需要导出到 NE 的文献（按 Ctrl 同时点击选择多条）；④点击 File →Export（导出前请确认 Output Styles 选择的是 EndNote Export）；⑤EndNote 弹出对话框，指定文件保存位置和文件名，点击保存；⑥打开 NE，选择"文件→导入题录"（或使用快捷键 Ctrl＋M）；⑦在 NE 的导入对话框中，选择文件保存位置，过滤器选择"EndNote Import"，选择导入文件夹，点击开始导入。见图 9-3。

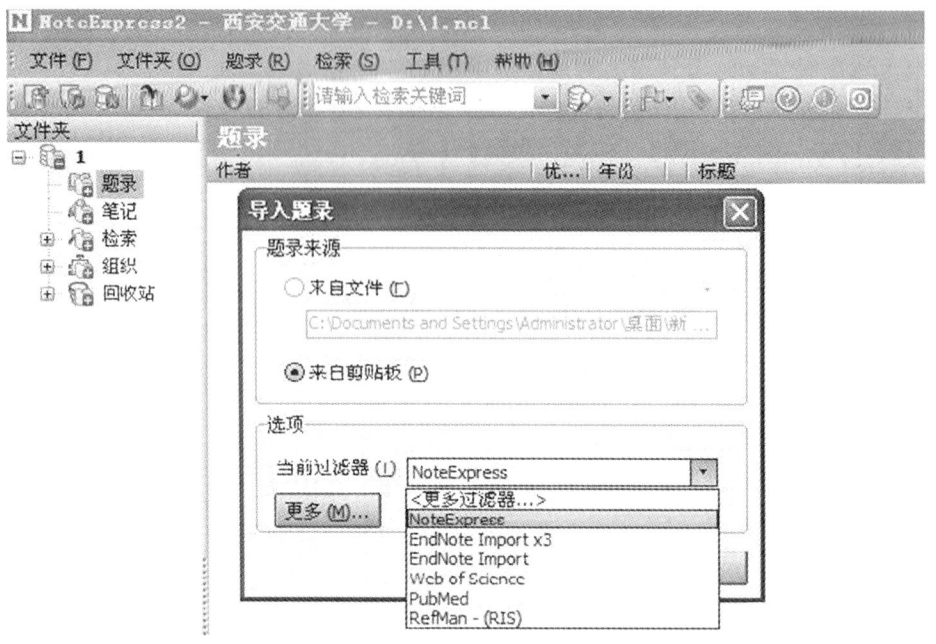

图 9-3　EndNote 数据导入到 NE 方法

问题 2　NE 新样式和过滤器的安装：选择菜单【工具】→【过滤器】→【过滤器管理器】→【安装过滤器】。新样式的安装选择菜单【工具】→【样式】→【样式管理器】→【安装新样式】。

问题 3　安装新的在线数据库（连接文件）：打开菜单【检索】→【在线检索】→【选择数据库】→安装新的连接文件。

问题 4　NoteExpress Word 插件丢失或无法使用：运行 Word，在工具栏空白处右键点击鼠标，弹出菜单中选择"自定义"。在"命令"页左边一栏中选择"工具"，然后将右栏第一项"Com 加载项"拖动到工具栏上，任意位置均可。关闭自定义对话框。点击工具栏上的"Com 加载项"按钮，弹出"Com 加载项"对话框，显示所有 Word 添加的加载项。

问题 5　如何使用脚注功能：要使用脚注功能，首先用户需要确认最终采用的输出样式预先定义好了脚注格式。如果用户使用的样式不支持脚注，可以在样式编辑器里面自行定义。然后如果需要在文章中插入脚注，在 NE 中选中题录后，点击写作插件上的"插入注释"图标即可。①如果需要某一个样式输出脚注，则首先要确认该样式是否已开启脚注功能。启用方法就是打开"样式管理器"，找到所使用的样式，双击打开后，点击"注释"，在右侧选择"生成注释列表"；然后在树形结构中找到"脚注"，在右侧确认选中"生成脚注而非尾注"。②接下来需要对脚注模板进行定义。用户可以根据自己的需要，首先选择"题录类型"，然后再选择合适的字段插入。另外，也可以根据需要从树形结构中，对作者和编号等信息进行定义。③定义好之后保存样式，切换到用户的文字编辑器之后，在需要的地方点击"插入注释"即可生成脚注。

问题 6　题录"手动更新"和"自动更新"时的数据库选择：如果导入的题录信息不完整，或有需要对题录信息进行更新，通常可以选择"自动更新"或"手动更新"。但如果用户对题录进行过更新，且再次需要对题录使用其他数据库进行更新时，可能会遇到数据库无法选择的问题，这是由于 NE 的智能更新设置导致的。通常情况下，当对一条记录进行更新后，NE 会自动记录更新的数据库，下次更新时，NE 会自动打开该数据库进行更新，用户不需要选择更新的数据库。

问题 7　如何将 Google 学术搜索检索结果导入到 NoteExpress：首先点击学术搜索使用偏好，文件管理软件选择 EndNote，再按照 EndNote 过滤器就可以导入到 NE。

问题 8　如何在 NE 中设置代理检索：对于医学生来说，PubMed 是一个最常用的免费数据库，也是查找医学英文文献最重要的一个数据库。但是由于该服务器在国外，可能导致检索该数据库速度较慢或者有时根本无法连接。可以通过给 NE 设置代理服务器来增加 PubMed 的

检索速度，设置方法见图 9-4。其中代理服务器设置为 127.0.0.1，端口设置为 8081，在检索时打开搜狗浏览器就可以使用。

图 9-4　NE 检索代理设置

三、EndNote

某医学生下载了大量英文文献题录和全文，他需要将这些文献有序管理，并且在以后的学位论文或期刊论文撰写中要引用这些文献。请您提出一个合理的解决方案。

（一）EndNote 简介

EndNote 由 Thomson Corporation 下属的 Thomson ResearchSoft 开发，专门用于管理参考文献，是世界上最有名、历史最久的文献管理软件之一。它能够通过插件方便地在 Word 中插入所引用的文献，并能生成指定格式的参考书目。EndNote 是一种商业软件，目前多是由单位集团采购提供给本单位用户使用。

（二）题录和全文管理

1. 建立数据库　和 NE 一样，用户正式使用时需建立自己的新的数据库。在 EndNote 主程序的【File】下拉菜单中点击【New】，然后选择保存位置即可。

2. 数据导入　EndNote 是以题录（文献、书籍等条目）为核心进行管理的，建立新的题录数据库后，用户需要将文献题录添加到数据库中。EndNote 提供了四种导入题录方式：利用菜单栏的在线检索导入、过滤器导入（网络数据库检索导入）、手工录入和 pdf 全文导入（X5 以上版本）。其中过滤器导入根据不同的数据库 EndNote 提供了不同的过滤器，在导入的时候只要选择相应的过滤器即可。手工录入主要适用于在因特网上找不到的题录信息，但是用户也希望将该题录信息用 EndNote 管理起来。

对于已经下载了大量全文的用户，只需要两步操作：①导入需要编制的文件夹（目录）或单个全文文件；②使用 find reference update。这样就可以将导入全文生成的简单题录更新为所需要的详细题录。

EndNote 针对不同的数据库格式制定了相应的过滤器，在导入不同格式的数据库题录时，需要选择相应的过滤器，这样软件就可以将不同格式的题录信息统一为一个固定的格式。

EndNote 针对不同期刊的参考文件格式制定了不同的输出样式，用户在书写论文时可以根据不同期刊参考文献要求格式选择相应样式进行输出，这样输出的参考文献格式就完全符合某个期刊的要求。

3. 题录管理　题录的管理包括了增、删、改、查以及排序和去重等。这些操作既可以通过菜单栏【Reference】操作，也可以通过在题录上用鼠标右键操作。与 NE 相同，EndNote 提供了类似于 Windows 资源管理器的文件夹管理方式，但命名方式不同。NE 和资源管理器都以文件夹的名字命名，EndNote 以组（group）命名。另外，EndNote 提供了一个智能分组（create smart group）功能。智能分组的意思就是从现有组中分出一个满足用户限制条件的一个组。例如，用户要将一个组中某一个特定期刊的题录分为单独的一组，就可以采用智能分组，见图 9-5。

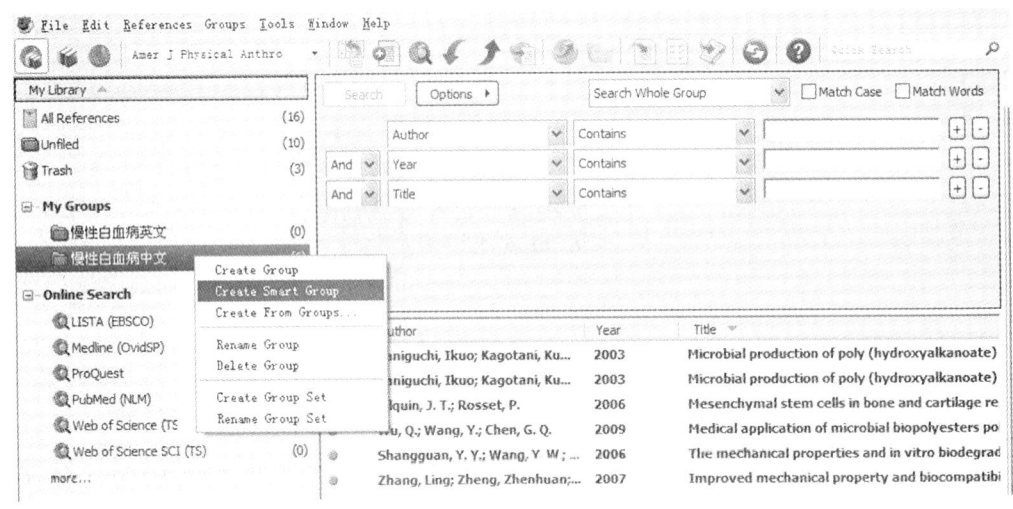

图 9-5　EndNote 创建智能分组

4. 附件管理　从数据库导入的题录，只有基本的题录信息，这些基本信息可以让用户大致了解某一文献的价值所在，让用户决定是否有必要进一步阅读全文。在 EndNote 中，可以在题录上点击右键选择【File Attachments】为每一条文献信息添加附件，方便在需要的时候快速打开全文。EndNote 支持任意的附件格式（用户也可以添加多个附件），比如常见的 PDF、Word 文档等，当然还有文件夹、URL 等。这样，文献题录信息就会与用户的全文信息关联在一起。添加了全文附件的题录，可以在"题录相关信息命令"栏看到一个回形针标志，点击回形针，表明该题录链接有全文。

如果没有全文，可以通过在题录上点击右键选择【Find Full Text】来查找全文。如果能够下载到全文，全文就会和题录自动关联。

5. 数据库的备份　EndNote 提供了数据库的导出功能，在导出时可以选择不同的格式。具体方法选择菜单【File】然后选择【Export】；还可以通过【Compressed Library】将题录导出为压缩库。

6. 同步功能　EndNote 是一个单机版软件，与它对应的还有 EndNote Web 版。EndNote Web 版需要在 www.webofknowledge.com 网站免费注册一个账号，然后下载 EndNote Web 版并且安装。Web 版和单机版的使用方法基本相同，主要区别是 Web 版将用户的文献题录信息存放在远端服务器，而单机版将用户的文献题录信息存放在本地计算机。两个版本适用于不同的场景，单机版在没有网络连接的情况下还可以阅读和引用自己收集的文献资料，但缺点是在更换电脑后比较麻烦，需要将自己的数据拷贝转移。Web 版不存在这个问题，只要能够联网，在任何电脑上都可以使用自己的文献题录信息，但缺点是必须联网。为了解决以上问题，用户可以将单机版和 Web 版数据进行同步，使 Web 版和单机版上的题录信息保持一致。同步方法如图 9-6。

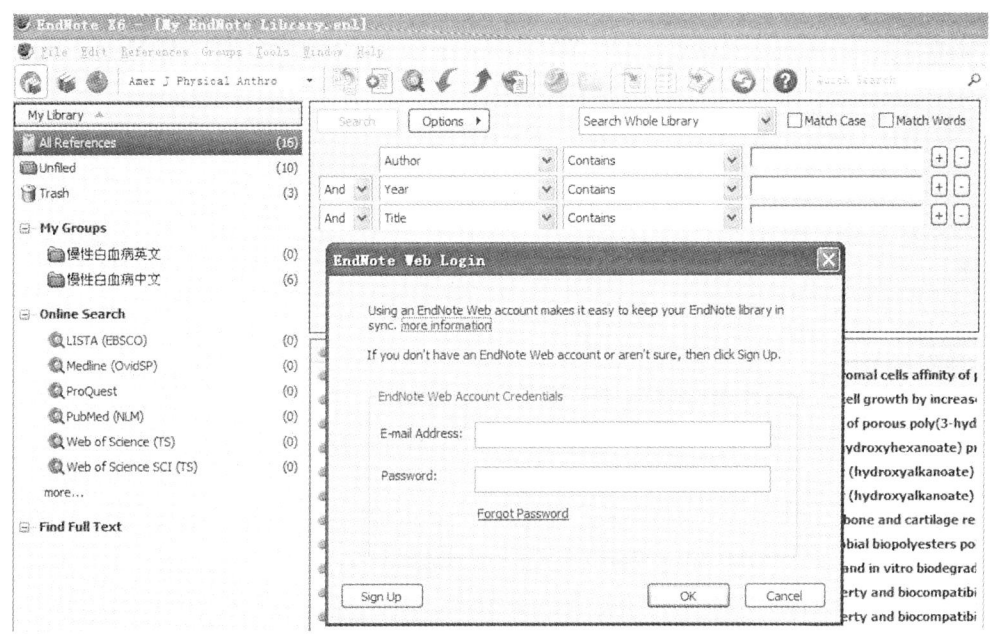

图 9-6　EndNote 和 EndNote Web 数据同步

图 9-6 中有一个同步按钮，点击后会弹出一个对话窗口，要求输入 E-mail 地址和密码，这两个就是前面申请的 EndNote Web 版账户和密码。输入用户名和密码后，单机版和 Web 版的数据就会完全同步。

7. 统计分析　同 NE 软件相同，EndNote 也提供了简单的文献统计功能。在 tool 菜单中有一个 subject bibliography 选项，选择后就可以根据作者、期刊、年代等字段进行统计分析。

8. 使用论文模板　EndNote 中内置了近 200 种英文期刊论文模板，在 tool 菜单栏有 manuscript templates 选项，选择需要的期刊模板就可以开始撰写论文。

9. 样式和过滤器的导入　针对不同期刊参考文献格式，EndNote 制定了不同的样式。有时当需要软件中没有的样式时，样式的获取方式有两种：一种方式是在网上下载，另一种是在 edit 菜单栏新建样式。当在网上下载好样式后直接将样式文件拷贝在下面这个目录 D：\ Program Files \ EndNote X6 \ Styles。根据软件安装路径不同，上面路径应该做相应的变化。

针对在线检索不同数据库，EndNote 制定了不同的数据库过滤器。当从数据库导入题录时没有对应的过滤器，过滤器的获取方式有两种：一种方式是在网上下载，另一种是在 edit 菜单栏新建过滤器。当在网上下载好过滤器后直接将过滤器文件拷贝在下面这个目录 D：\ Program Files \ EndNote X6 \ filter。根据软件安装路径不同，上面路径应该做相应的变化。

EndNote 提供了三种术语列表：作者、期刊、关键词。这三个列表中作者和期刊列表是最重要的。作者列表中提供了作者的缩写格式、作者之间的分隔符以及从第几个作者进行省略。期刊列表提供了不同期刊名称的各种缩写格式。软件自带的术语列表是不全的，这就是用户经常遇到的本来想要插入的参考文献期刊名称为缩写，但是总是期刊的全称，原因就是术语列表中没有相对应的期刊缩写。

术语列表的获取方式主要是在网上下载。当在网上下载好术语列表后直接将术语列表文件拷贝在下面这个目录 D：\ Program Files \ EndNote X6 \ Terms Lists。根据软件安装路径不同，路径应该做相应的变化。

（三）自动编排论文或书籍的参考文献

使用参考文献管理软件的一个目的是管理需要阅读的文献题录信息和全文，使之更清晰化、条理化并且容易做笔记和标注；另一个目的是在撰写论文或书籍时能够很方便地将阅读过的文献引用为自己论文的参考文献。

安装完 EndNote 后，在 Word 字处理软件中就会多出一个 EndNote 菜单项。如图 9-7 所示（Microsoft office2010 和 EndNote X6 的截图）。

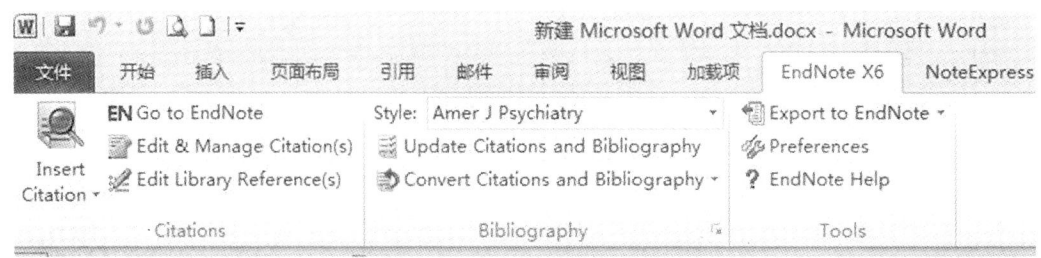

图 9-7　EndNote 在 Word 中的工具栏

Insert Citation 表示插入在 EndNote 中选中的引文；EN go to EndNote 表示 EndNote 和 Word 之间的切换；Edit&Manage citation（s）表示编辑 Word 文件中的参考文献；Edit Library Reference（s）表示编辑 EndNote 库中的引文。Style 是一个选择项，可以选择 EndNote 提供的各种英文期刊论文格式，选择好对应的格式后点击 Update Citations and Bibliography，就会将论文格式化为指定期刊的要求。Convert Citations AND Bibliography 和 NE 中的去除格式化作用相同，是去除参考文献带有的域代码，使之成为普通文本。切记在转换之前保留原来带有域代码的副本。

（四）常见问题

问题 1　已有文献如何批量导入 EndNote？①手动输入，既可以打开 EndNote 新建文献，逐条输入信息，也可以把信息直接录成规范的 txt 文件，自制 filter 导入；②通过 EndNote 的在线检索功能，输入关键词重新检索，将检索结果导入 EndNote。

问题 2　如何改变期刊的输出格式，使得文献页码只保留起始页？更改期刊的 output styles，在 Page numbers 选择 show only the first page number。

问题 3　学位论文库数据如何导入 EndNote？①西文学位论文数据库常用的是 ProQuest，但是一定要选择文摘数据库，选中文献后点击 Export 可以直接把文献导出到 EndNote 中。②中文学位论文库常用 CNKI，需注意通过网址 www.cnki.net 进入；保存 EndNote 形式文本，选择 EndNote import 过滤器；选择 UTF-8 文字编码格式。

问题 4　图书信息怎样录入 EndNote？①手工录入；②通过 www.worldcat.org 查找导入；③通过 Google Scholar 查找导入。

问题 5　全文怎样和 EndNote 关联？①选中记录右键添加附件；②通过找全文的功能添加附件（注意不要过量下载）。

问题 6　脚注文字如何插入，如何编辑？在 Word 中插入脚注，在 EndNote 中编辑 output styles 的 footnotes 部分，可以选择类似引用格式、参考文献格式或者自编格式。

问题 7　期刊的全称简称怎样互换？①如果文献记录中已有期刊的简称，直接编辑 output styles 的 journal names 选择一种简写形式，通常是 abbreviation；②如果文献记录中没有期刊简称，可以通过 term list 的功能直接导入 EndNote 自带的期刊全称或简称。具体操作是：tools→open term list→journal term list→lists，然后选择 import lists，到"安装"目录下的 term list 文件夹中选中本学科领域的文件导入。然后更改 output style 的 journal names 为 abbreviations。

问题 8　用 latex 写文章如何调用 EndNote 的文献库？使用 latex 系统写文章调用 EndNote 文献库时，文献库的文件为 *.bib 文件，先将 EndNote 的 library 以 Output styles：Bib Tex Export 的形式输出，另存为 bib 文件。

问题9 如何编制个性化的 output style？编辑期刊的 output style，包括：style 介绍、期刊的书写形式、页码形式、引用格式、参考文献格式、脚注格式、图表格式。其中引用格式 citation、参考文献格式 bibliography 和脚注格式 footnotes 的核心都是 templates 的编辑。可以到期刊网站上下载期刊的参考文献投稿要求，对照要求编写 template，可以选择一个类似的期刊 output style 格式加以修改。

以文后参考文献格式 bibliography 为例：①打开 template，黑体字为 reference type，可通过点击 reference type 添加，如 book、journal article 等；②每个 reference type 下是该类型文献要呈现哪些字段和字段具体格式的描述，可以通过点击右边 insert field 添加字段；字段具体格式如 author、title 等可以通过上方工具条修改，可以更改显示格式为斜体、上标、下标、黑体、下划线等。③如果是修改现有的 style，可自行增删、移动字段位置。

问题10 边写作边引用中出现格式的问题，如何编辑文中和文后参考文献？参考文献格式更改可以通过修改 output style 实现，引用过程中 citation 修改通过 edit citation 实现，切忌直接删除。文献引用完成要投稿时需去掉域代码，这个过程不可逆，切记要保存一个留有域代码的版本，以便日后改投其他刊物时再修改。

问题11 如何与 NoteExpress 及其他文献管理软件之间的数据互相导入？NoteExpress 的文献可以通过 EndNote 格式的 Export/Import 实现，如果其他文献只要是 RIS 格式都可以直接互相导入。

问题12 EndNote 与 EndNote Web 如何共享文件？可以在 EndNote 左边导航栏 EndNote Web configuration 中构造 EndNote Web 的账户名和密码，构造好后 EndNote 就可以与 EndNote Web 互相共享数据。

问题13 EndNote 下载安装过程中出现的问题，如 Word 中没有出现 EndNote 工具条怎么办？①选择菜单视图—工具栏看是否 EndNote 工具被选中。②选择工具—模板和加载项看 EndNote 文件（EndNote Cwyw.dot）是否被正确加载。如果没有加载，选择路径 C:\Documents and Settings\［USER NAME］\Application Data\EndNote 加载文件。③选择工具—选项—文件位置—启动看文件是否被安装在路径下 C:\Documents and Settings\［USER NAME］\Application Data\Microsoft\Word\Startup；如果没有正确安装，关闭 Word，打开 EndNote 安装程序，拷贝两个文件 N10CWYW.dot；EN10Cwyw.WordXP.wll 至路径下。

四、NoteExpress 和 EndNote 的对比分析

NoteExpress 和 EndNote 是两款功能相近的文献管理软件，使用方法基本相同。用户只要掌握其中一个就能够满足工作学习需要。下面列出这两者之间的一些细微差别，用户可以根据自己的需要选择一种。两个软件的区别见表 9-1。

表 9-1 NoteExpress 和 EndNote 的区别

功能	NoteExpress	EndNote
系统支持情况	支持 Windows 不支持 Mac、Linux、Unix	支持 Windows、Mac 不支持 Linux、Unix
支持字处理软件	支持 Microsoft Word、OpenOffice 不支持 RTF 扫描	支持 Microsoft Word、OpenOffice、RTF 扫描
pdf 内容抓取	不支持	支持
题录共享	不支持	支持

第九章 文献信息的管理与分析

第一节 文献信息的分析

一、为什么要进行文献信息分析

对于用户来说，除了掌握快速的收集信息和有效管理信息的能力之外，还需要有一定的信息分析能力。譬如，检索某个研究方向，结果文献有上千篇，此时用户该如何对待这些文献？精炼检索条件很可能会导致有价值的文献被排除在外。在交叉科学盛行的今天，如果想了解其他领域的进展情况，由于缺乏相应的专业知识，如何判断哪些文献是有重要参考价值的文献？这些问题的解决都需要用户具备一定的文献信息分析能力。

通过文献信息分析可以帮助用户：①更快找到自己需要的资料；②处理大量信息；③从不同角度发现新的信息。

二、文献信息分析的工具

文献分析有很多方法，如引文分析、聚类分析、引文耦合等。这些方法使用比较复杂，但可喜的是已有成熟的软件实现了这些方法，用户直接使用这些软件就可以进行文献分析。目前，文献分析软件较多，如 RefViz、HistCite、TDA、Citesapce、OmniViz、Biblioscape 等，这些软件有的是基于内容分析，有的是基于引文分析。例如，利用 RefViz，用户能得到所有文献的概览，然后深入了解感兴趣的主题。当获得这些主题较深的知识后，能找出谁正工作在所关注的领域；利用 HistCite 能够快速掌握某个研究领域的发展历史及现状。此外，还有分析研究前沿的 Citespace 等。由于篇幅所限，本节挑选了两个比较简单且实用的软件 RefViz 和 HistCite 进行介绍。

三、RefViz

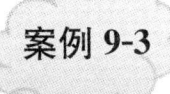

案例 9-3　某科研工作者刚开始一项新的课题研究，收集了数千篇与本课题相关的文献，通过什么方法可以迅速从这么多的文献中找出与课题最相关的文献？

（一）RefViz 介绍

RefViz 可以帮助用户分析、组织和管理大量的文献。它通过采取与用户阅读文献类似的方式，即通读所有文献、找出关键信息，然后进行归类，并以可视化的图形方式将归类的结果展示出来，可以帮助用户发现研究热点，找出文献间的相互关系，快速了解某一领域的整体情况等。因此，该软件可以帮助用户确定研究方向，开拓研究思路，寻找新的解决方案和突破口等。

（二）RefViz 工作原理

RefViz 处理文献的方式与用户平时阅读文献的过程类似：把一类文献全部找来，逐一阅读文章标题以及摘要，然后根据主题内容的不同分成若干类。

RefViz 处理一批文献时，也是通过 reading—finding—dividing 的过程。RefViz 首先阅读文章的标题和摘要。与其他的软件不同，RefViz 并不是单纯通过词频来统计，而是通过一种数学模式找出哪些词是最重要的，哪些是次重要的，哪些是无关紧要的。然后，利用这些最重要的词和次重要的词对每篇文章进行标识，再通过标准的聚类方法将这批文献分成若干组（group）。RefViz 分组后并不像用户日常那样将每组文献再建一个文件夹，而是通过图示的方式将这些组的文献根据相互间的关系呈现出来。每个文件夹图标表示一组文献，每组文献之间根据相互的类似程度进行排列。图标的大小代表文章数的多少，分布的位置靠得越近，内容越相似。从图9-8还可以看出，左边的文件夹比较密集，说明这些方面的文献较多，是这批文献中研究的热点方向。如果用户通过传统的方法建立多个文件夹，不通过详细阅读文件夹的内容是无法发现相互间的关系的，甚至连每个文件夹中文献的数量也得打开文件夹才能知道。

RefViz根据文章的内容快速将一大批文献分成若干亚类，并且将每组文献根据主要的关键词汇做上标示，就像用户把每一叠文献写上标签一样。在图9-8中当鼠标经过每个文件夹的上方，都会显示出一个浮动窗口，这种方式便于用户快速了解其中的内容。

当一批文献经RefViz分类完成之后，还可以通过一系列工具去影响它的分类。如通过调整major topic，或者定义同义词（thesaurus）等，可以实现交互式的分类。当然，也可以通过辅助工具找出某些概念之间的相互关系，以及与某篇文章相关的其他文献等。

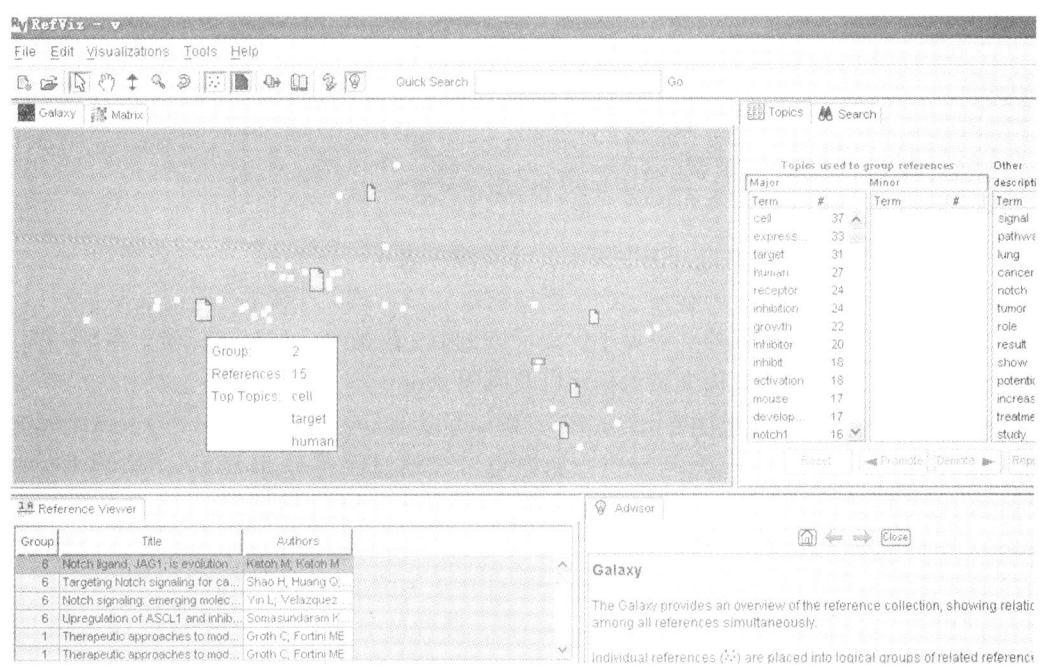

图9-8　RefViz界面

（三）基本功能

1. 数据来源　可供RefViz进行分析的文献信息有三条来源途径：一是通过RefViz直接联网检索；二是对文献管理软件已经建立的数据库进行分析；三是通过一些预存的文本文献信息或通过格式转换过来的文献信息。RefViz分析的结果有两种展示方式：Galaxy视图和Matrix视图。

2. 界面介绍　RefViz是Thomson ISI Research Soft和OmniViz公司合作推出的一款可视化文本分析和数据挖掘工具，主页面有四个窗口：视图窗口（Galaxy/Matrix）、主题/检索窗口（Topics/Search）、参考文献浏览窗口（Reference Viewer）和顾问窗口（Advisor），见图9-9。它根据统计模型，用标准的数学聚类算法对文献进行分析，并以可视化的形式显现出来，供用户研究。

第九章 文献信息的管理与分析

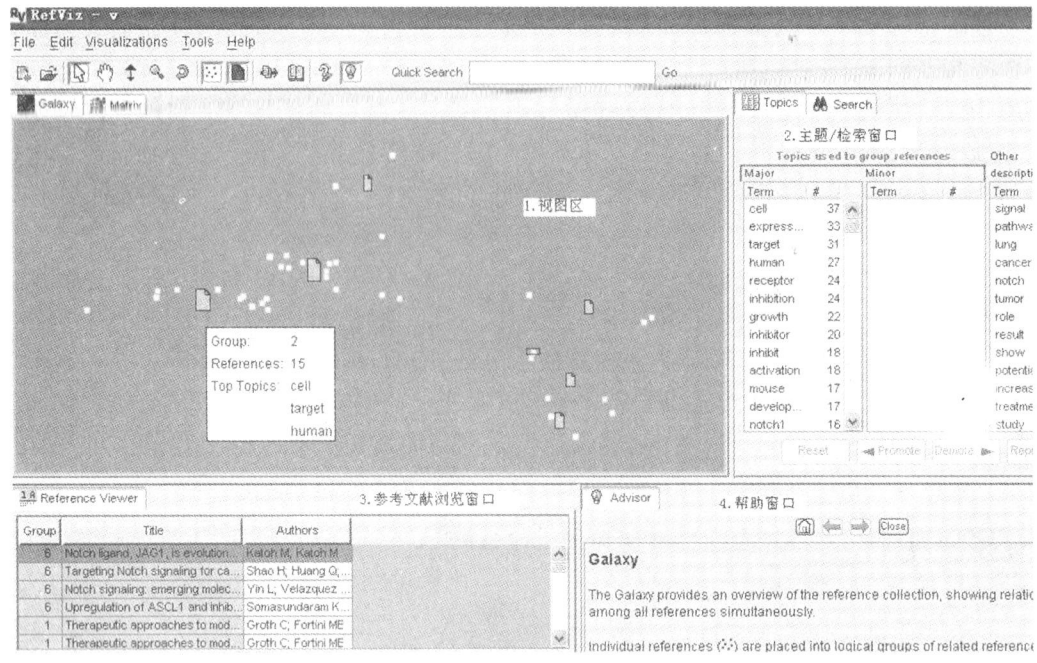

图 9-9　RefViz 主界面

RefViz 分析结果的显示窗口，图中每个文件夹图标表示一组文献，每个点表示一篇文献。如果鼠标移到每个文件夹上方，会显示一个浮动窗口，显示该文件夹的序号、文献数目以及本组文献讨论的主要关键词。文件夹的大小代表了该组中文献数量。如果鼠标停留在某一篇文献的上方，浮动窗口会显示出这篇文献的标题以及所属 group 的号码。

Topic 包含 RefViz 用于分类的 major topic 和 minor topic，以及 descriptive terms。RefViz 依据 major topic、minor topic 进行分类。用户也可以通过调整 major/minor 影响 RefViz 的分类。

Reference viewer 是文献信息显示窗口，这里列出了所有被选中的文献信息，通过点击各个栏位进行排序。双击每条文献会在新的窗口中打开这条记录的详细信息。

Advisor 适合初学者了解软件功能，可以通过快捷菜单 7 中的最后一个按钮关闭。

3. 软件操作　选择 File-new view，在 create new view 子窗口选择 searching database（s）using reference retriever。

如果检索结果超过 32000 条，需要删除部分数据库，或限制检索年代，或精炼检索条件等，使总的文献数少于 32000 篇；如果少于 5 条，也是不能用软件进行分析的，需要用宽松的条件检索，并确认数据库设置正确。如果对检索到的信息满意，在 view name 中输入视图名，点击 retriever 开始下载检索到的文献。文献下载后，会自动去除没有标题的题录，自动移除没有摘要的文献（这是默认设置，也可以在 View Creation Preferences 中修改）。

4. Galaxy 视图　Galaxy 显示的是所有文献分类的结果，表示的是一组文献，单个的小点表示的是具体某一篇文献。图标的大小表示文献数目的多少，图标间相对位置表示了每组文献间的关系。如果两个组比较靠近，说明它们讨论的内容有相似之处。在每组文献中，如果每篇文献讨论的内容比较集中，这些文献对应的点分布也会比较集中；如果某些文献除了与这组相关，还与另一组文献相关，这篇文献就会趋向在两组中间的位置分布。当然，也可以通过对视图缩放来关注某一局部的信息。

5. Matrix 视图　Matrix 显示的是 group 和 major topic 之间的关系，或者显示 major topic 相互间的关系。每行显示的是每组中三个 major topic，每列显示的是用于区别每组文献的 major topic。方格中的颜色代表了 major topic 与 group 的相关性。红色表示正相关，蓝色表示两者没有相关性。

在 matrix 窗口的下方，有三个选择框。Color by：Relevance，表示图中的颜色代表相关性，靠近选择框的颜色条表示不同颜色所代表的含义，如果此选择框中选择 counts，方框中的颜色将代表文献数量的多少。Order：Alphabetical 表示 major topic 和 group 均按字母顺序进行排序；如果选择 similarity 将按相似性进行排列，会发现类似的 major topic 将排在一起，这将有利于快速找出文献之间的相互关系。Rows：groups，表示行代表的是 group，可以选择 major topics，那样每行将代表 major topic，此时可以用于快速浏览 major topic 之间的相互关系。

6. 创建子视图　通过 RefViz 对一批文献进行分析，可能发现其中只有一部分与特定目标相关，对这部分文献再进行分析，有助于深入理解特定主题的相关信息。首先选择感兴趣的文献，依次点击 File→Create Subset View…，RefViz 可以对这部分文献进行分析。可在弹出的窗口中对新的视图进行命名。

（四）应用案例

案例 1　利用关键词 Notch Signaling Pathway 在 PubMed 检索，共检索到 739 篇文献，利用 RefViz 进行分析，如图 9-10。

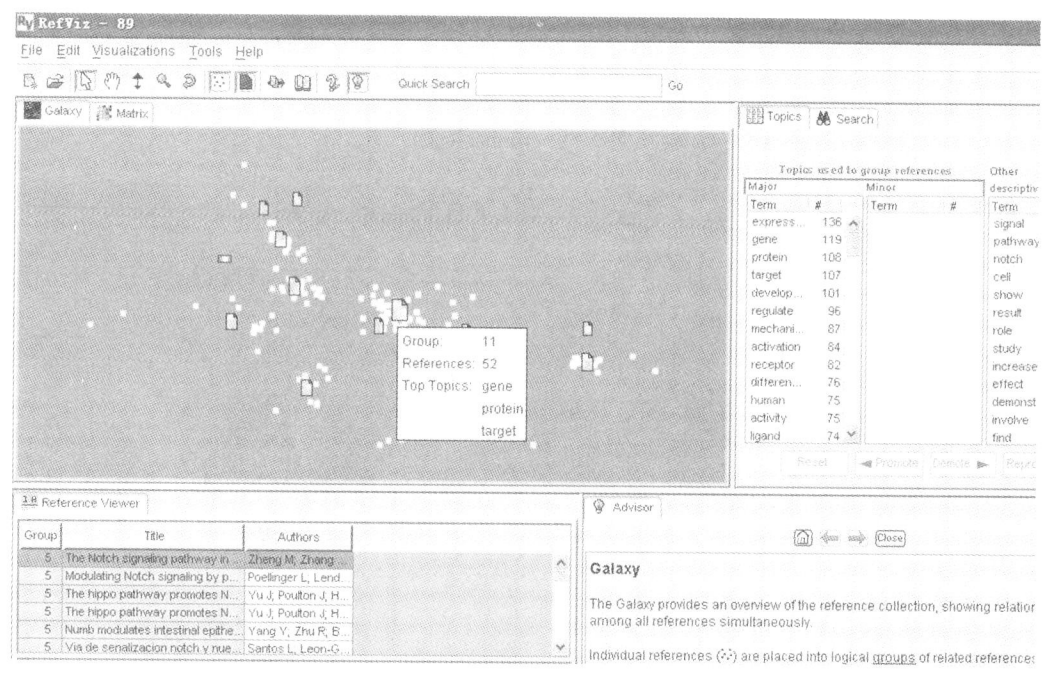

图 9-10　Galaxy 视图

图 9-10 显示为 Galaxy 视图。对 739 篇文献进行了分类，每一个文件夹表示一组，文件夹越大表明该组含有的文献越多。当鼠标悬停在文件夹上时会显示该组的组号、文献数量、主题词。当点击某个文件夹时，该组文献会显示在 reference viewer 窗口。双击 reference viewer 中的某一条文献，就会弹出一个独立窗口显示该文献的详细信息。Galaxy 视图右边显示分类的主题词。同样，点击某个主题词就会选中对应的视图中的文件夹。用户可以根据自己的意愿调整主题词的顺序，对应的视图也会发生改变。通过视图用户能够快速从大量文献中掌握研究热点。

案例 2　对案例 1 检索结果以 Matrix 视图的形式显示，如图 9-11。

图 9-11 中，横坐标代表主题词，纵坐标代表不同的组。纵横坐标的交叉点表示了主题词和该组的关系强弱，关系的强弱用颜色表示，红色表示关系最强。在浏览完 Galaxy 视图后，再分析它的 Matrix 视图，就能很快了解该组文献最重要的主题概念。图中组 1 和主题词 leukemia、ligand、mutation 和 inhibit 等交叉点为红色，说明关系最紧密。

案例 3　检索 *Nature* 杂志 2010 年论文，共查到 2640 篇文献。分析 Galaxy 视图，见图 9-12。

第九章 文献信息的管理与分析

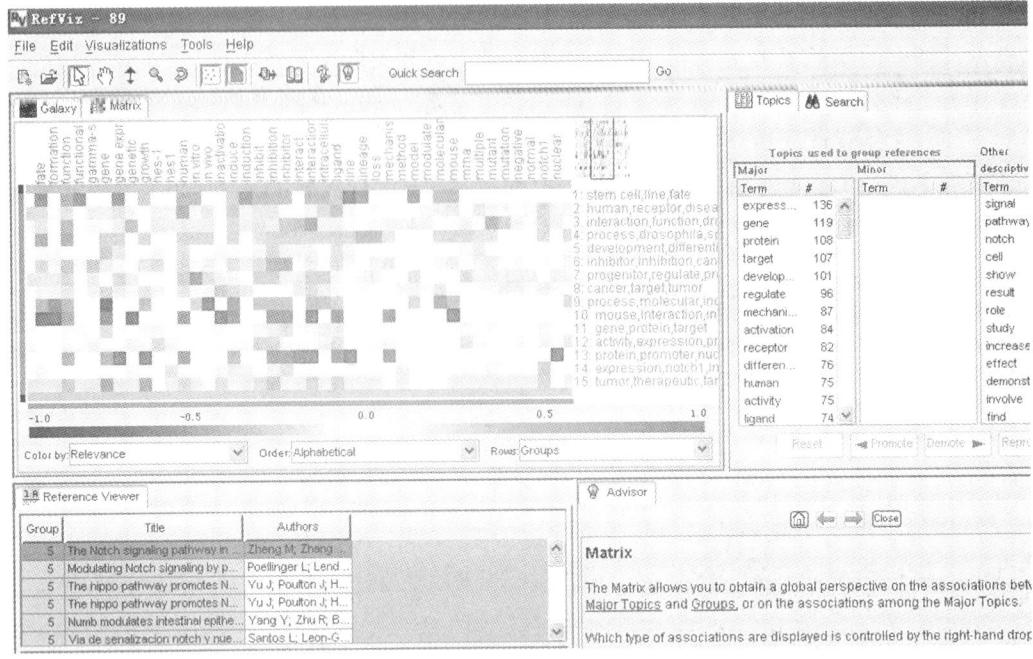

图 9-11 Matrix 视图

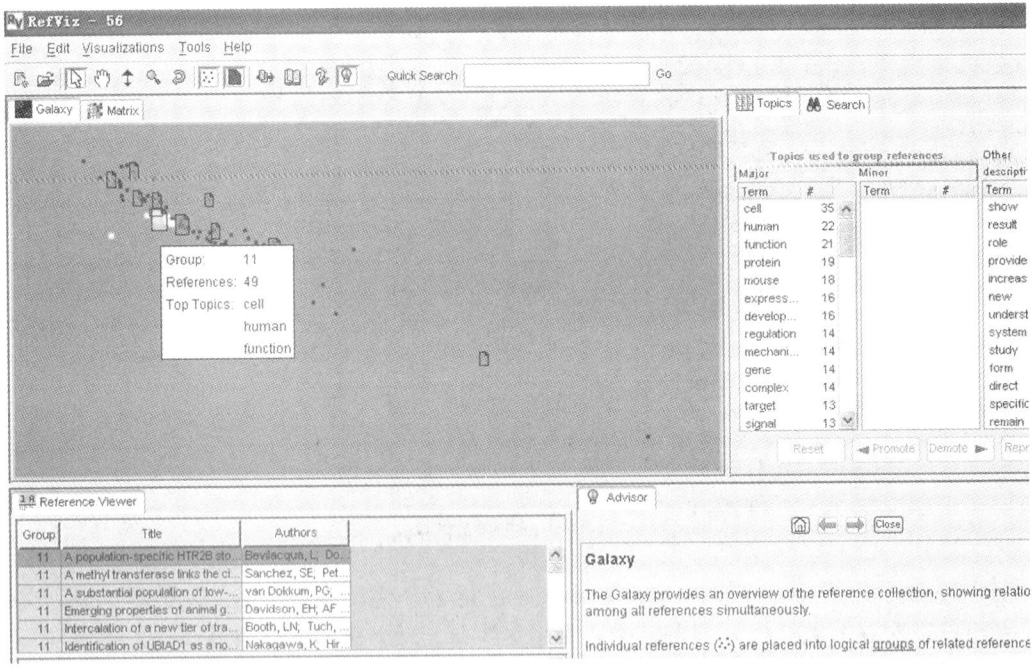

图 9-12 *Nature* 杂志 2010 年论文 Galaxy 视图

从图 9-12 可以看出组号 11 文件夹最大，包含的 150 篇文献，主要内容为 cell、signal 和 mouse。用户能够很快从图 9-12 看出国际顶端期刊研究热点问题。

四、HistCite

某科研工作者在进行一项课题研究，收集了数千篇与本课题相关的文献。怎样从这么多的文献中快速掌握该研究领域发展的历史轨迹及分支情况，并且从这些文献中找出最核心的文献？

（一）HistCite 介绍

HistCite=History of Cite，意味引文历史，或者叫引文图谱分析软件。该软件系 SCI 的发明人加菲尔德开发，其作用在于通过图示的方式展示某一领域不同文献之间的关系，从而为广大的科研人员、各研究所和大学的科研管理部门和图书馆人员提供一种便捷的工具，指导他们如何从众多的科学文献资料中找出各个学科本身，以及学科之间的研究历史轨迹、发展规律和未来趋势。HistCite 的主要作用是对文献搜索的结果进行分析和组织，从而了解各个学科发展的峰谷趋势、历史重大事件，以及各大学、研究所及作者的科研文章的产出数量等，并根据结果进一步做出其所需拓扑图表。

（二）功能特色

1. 可根据搜索结果中的关键文献条目的频率分布，获知某个作者、单位或期刊在搜索结果中出现的频次。

2. 可根据搜索结果勾画出众多文章出版的时间图，获知某个学科领域的峰谷时期。

3. 可根据搜索采用的单词在文章题目中出现的频次，获知某个国家或研究单位的文章产出量以及许多其他的趋势分析。

4. 可根据搜索去研究文章之间的引用关系，易于用户确定引用最多的文章、作者、单位及全球分布规律，从而得知谁是该领域的引领人物，是什么研究结果影响着这个领域的发展走向。

5. 可根据自动生成的某次搜索结果做出文章之间的引用关系图表。这些拓扑图表，也称为历史图，它显示了某个专业领域内的关键事件，以及它们之间的年代顺序及相互影响，从中让用户对某个主题的历史发展有个快速、深刻的了解，并对撰写某个主题历史的作者有很大的帮助。社会工作者和历史学家也可以根据这些客观的数据确定他们的观点。

（三）HistCite 操作和相关概念

1. 基本操作

（1）软件下载与安装：从 HistCite 网站下载软件，安装之后，点击 HistCite 图标即可开启软件。软件打开后的窗口类似 IE 的界面。

（2）数据的获取：HistCite 目前用于分析的文献信息只能来源于 Web of Science 数据库。用户在该数据库进行检索后，第一步，在页面的底端选择需要导出的数据记录。由于 Web of Science 目前只支持每次导出 500 条记录，如果检索结果超过 500 条需要分多次导出。第二步，选择导出的文献记录之后，一定要选择输出全记录，并且要包含引文信息。第三步，将需要的文献保存成文本文件。一般来说，如果文献记录少于 500 条，分析的意义不是很大。合适的数据量一般在几百到几千条记录之间。

从 file 菜单下点击 add file，导入上述保存的数据；如果有多个文本文件，可以重复执行导入。

（3）数据分析：数据导入后，软件会自动进行分析。初学者可以不去追究各种按钮的含义。在 tool 菜单下，选择 graph maker，然后在新的界面点击左上角的 make graph 按钮。软件会根据默认的条件做出一张引文关系图，来展示当前数据库中重要文献之间的关联。

（4）读图：做出图之后，理解图谱才是关键。一般默认会画出 30 篇文献之间的关联。图上有 30 个圆圈，每个圆圈表示一篇文献，中间有个数字，是这篇文献在数据库中的序号。圆圈的大小表示引用次数的多少，圆圈越大表示受关注越多。不同圆圈之间有箭头相连，箭头表示文献之间的引用关系。多数情况下，你会看到最上面有一个圆圈较大，并有很多箭头指向这篇文章，那么这篇文章很可能就是这个领域的开山之作。

2. 相关概念　将数据导入到软件之后，文献会自动排列在软件的主界面。文献的排序方式可以按日期、杂志或作者进行排序。文献记录的上方还有一些蓝色字体的按钮。这些词都是可以点击的,并进行相应分析。如点击 authors,软件会列出所有作者,并将每位作者的文献数、引用次数等信息列出来。

在默认窗口的右侧,有 GCS、CR、LCS、LCR。下面分别解释一下这几项功能。

GCS 表示 global citation score,即引用次数,也就是用户在 Web of Science 网站上看到的引用次数。如果点击 GCS,软件会按照 GCS 进行排序。此时的结果与用户在 Web of Science 网站按被引频次排序的结果是一样的。

CR 表示 cited references,即文章引用的参考文献数量。如果某篇文献引用了 50 篇参考文献,则 CR 为 50。这个数据通常能帮助初步判断一下某篇文献是一般论文还是综述。

LCS 表示 local citation score,即本地引用次数。与 GCS 相对应,GCS 是总被引次数,LCS 是某篇文章在当前数据库中被引用的次数。所以 LCS 一定是小于或等于 GCS 的。

一篇文章 GCS 很高,说明被全球科学家关注较多。但是如果一篇 GCS 很高,而 LCS 很小,说明这种关注主要来自与用户不是同一领域的科学家。此时,这篇文献对用户的参考意义可能不大。例如,2003 年发表在 *Nature* 上的两篇文章 p1(GCS:580,LCS:12)和 p2(GCS:36,LCS:24),第一篇文章 GCS 很高,LCS 很低,说明关注这篇文章的绝大部分作者与用户关注的方向不同;而第二篇文章虽然 GCS 较低,但 LCS 比第一篇要高,即很多引用 p2 的文章都在当前数据库,也即与用户的研究方向相关。所以,p1 与 p2 相比,p2 应该更贴近用户的研究方向,参考价值更大。

LCR 与 CR 对应,即 local cited references,是指某篇文章引用的所有文献中,有多少篇文献在当前数据库中。如果最近有两篇文章,p1 和 p2,都引用了 30 篇参考文献,其中 p1 引用的 30 篇文献中有 20 篇在当前数据库,p2 只有 2 篇文献在当前数据库。此时,p1 相对更有参考价值,因为它引用了大量和用户的研究相关的文献。

根据 LCS 可以快速定位一个领域的经典文献;根据 LCR 可以快速找出最新的文献中哪些是和自己研究方向最相关的文章。

(四)解读分析图

除了可以用上面四种指标 GCS、CR、LCS、LCR 对文献进行分析外,HistCite 还可以生成文献之间的引证图,如图 9-13、图 9-14。

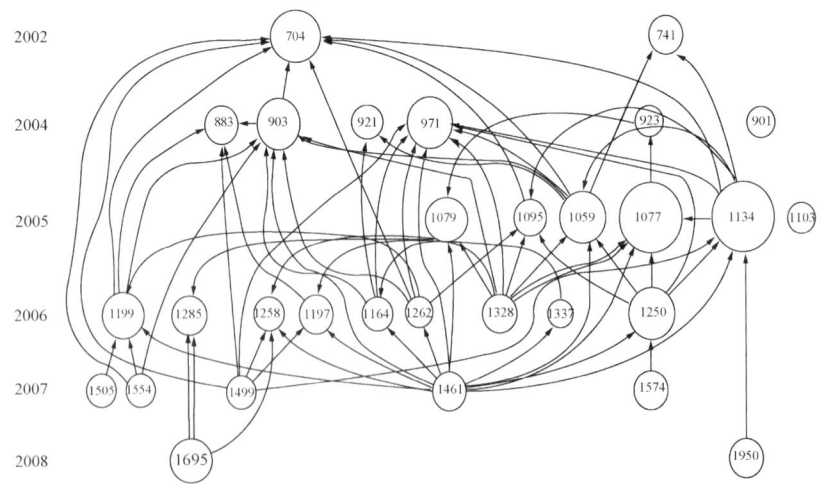

图 9-13　HistCite 引证文献图

从图 9-13 可以看出 704 这篇文献应该是一篇开创性的工作,或是一篇重要的综述。后面的 1077、1134、1059 这三个圆圈较大,说明这几篇文献受到广泛关注,具有较重要的地位。

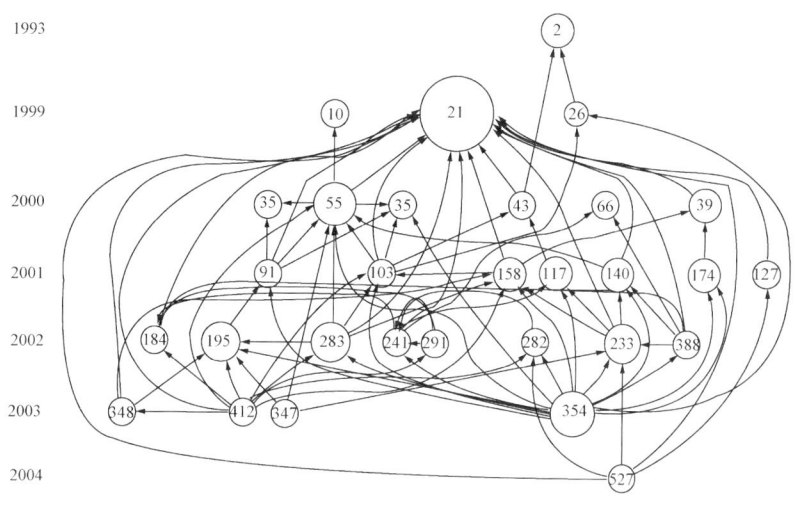

图 9-14　HistCite 引证文献图

图 9-14 表明 1998 年发表的文献 2 为该领域的首篇文献，1999 年文献 21 为该领域的实质性的开篇之作，为该领域经典文献，后面的文献基本都引用了该篇文献。21、55、233、195、282 和 354 都为该领域核心文献。

注意：该软件只能对 Web of Science 来源数据分析。所要分析的数据不能保存在电脑桌面，可以保存在其他盘符下，并且路径名不能有中文字符。

第三节　文献信息的利用

一、科研选题

人类在不断认识客观世界、改造自然和改造社会的实践中，在物质文明和精神文明建设以及为之服务的科学实验等活动中，均以首先取得信息为前提。没有信息的行为是盲目的行为，而盲目的行为是注定要失败的。换言之，信息的及时性和准确性如何，在很大程度上决定着科学研究工作的成败。科研选题也不例外，它关系到科学研究的方向、目标和内容，直接影响着科研的途径和方法，决定着科研成果的水平、价值和发展前途。科研选题恰当与否，对课题的中标及课题研究工作的实验进展都有直接影响。怎样提高科研选题的正确性，降低风险性，提高课题的中标率，是科研人员科研选题过程中的关键问题。

（一）选题的意义

科研课题按研究的性质可分为指令性、指导性、委托性和自选性课题。科研选题要根据选题的原则、程序，确定研究的具体科学技术问题。随着科技体制的改革，竞争机制的引入，科研项目按照"自由申请，同行评议，公平竞争，择优资助"的原则，推行招标、基金、合同制。因此，选择好科研课题，确定好主攻方向是科学研究工作中具有战略意义的首要问题。

首先，恰当的选题可以避免科研工作的重复劳动。当一个研究项目尚未决定是否上马之前，首先必须充分掌握和分析有关信息，了解国内外该领域已取得的成果、研究水平和发展动向。调查研究该项目在国内外是否已经研究过？目前取得了哪些成果？达到了什么样的水平？有哪些经验教训？攻克哪些关键难题？是在别人研究的基础上开始，还是另辟蹊径？而课题是否选得准确，又取决于对科技信息的掌握和分析是否准确可靠。如果没有信息的调研，就会情况不明，心中无底，难下决心，甚至可能选择过时的研究课题，重复别人已做过的工作，造成人力、物力和财力的浪费。例如，有的教师和一些科研人员，在科研开始阶段，不是系统地查阅文献，而是带有主观盲目性。有的科研项目在申报后再去查找文献资料，看看别人搞过没有，是不是先进，这样不仅浪费时间，而且可能造成大量的重复劳动。

其次，选题是科研工作的起始和出发点。只有选定了课题，才可考虑科研力量的组织、科研经费的申请等一系列工作。科研工作的真正开端就是课题的确定。大量事实证明，凡是有成就的科学家，他们所以能获得成功，其首要原因就是选题得当。大到国家级的研究规划，小到个人的学术研究活动，要想取得较大的成功，选题的正确与否是一个非常关键的因素。如果选题得当，方向正确，可以捷足先登，后来居上，突破一点，带动全面。而如果选题不当，方向有误，则可能久攻不克，或者事倍功半，得不偿失，甚至虚掷光阴，劳而无获。

（二）选题的原则

虽然传统的选题原则主要有需要性原则、创造性原则、科学性原则和可行性原则，且这几条原则基本上不分主次，相互并列，但现在人们更加重视实用性和创新性。实用性主要体现在科学技术要为经济建设服务，满足社会发展需要；创新性主要是要求科研选题内容能开拓新领域，提出新思想、新理论，采用新设计、新工艺、新方法等。

对于创新，有人将其分为两种类型：一是根本性创新，它带有突破性；二是增量性创新，它带有改进性。也有人将其分为理论创新、观点创新、应用创新、方法创新等。衡量课题是否有创新，主要取决于选题的内容是否有开拓新领域，提出新思想、新理论，是否采用新设计、新工艺、新方法、新材料等。有一定的研究工作基础且具备一定的实验条件的，可从根本性创新入手；基本条件相对薄弱的可以从增量性创新开始，在前人研究工作的基础上，进一步深入研究，不断积累，以求突破。科研论证是科研选题的基础、前提，要确保科研课题的创新性，科研选题论证工作一定要充分。"没有调查就没有发言权"，要有创新性，先要了解现状信息，避免重复。

（三）选题的研究方向

科研课题是为解决一个相对单一的科学、技术问题而确定的科研题目，是科学研究的基本单元。它的主要特征是目标比较集中、明确，内容比较具体。课题的性质不同，科研经费来源的渠道不一样，对课题的研究具有不同的要求。例如，国家自然科学基金重点资助基础研究和应用基础研究工作，研究周期相对较长，注重课题的科学价值和创新性、科学性、先进性，特别是创新性。国家、省的各级部门的科学研究基金则侧重于资助应用和开发研究工作，研究周期相对较短，注重课题的先进性和实用性。因此，科研选题要把握正确的研究方向，一方面要适应科学技术总的发展趋势，符合科学技术发展的主流，要注意和"带头学科"、"新兴学科"、"前沿课题"等同步，尤其是前沿性课题，更是选择的焦点；另一方面要符合国家及各部门的需要。国家、各部门的要求是选题的指向，各级各类计划的指标、项目指南与意向性文件，是选题的方向。因此，科研人员既要认真了解各种计划的特点，掌握各种资助信息，站在学科的前沿，又要善于把客观需要同本学科、本专业的发展有机地结合起来，重视从学科交叉渗透之间选题。这样有利于形成新的学科、技术优势。在选择应用与开发课题时，要社会效益与经济效益并重。当然，选题不能只是简单地符合要求，还要体现出研究水平，做到起点水平要高，学术思想要新，立足现有信息，创造出新的信息。

（四）处理好国家目标与创新的关系

概括地讲，国家目标就是发展经济，提高国家的整体科技水平，增强综合国力。具体体现在国家的科技发展规划、计划或项目招标指南中，如973计划、863计划、国家自然科学基金项目招标指南等。选题要把注重在学科领域内创新与体现国家经济、社会和科技发展目标有机地结合起来。因为选题的准确与否，体现对科学发展趋势的了解与预测，体现对市场需求的预测，体现对国家经济、社会和科技发展目标的理解程度。只有把两者结合起来，才能真正说是选准了课题，瞄准了目标，同时又有创新，使自己的研究方向符合国家发展目标。

(五) 处理好前沿与自身特色的关系

科学研究的前沿是指已知与未知的界面。而特色是科学家们长期围绕一个主题的系列研究,并通过积累形成的传统性研究方向与专长。前沿要探索,特色不能丢。已经形成的传统特色研究方向可从前沿借用新的理论、手段和方法来解决当前课题面临的问题,进一步形成自己的优势和特色。即在现有特色基础上求创新,要赶超前沿信息,不脱离已掌握的信息。

(六) 处理好现有基础与创新的关系

现有工作的积累是创新的前提和基础,单从书本、文献上找热门课题,赶时髦是做不出开拓性工作的。选题要站在世界科技发展的潮流之中,要有专业的敏感性。有人认为,最好的选题不是现在的热点,而是在两三年后凸现出来的东西,这样的人才才有可能领导一个方面的开拓性工作,即既要看到当前信息,又要预测未来信息。

(七) 在学科的融合、交叉和综合中体现创新

学科交叉根据其交叉程度的不同,大体有三种形式。一是方法上的交叉,即借用其他学科的研究方法和技术手段来解决本学科的问题,得出单一学科无法得到的指标、数据和结论。二是不同学科、不同专业的研究人员互相结合,针对同一问题,从不同侧面去探求问题的本质和规律,这需要不同专业的研究人员进行广泛合作,共同对研究内容、研究方法和研究结果加以综合分析,以求获得整体性、综合性的结论。三是学术思想上的交叉、互融,用单一学科的理论基础和技术手段不能取得理论性突破,需要其他学科新理论的参与,共同设计研究方案的解决途径,达到学术理论之间的碰撞、互补和衔接,这也是深层次而应鼓励与支持的一种学科交叉。应提倡从多学科的融合中提出新问题,选出新方向,应改变那种只在本学科范围内选题的习惯。但在实际工作中,很多所谓交叉项目,往往只是一些方法上的交叉应用,真正从学术思路上交叉的项目少。严格意义上的交叉,必须从学术思想、预期目标、技术方法等方面实现结合,离开任何一个学科都不能完成既定目标,即要做好信息移植、嫁接。

(八) 选题要有特色

没有特色的项目一般很难获批。要想在研究方面形成自己的特色,一是科研选题与本单位和本人实际相结合,坚持从实际出发,进行科研选题,只有充分发挥自己的优势和长项,才能形成自己的特色;二是要确立超前的思路,在策划选题时既要立足于现实,更要把目标定在本学科的前沿上,做到人无我有,抢先一步,早抓快抓,独领风骚;三是要确立求异的思路,在同类选题中要同中求异,做到人有我新,加大选题的新颖性;四是要确立短线项目与长线项目相结合的思路,做到干着手中的,想着未来的,形成"生产一代,报批一代,研究一代,准备一代"的科研开发机制,始终保持科研工作的连续性和后劲;五是要确立改革开放的科研工作思路,加大外向型科研发展的步伐,加强与国内外有关科研机构和院校的协作,汲取他人的优势,提高自己的科研工作水平,发展自己的科研工作特色,即要有信息发展的系统性、系列性、远见性。

(九) 可行性论证

可行性论证是对拟选课题进行技术、经济、社会等方面进行的调查研究、分析计算,并依此对各种实施方案进行比较,从而得出实施项目的技术经济效益和社会效益的预测结果。它准确、翔实的数据和有说服力的论证为实施项目决策提供可靠的科学依据,从而保证所选项目在技术上先进可行,在经济上合理有利,并且或者具有较大的社会效益,即不但要了解科技信息,还要了解经济、市场信息。

一个科研项目从选题开始,就必须对其进行广泛的信息调研,在信息调研的基础上,详细论述其研究的现状、研究的意义、研究的条件、所解决的问题及解决问题的方案等,以使科研选题有的放矢,避免选题的重复性、盲目性。这是科研选题可行性论证的主要目的。

(十) 可行性论证的基础和方法

目前,我国众多的科研成果机构都具有科研选题可行性论证的能力。以高校为例,具有手段

新、文献信息全、科研力量强等特点。手段新,许多高校都有较先进的科研仪器设备。文献信息全,首先,许多高校都配备了高档次的多媒体计算机,并引进了相关的网络数据库和光盘数据库,还有相当一部分高校建立了计算机网络系统,不但建立了校园网,而且可进入全国性乃至世界性的信息网。网络化的信息手段为科研选题创造了良好的条件。其次,全日制高校大都有一定规模的图书馆,图书馆具有一定数量的文献资料,特别是专业书刊,可在一定程度上满足科研选题的需要。科研力量强,高校的教师,一般都有从事研究工作的专业知识,有较宽的知识面,许多都有丰富的科研工作经验。选题太宽泛、太大就会出现以偏概全、以部分代替整体的倾向。

二、科技查新

查新工作是中国特有的一项信息服务工作,它起始于1986年,当时卫生系统存在着科研重复、成果水平较低等问题,成果评审专家提议在科技成果鉴定之前由信息职能部门进行文献查新检索,其目的是衡量立项的意义、水准及成果评价的准确性和公正性。历经二十余年,查新咨询工作已在全国普遍开展,并纳入制度化的轨道。目前,查新工作主要由教育部科技发展中心主管。为确保查新质量,教育部科技发展中心于2003年5月14日发布了科技查新规范并定期对各级查新单位进行资格复审。

(一)查新定义及其作用

1. 定义　2000年12月,科技部发布的国科发计字[2000]544号文件,对查新是这样定义的:查新是科技查新的简称,是指查新机构根据查新委托人提供的需要查证其新颖性的科学技术内容,按照本规范操作,并做出结论。查新咨询工作顾名思义是查证某一课题的新颖性。新颖性是指在查新委托日以前查新项目的科技内容部分或者全部没有在国内外出版物上公开发表过。查新咨询与科研立项是密不可分的。

查新是文献检索和情报调研相结合的情报研究工作,它以文献为基础,以文献检索和情报调研为手段,以检出结果为依据,通过综合分析,对查新项目的新颖性进行情报学审查,写出有依据、有分析、有对比、有结论的查新报告。也就是说查新是以通过检出文献的客观事实来对项目的新颖性做出结论。因此,查新有较严格的年限、范围和程度规定,有查全、查准的严格要求,要求给出明确的结论。查新结论具有客观性和公正性,但不是全面的成果评审结论。这些都是单纯的文献检索所不具备的,也有别于专家评审。

2. 作用

(1) 查新是科研立项的基础:查新能为科研立项的可行性论证提供重要的文献依据。科技工作者在进行一项新的研究之前,首先应该了解该项目的可行性。为此,必须通过查新来掌握国内外在此方面的研究动态、研究方向、存在问题、目前的水平、发展趋势等,通过市场调查和预测了解该成果的推广应用价值,最后再根据本单位已具备的条件决定是否应开展此项研究。这样,可避免课题低水平重复,从而节省人力、物力、财力,减少科研重复浪费,提高科技投资效益。查新工作从信息角度保证了高水平、高起点、高质量。科技查新咨询部门是经过国家科技管理部门认证的具有查新业务资质的信息咨询机构,具有丰富的信息资源和熟悉这些资源的信息专家,能够快速和准确地提供某一课题最新的资料。

(2) 查新为成果鉴定提供客观依据:查新的目的是为专家评议提供全面、准确的客观依据。它可以有效地弥补专家评议之不足,提高成果评议水平,减少鉴定评奖的失准现象,促进科技管理的科学化和标准化,在一定程度上消除不正之风对科技管理和成果评价的干扰和影响。

(3) 查新是科研管理工作中决策科学化的一个支持系统:查新对提高科技管理与决策的科学化、规范化水平,增强科技投资效益具有重要意义。以前科研管理部门对某个项目是否应该给予经费资助,资助金额多少,是凭借多年的经验和专家们的建议。随着科学技术的飞速发展和学科的分散交叉,即使是某一学科的专家也很难跟上科学技术的快速变化,因此查新咨询工作更显示出其重要性。它能使科研管理者和专家们节约宝贵时间，能得到某学科研究现状、存在问题和发展趋势，从而判断这个项目是否资助与资助的力度。

（二）查新工作流程

查新工作包括查新委托、查新受理、文献检索、对比分析、审核、出具查新报告等。

1. **委托** 委托查新是查新咨询工作的第一步，也是关键性的一步，关系到查新人员与委托人能否就该课题创新点达成共识，能否尽快地、较准确地完成用户的查新委托，出具的查新报告是否符合实际和要求。因此查新委托人应当据实、完整地向查新机构提供查新所必需的资料，包括：①查新项目的科学技术资料；②技术性能指标数据；③查新机构认为查新所必需的其他资料。此外，查新委托人还应当尽可能提供下列查新所需要的资料：①参考检索词，包括中英文对照的查新关键词（含规范词、同义词、缩写词、相关词）、分类号、专利号、化学物质登记号等。关键词应当从查新项目所在专业的文献常用词中选择；②国内外同类科学技术和相关科学技术的背景材料；③参考文献，列出与查新项目密切相关的国内外文献（含著者、题目、刊名、年、卷、期、页），以供查新人员在检索时参考。

首先，委托人应仔细填写"科技查新合同"或"查新咨询检索委托书"，分别用中英文书写查新的课题名称、主题词或关键词。其次，提交完整的资料，包括课题设计书、科研总结报告或公开发表的论文及密切相关的参考文献。再次，书面论述课题的新颖点，即与前人的不同点及创新点，这是决定课题先进性、新颖性的重要条件。有的委托人在申报课题时，由于某些原因，如时间仓促、思考不周，会使课题的新颖性不十分明确。通过叙述课题的新颖点、创新点、着眼点，可帮助其进一步明确科研方向、研究方法，甚至修改科研内容。

2. **受理** 查新咨询受理人应根据教育部科技发展中心制定的《科技查新机构管理办法》和《科技查新规范》，判断待查新项目是否属于查新范围，查新项目所属专业是否属于本机构承担查新业务的受理范围；初步审查委托人提交的资料是否存在缺陷，是否符合查新要求；判断委托人提交的资料内容是否真实、准确；判断委托人提出的查新要求能否实现；确认能否满足查新委托人的时间要求；初步判别查新项目的新颖性。在认真审查后，双方经讨论和协商，在互相理解并达成一致后，签字以示正式委托和受理，并办理相应的手续。但有下列情况之一时，查新机构可以拒绝查新委托：①委托人不能明确列出查新题目下各个查新点；②委托人不能出具与查新内容相关的技术资料。

3. **文献检索与对比分析** 第一步认真审题，它实质上是将委托人根据信息需求而形成的概念转换成查新人员的检索概念，即检索词和检索入口。委托人的叙述（描述词）与课题实质性内容基本一致，即委托人概念与检索概念基本一致，审题比较容易。但更多的情况是委托人的描述脱离其实质内容，即委托人的概念与检索概念相距甚远。这与委托人课题内容不清、因保密或其他原因有意掩盖实质性内容、叙述的概念过大或用词不当有关，也与委托人的叙述人多用自由词，而检索大多用主题词有关。查新人员应通过与委托人交谈、请教专家、查阅书刊等，准确、全面地理解和把握科研课题的实质性内容，最后根据课题实质内容选择相应的主题词。审题除了要明确研究对象的内涵、外延以外，还应了解所采用的仪器设备、技术方式、工艺路线、所用药物、手术方式等内容，从中领会课题的实质内容，将其转化成检索概念，并参阅 MeSH 表、树状结构表，以确定主题词、类目及其逻辑组配。第二步确定检索文献的类型与检索的专业和时间范围。第三步选择检索工具，确定检索方法和途径。第四步实施检索，根据检索策略进行实际检索。第五步相关文献的分析对比，撰写查新报告。查新人员一般按照下述步骤完成查新报告：①根据检索结果和阅读的需要，索取文献原文；②对索取的文献，根据查新项目的科学技术要点，分为密切相关文献和一般相关文献，并将相关文献与查新项目的科学技术要点进行比较，确定查新项目的新颖性，草拟查新报告。

4. **审核** 审核员根据《科技查新规范》、相关文献与查新项目的科学技术要点的比较结果，对查新程序和查新报告进行认真审核。

5. 出具查新报告　查新报告是查新咨询工作的最终结果和形式，是查新机构用书面的形式就其处理的查新事务和得出的查新结论向查新委托人所做的正式陈述。经审核员审核，查新员和审核员共同签字后，可出具正式的查新报告。

小　结

本章主要介绍了几种文献管理软件的应用，通过学习这些软件方便了解文献信息的管理、分析和利用。当然要了解软件的详细使用情况，完全可以看软件自带的帮助。本章的主要作用是帮助读者在很短的时间内了解软件最重要的功能，能够运用该软件为自己的科研工作服务，而不是沉浸在软件的操作中。就像Office软件的功能非常多，但并不需要完全掌握，照样能够运用Office为自己工作服务一样。在文献分析一节参考了中国科技大学罗昭锋博士编写的《文献管理与信息分析手册》。由于该手册没有正式出版，不能在参考文献中列出，所以在此说明并表示感谢。

练习题

1. 当平时撰写中文论文，你应该使用哪种参考文献管理软件？撰写英文论文时，你应该使用哪种参考文献管理软件？
2. 如果你刚开始一项课题研究时，怎样用 RefViz 对大量的文献进行分析？
3. 如何利用 RefViz 分析课题研究热点？
4. 利用 HistCite 软件，你能分析出文献之间的哪些关系？
5. 在 HistCite 中，GCS 和 LCS 分别表示什么意思？哪个更能代表文献的重要程度？

第十章 医学论文写作

医学科研成果的主要表述形式之一就是医学论文,它是医学实验研究或临床实践的书面总结,是交流经验、传播成果,不断提高临床诊治和科研水平的重要部分。医学论文写作是医学研究工作的重要组成部分,撰写高质量的医学论文对推动科学事业的发展与进步有重要意义。

根据写作论文的目的、性质不同,医学论文可分为科研论文、学位论文、调查报告、综述与述评等。其中科研论文和综述论文是医学论文常见的两种类型。医学科研论文是一种研究型的学术论文,包括实验观察研究、临床研究、流行病研究或流行病学调查、回顾性研究、前瞻性研究、对照研究、随访研究等,注重研究材料与方法的说明、研究结果的揭示。而医学综述论文则注重对原始医学文献中的数据、资料和主要观点的归纳整理、分析提炼,属于三次文献,具有较强的系统性、评论性和较高的情报学价值。二者在内容、结构与要求、写作方法上都存在一定的区别。那么医学科研论文和医学综述该如何进行写作呢?

第一节 医学科研论文写作

一、医学科研论文写作概述

(一) 医学科研论文的含义

早在19世纪,英国著名科学家法拉第曾指出,一项有用的科学研究过程有3个必要的阶段:开始(to begin);完成(to end);发表(to publish)。甚至有一种说法,一项科学研究,不发表就湮灭。按照公认惯例,只有将科研成果以论文或著作的形式正式发表,一项研究过程才算完成,研究成果才能得以传播和承认。

什么是学术论文?我国国家标准文件《科学技术报告、学位论文和学术论文的编写格式》(GB/T 7713-1987)指出:学术论文是某一学术课题在实验性、理论性或观测性上具有新的科学研究成果或创新见解和知识的科学记录;或是某种已知原理应用于实际中取得新进展的科学总结,用于提供学术会议上宣读、交流或讨论;或在学术刊物上发表;或作其他用途的书面文件。

一般认为,医学及其相关联学科的科技工作者以现代科学知识为理论指导,经过科研设计、实验与临床观察或现场调查等研究手段,针对医药卫生领域里的某些现象或问题进行专题讨论、探索,而写成的能够反映客观规律和事实的新理论、新观点、新见解的学术性文章可统称为医学科研论文。

(二) 医学科研论文的写作特点

现代医学的发展,医学理论模式已经由传统生物医学模式向生物-心理-社会医学综合模式转变,所以医学科研写作内容就涉及医药科学研究、临床医学、社会卫生、医学教育等领域。医学科研论文的写作有以下特点:

1. **科学性** 科学性是医学科研论文写作的基本要求,是医学论文的生命。科学研究的目的是探索客观真理,因此必须发扬实事求是的科学精神,反对弄虚作假的不诚实态度。一方面，医学科研论文的内容一定要符合科学规律，研究的过程、数据和结果不仅要求能够客观地反映医学科研的实践与经验，而且能够接受实践的检验，另一方面，医学科研论文的表述要求语言准确、结构严谨、思维符合逻辑规律。

2. 创新性　创新性是医学科研论文写作的灵魂，是科研论文发表的必备条件。表述科研成果的学术论文，贵在创新。所谓创新性，就是要在医学科研论文中报告新发现、新发明、新创造、新进展、新方法、新观点、新理论等新内容。

3. 学术性　学术性是医学科研论文写作的本质要求，一篇论文没有学术性，就不能称为科研论文。所谓学术，是指比较专门、系统的学问。医学论文一般由论点、论据、论证构成，因而要站在一定的理论高度，要分析带有学术价值的现实问题，要求运用科学原理和方法，通过严密的论证和分析，揭示事物的内在本质和发展变化的规律，而不是对客观事物外部直观形态和过程的叙述。

4. 规范性　医学科研论文写作必须按一定的格式和要求进行规范写作。医学论文写作规范化，就是要求作者撰写医学论文时执行文献工作的有关国家标准、规定和规范，即语言文字规范化和论文写作格式规范化。

二、医学科研论文的结构与要求

国家标准文件《科学技术报告、学位论文和学术论文的编写格式》（GB/T 7713-1987）对学术论文的写作已经有一定的格式规范和要求。医学科研论文与社会科学论文不同，它强调写作的科学性和规范性，一般需要回答的问题包括：研究对象及其背景是什么？研究方法及其材料（资料）是什么？研究结果及其数据是什么？如何解释和评价这些结果和数据？这是所有科技论文都无法回避的问题，它反映了一项科研课题的全过程，也构成了一篇科技论文的基本内容，因此科研论文有一套相对固定的写作格式。

根据温哥华格式及我国国家标准的一般规定，国内外医学科研论文的结构基本相同，一般可分为三大部分：前置部分、正文部分和后置部分。按由前至后的顺序依次为：题目、作者及作者单位、摘要、关键词、引言、材料与方法、结果、讨论、致谢和参考文献等，见表10-1。但不同的期刊在某些细节上可能会稍有区别，如参考文献的标识、标点符号等，因此在论文写作细节上须参阅相应期刊的稿约和最近期刊论文。

表 10-1　医学科研论文格式要求

前置部分	正文部分（四段式）	后置部分
题目	引言	致谢
作者；作者单位；邮编	材料与方法（或临床资料）	参考文献
中文摘要/英文摘要	结果	注释（选用）
关键词	讨论	附录（选用）
中国图书馆分类法分类号	结论（选用）	—
文献标识码	—	—

（一）前置部分

1. 标题（Title）　标题也称题名、篇名、题目，是论文核心内容的高度概括，要求准确、精炼、醒目，能够用最简明、最恰当的语词正确表现论文的中心内容。一个好的医学论文的标题，不但要简明扼要、概括全文，而且也要鲜明生动，富有吸引力，能够引发读者阅读论文正文内容的兴趣。

医学论文应尽量少用副标题，并且避免使用系列论文的形式，如"……研究之一"、"……

研究之二"等。如："新利尿合剂在妊高征治疗中的作用——附23例临床分析"宜改为："新利尿合剂治疗妊高征23例分析"。

当标题无法准确地概括论文内容时，可以加副标题进行补充说明。一般副标题的前面加破折号或冒号，置于标题的下面或后面，也可以在标题的后面将副标题用圆括号括起来。如："跨角膜上皮核黄素——紫外线胶原交联的研究进展"、"土耳其地中海地区的天疱疮：148例病例研究"、"小儿重度烧伤的早期补液问题（附70例分析）"。

标题书写符合以下要求：

(1) 具体简洁：标题有两忌：一忌太泛，流于空洞；二忌太繁，流于琐碎，这都使读者不得要领。标题应尽量少用"研究"、"探讨"、"体会"、"观察"、"分析"之类的套话。长度以不超过20个字为宜，最多不超过30个字。标题尽量不使用标点符号，避免使用非公知共用的缩略词语、符号、代号和公式等。如："宫颈癌病人经腹膜外卵巢外侧移位术临床应用研究"不够简洁，宜改为："腹膜外卵巢移位术在子宫颈癌治疗中的应用"；"中国孕妇蛋白C活性测定"范围太宽泛，宜改为"22例孕妇血浆蛋白C活性测定"；"代谢综合征各组分与非酒精性脂肪肝发病风险关系的研究"，宜改为"代谢综合征各组分与非酒精性脂肪肝发病风险的关系"。

(2) 准确独特："准确"是指标题应准确表达论文中的特色内容，真实反映出研究的范围和深度，防止小题大做，大题小做，名不符实；"独特"是指标题应突出论文主题内容的创新性和特色性。以下三种标题情形较为常见：①以研究对象命名，直接表明论点型。如："拉坦前列素滴眼液的抑菌效力研究"、"冻干水痘减毒活疫苗的安全性评价"；②以研究目的命名，指明研究范围。如："深圳市戊型肝炎血清流行病学调查"、"杭州地区腹泻患儿轮状病毒感染流行病学特征分析"；③以研究结论命名，突出论点结果。如："高迁移率族蛋白B1协同白介素-1β可增加人气道上皮细胞白介素-8的表达"、"*KLK10*基因表达增强能够降低人舌癌细胞的增殖和侵袭能力"。

2. 作者（Author）

(1) 署名的基本原则：根据国家标准GB7713-87对科技论文的署名条件规定：署名的个人作者，只限于那些选定课题和制定研究方案，直接参加全部或主要部分研究工作并做出贡献，以及参加撰写论文并能对内容负责的人，按其贡献大小排列名次。

作者署名必须同时符合以下条件：在研究构思和设计、数据获取、数据分析或资料解释中的任何一方面做出实质性贡献；在论文的撰写或对论文重要内容做出了关键性的修改；同意最后的修改稿发表。

凡是署名的作者一般都应征得其本人同意后，方可署名。如有的期刊要求作者在投稿时说明每位作者对研究和论文的贡献，要求每位作者亲笔签名等。有的期刊要求作者中如有外籍作者，除需征得外籍作者本人同意外，还应附有证明信。

(2) 署名的权利与义务：

①著作权：著作权是法律给予作者的一种专有权。《中华人民共和国著作权法》中规定："著作权属于作者"，"在作品上署名的公民、法人或者其他组织为作者"。著作权包括发表权、署名权、修改权、保护作品完整权、使用权和获得报酬权等一系列的人身权和财产权。在作品上署名即表明作者身份，拥有作品的著作权。除法律允许的如课堂教学、科学研究、新闻媒体报道等合理使用情形外，未经著作权人授权，其他任何人不得占有、控制和使用其作品。

②文责自负：论文一经正式发表，署名者应对论文负有政治上、科学上的责任和道义上的责任。若论文中存在剽窃、抄袭的内容，或者政治上、科学上和技术上存在较大错误，那么署名者就应完全负责，署名即表示作者愿意完全承担责任。

③学术交流：署名也是为了建立作者与读者之间的联系。读者阅读文章后，若需要同作者请教、询问、质疑、商榷，甚至寻求帮助，都可以直接与作者联系。署名即表示作者有同读者

联系的意愿,也为读者同作者联系提供了可能。

(3) 个人署名与集体署名:

①个人署名:是以个人名义完成的论文,署名应为个人。该作者是论文课题的创意者、设计者和实施者,是论文的执笔者。多名作者合作时,根据作者对论文所作的贡献大小进行排序,主要作者居前,次要作者居后。署名不宜过多,一般不超过7人。不同单位的作者合写时,作者单位可以用脚注标明。署名应署真实姓名,一般不署笔名。

②集体署名:多以专科分会、合作组、协作组、课题组的名义,文后还应标明该篇论文的执笔者或整理者姓名,既突出论文的主要作者,同时也兼顾了课题组。对集体名义合作完成的研究,国际期刊较为提倡作者贡献制的署名方式,同时也兼顾课题组。这对调动科研工作中主要贡献者的积极性,保护主要作者的知识产权有重要意义。

(4) 第一作者与通讯作者:

①第一作者:是论文工作中贡献最大的研究人员。此作者不仅有最多和最重要的图表(即体力上的贡献),也是文章初稿的撰写人(即对本文的智力贡献)。第一作者承担论文的书写工作,通讯作者一般作为负责人来指导。

②通讯作者:指课题的总负责人,承担课题的经费、设计,文章的书写和把关,担负着文章可靠性的责任,负责与编辑部的一切通信联系和接受读者的咨询等。在投稿时,通讯作者要确认所有被列入作者名单的人都同意投稿,承担包括所有共同作者并且仅仅包括共同作者的责任。通讯作者代表所有作者签署版权证书。当论文属于某课题、某重大项目的重要内容之一,而论文作者又不是课题总负责人时,就有必要标注通讯作者。

③通讯作者与第一作者的关系:通讯作者可以是第一作者,也可以是其他位次的作者。通讯作者一般为一位,特殊情况也可以有两位。一般以脚注的方式标明通讯作者的联系电话、邮箱地址等。目前,我国一般将通讯作者视同于第一作者。实际上,就对论文的责任而言,通讯作者高于第一作者;从知识产权上来说,研究成果算是通讯作者的。

凡论文内注明通讯作者的稿件,有关稿件相关的一切事宜(包括邮寄稿件收稿单、退修稿件、校样、版面费、稿费等)均与通讯作者联系。如文内未注明通讯作者的文章,按国际惯例,默认的第一作者即是通讯作者,有关稿件的一切事宜均与第一作者联系。

3. 摘要(Abstract) 摘要又称文摘、概要、提要,具有与正文等量的主要信息,是论文的重要组成部分。摘要是以提供文献内容梗概为目的,不加评论和补充解释,简明确切地记述文献重要内容的短文(国家标准GB7713-87)。

摘要要求文字精练、内容概括,篇幅简短,一般不分或力求少分段落,不列小标题。通常中文摘要以不超过300字为宜,外文摘要不宜超过250个实词。如遇特殊需要,字数限制可以稍作放宽。摘要主要有揭示功能和检索功能。

联合国教科文组织规定:在全世界公开发表的科技论文,不论采用哪一种文种,都必须提供英文摘要。对于中文科技论文,英文摘要是整篇论文进行国际交流的窗口。英文摘要同样要求以简洁的形式对文献内容做简明的介绍,提供与全文同等的信息量。置于论文之前的摘要被称为abstract,置于论文之后则称为summary。

将中文摘要翻译成英文时,作者要避免按中文的字面意义逐字逐句地翻译,应从技术概念的角度出发,抓取重要内容。注意中英文语言的行文差异,遵循英文的习惯用法。英文摘要格式、内容除要求与中文摘要一致外,内容最好比中文更具体,使国外读者通过英文摘要,能够对全文的内容有一个基本了解。

(1) 基本要求与注意事项:

①基本要求:国内国家级医学期刊,通常都要求中英文摘要,采用国际医学期刊要求的格式化摘要(Structured Abstract),包括目的、设计、研究场所、患者或其他研究对象、干预措

施、主要结果的测量方法、结果及结论共八项。国内其他期刊将其简化成四项,凡自然科学的立项研究成果、实验研究报告、调查结果报告等原创性论著的摘要应具备四要素,包括目的、方法、结果和结论。其他论文的摘要也应确切反映论文的主要观点,概括其结果和结论。

②注意事项:文摘中应排除本学科领域中已成为常识的内容;排除文摘篇名中已经表述过的信息;连续写出,不分段落或力求少分段落;使用第三人称表述,建议采用"对……进行了研究"、"报告了……现状"、"进行了……调查"等叙述方式表明主题,不建议使用"本文"、"作者"、"我们"等作为摘要陈述的主语;注重对客观事实的叙述,对论文内容不加注释或评论,不掺杂作者主观见解;不举例证;不列图、表、化学结构式、表达式等非文字资料。

(2) 基本写法:根据表述内容不同,摘要可有三种基本写法:报道性摘要、指示性摘要和报道/指示性摘要。一般的医学科研论文都应尽量写成报道性摘要,而对综述性、资料性或评论性创新内容较少的文章可写成指示性摘要。

①报道性摘要:也称为信息性摘要或资料性摘要。指明一次文献的主题范围及内容梗概,一般提倡采用"结构式摘要",包括目的、方法、结果和结论,简称"四要素"。可部分取代阅读全文。

目的:探讨大学生网络成瘾与人格障碍之间的关系。**方法**:在广东某综合大学方便取样抽取在校大学生320名,进行中文网络成瘾问卷(CIAS)、CCMD-2-R人格障碍筛查问卷(PDQC)测试。回收有效问卷302份。**结果**:①302名被试网络成瘾发生率27.2%,男性发生率高于女性($P<0.01$),网络成瘾组在各型人格障碍得分和检出率(冲动型和分裂样除外)均显著高于非成瘾组。②以CIAS总分为因变量,专业满意度、学习困难度和各型人格障碍PDQC得分为预测变量进行逐步线性回归分析,焦虑/回避型、学习困难度、依赖型、专业满意度、性别、表演型和强迫型进入回归方程,强迫型对网络成瘾有微弱的负向预测作用,焦虑/回避型、依赖型和表演型人格障碍得分有正向预测作用。**结论**:网络成瘾大学生有一定的病理性人格基础。[大学生网络成瘾与人格障碍的关系研究.预防医学情报杂志,2012,28(12):932-935.]

②指示性摘要:也称为说明性摘要、描述性摘要或论点摘要,指示一次文献的陈述主题、成果的性质水平及研究意义,而不涉及论据和结论。多用于综述、会议报告等,可帮助读者判断是否需要阅读全文。

骨质疏松症是炎症性肠病的晚期并发症之一。随着炎症性肠病的发生和发展,骨质疏松症的发病率逐渐增多。多种因素参与了炎症性肠病诱发骨量减少、骨质疏松,其中包括糖皮质激素、吸收不良及细胞因子等。因此,本文针对炎症性肠病诱发骨质疏松症的机制进行综述。[炎症性肠病诱发骨质疏松症发病机制的研究进展.中国骨质疏松杂志,2012,18(12):1167-1170.]

③报道/指示性摘要:实际应用中,有时可见报道性摘要兼有指示性摘要的特点,而指示性摘要含有某些报道性摘要所具有的实质性内容,这种混合型摘要称之为报道/指示性摘要。它一般以报道性摘要的形式表述一次文献中的信息价值较高的部分,以指示性摘要的形式表述其余部分。

利用125I-UdR标记具有不同转移能力的B16黑色素瘤三个克隆株,并分别观察其对自然杀伤细胞(NK细胞)的敏感性;同时用流式细胞仪测定每株细胞的DNA含量。结果表明:高转移株细胞对NK细胞敏感性低,细胞DNA指数(DI)大,多为非整倍体细胞,增殖指数(PI)较小。此外,作者探讨了三株细胞对NK细胞的敏感性及细胞核DNA含量与体内生物学行为的可能关系。[三株B16黑色素瘤对NK细胞敏感性及细胞核DNA的测定.第二军医大学学报,1997,17(3):167-169.]

4. 关键词(Key Words) 关键词也称索引词,是从论文的标题、摘要和正文中提取出来，能够反映论文的主题内容，且具有通用性和实质意义的词或词组，其设立的初衷就是为了标引文献，方便读者通过关键词检索查阅需要的论文，是一种使用相当广泛的检索语言。关键词可以是主题词，也可以是自由词。主题词是专门为文献的标引或检索而从自然语言的主要词汇中挑选出来并加以规范化的词或词组；自由词则是未规范化的即还未收入主题词表中的词或词组。

(1) 选取原则：关键词可从标题、摘要和全文内容中选择。从标题中选择关键词的方式最为常用；要严格筛选，充分、准确、全面地反映文章的中心内容；查阅医学主题词表确认。

由于中文与英文都有一词多义或多词一义的现象，因此选这类词作为关键词时，最好选用美国国立医学图书馆《医学主题词表》（MeSH）中译本和中国中医科学院中医药信息研究所出版的《中医药学主题词表》中所列的医学主题词。有些新概念、新技术或新术语尚未被主题词表收录，但若不标引该词就无法更好地反映文章的中心内容，则可采用当前习惯使用的自由词或约定的现成术语。

(2) 注意事项：中文关键词词序尽量遵照中文习惯。从 MeSH 词表中查找的主题词列为论文的关键词时，最好按中文习惯排列，如"结肠癌"不要写成"癌，结肠"；缺乏检索意义的冠词、介词、连词、代词、副词、形容词等不能作为关键词；化学分子式不能作为关键词，复杂的有机化合物名称一般取其基本结构名称作为关键词；未在专业领域得到公认和普遍使用的缩写词不作为关键词；关键词不宜太多，一般要求每篇科技论文标引 3～5 个。除外文专有名词的首字母外，其余均小写。

5. 分类号（Chinese Library Classification Code） 可查阅我国医学院校图书馆使用的《中国图书馆分类法》（第 4 版）分类体系中的 R 类，并依次逐级找到与论文主题相对应的类号。

6. 文献标识码（Document Code） 文献标识码是按照《中国学术期刊（光盘版）检索与评价数据规范》规定的分类码，作用在于对文章按其内容进行归类，以便于文献的统计、期刊评价、确定文献的检索范围、提高检索结果的适用性等，见表 10-2。

表 10-2 文献标识码

文献标识码	文献类型
A	理论与应用研究学术论文（包括综述报告）
B	实用性技术成果报告（科技）、理论学习与社会实践总结（社科）
C	业务指导与技术管理性文章（包括领导讲话、特约评论等）
D	一般动态性信息（通讯、报道、会议活动、专访等）
E	文件、资料（包括历史资料、统计资料、机构、人物、书刊、知识介绍等）

(二) 正文部分

医学论文正文一般包含引言、材料与方法（或临床资料）、结果、讨论或结论四部分，可简称为"四段式"。当然，"四段式"也并非一成不变，论文格式需根据论文内容而定，少数论文并不需要严格按照"四段式"，如经验交流性论文和罕见病例报道等。

1. 引言（Introduction） 引言又称前言、导言、绪言、序言，是论文的开始部分，主要回答"为什么研究"的问题，阐明本文研究的目的和意义。引言长度约占正文的 1/10～1/8，200～300 字为宜。

(1) 基本内容：引言通常包括以下三方面的内容：①研究背景：查阅有关文献，简短交代课题研究的源起、研究现状，方便读者在最短的时间内了解到论文所涉及领域的最新信息。②存在问题：在研究背景的基础上，指出当前研究的空白点或争论的焦点、存在的问题或有待深入研究之处。有目的、有选择地列举与本研究相关的问题，为下文做好铺垫。③解决方法：扼要提示本研究的目的、范围、性质与方法，使读者理解本研究的意义与价值，激起读者阅读的兴趣。

上述内容可根据论文自身的特点适当选择和撰写。若论文报道的内容比较新颖，之前未见报道，则字数可多些，背景材料应详细，包括研究的可行性和科学性、国内外的研究现状、研究的意义等；若仅对已发表的研究内容的补充、观点的商榷和完善，则前言应尽量简短。

（2）注意事项：一要实事求是，客观评价。谈及自己开展的工作与研究成果时，要注意实事求是，切忌夸大研究的意义，妄下断言，引言中提及的"首次提到"、"同行首创"、"国内外尚未报道"、"突破性发现"等提法要慎重，除非确有必要和确有把握；在叙述前人相关领域所进行的研究时，不能为抬高自己而蓄意贬低他人，以免引起争议和不良后果。二要简明扼要，重点突出。引言写作要求开门见山，言简意赅，交代清楚研究的目的、意义、现状或研究方法、理论依据、预期结果等，顺势引出下文即可，不能与摘要相同或与正文重复，不宜将方法、结果及讨论放入前言。

2. 材料与方法（Materials and Methods）　材料与方法是医学科研论文极其重要的组成部分。它是阐述论点、引出结论的重要步骤，可以使读者了解研究工作的对象和过程，也为别人重复此项研究提供资料。论文的结果是否可靠、结论是否可信，甚至论文能否发表，很大程度上取决于材料与方法。

材料与方法的标题因研究的类型不同而略有差别，调查研究常改为"对象与方法"，临床试验则用"病例与方法"。不同类型研究的材料与方法的写作也不完全一样。材料与方法应体现科研构思和实验设计的各项要求，写作详略标准以读者是否能进行"重复"为度，过分简略固然不行，过分详尽也无必要。一般情况下，"材料与方法"的写作需要说明以下内容：研究对象、研究条件、研究方法和研究过程。

（1）研究对象：交代研究所用到的具体的实验对象和具体的资料，包括资料来源的时限和研究对象的一般特征。

实验对象为动物时，需注明动物名称、来源、种系、数量、性别、年龄、身长、体重、健康状况、选择标准与分组方法；实验对象为微生物或细胞时，应注明微生物或细胞的种、型、株、系的来源，培养条件以及实验环境。

临床研究的对象是病人，应说明来自住院或门诊，同时必须将病例数、性别、年龄、职业、病因、病程、病理诊断依据、分组标准、疾病的诊断分型标准、病情和疗效判断依据、观察方法及指标等情况作简要说明。

（2）研究条件：用常规试剂，需说明名称、生产厂家、规格、批号；如系新试剂，还要写出分子式和结构式，若需配制，则应交代配方和制备方法；如为化学品及药品，应注明化学名称、来源、批号、规格、剂量、给药途径等。通用的仪器设备，说明型号、生产厂家、产地及参数指标等；新颖的仪器设备，还要说明性能、特点、精密度和使用方法等。对于实验性研究，有无温度、湿度、保存方法等方面的要求，采取何种计量单位。

（3）研究方法：指完成研究的手段。交代实验条件、实验分组、研究设计方法和具体的实验操作方法或收集资料的方法。

实验方法：主要是仪器设备、试剂的规格与来源、操作方法等；分组方法：对照组、实验组等，是否随机；研究场所：人群或社区、医学中心、基层医院、门诊、住院等；观察方法：观察指标及记录方法；疗效观察项目：症状、体征、实验室检查等；疗效标准：痊愈、显效、好转、缓解、部分缓解、完全缓解、无效或死亡；实验程序：数据的获得过程；质量控制：所采用的控制偏倚发生的措施；盲法：盲法的具体实施情况，单盲、双盲或三盲，安慰剂的制作，保证盲法成功的措施等；干预措施：药物剂量、剂型、次数、商品名、生产厂名、中药产地、用药途径、疗程等；试剂如系常规试剂，则说明名称、生产厂家、规格、批号即可，如系新试剂，还要写出分子式和结构式，若需配制，则应交代配方和制备方法。

统计学分析方法：医学论文中如何对数据进行记录、采用何种统计学方法或统计学工具进行了分析、结果的评定及标准。尽可能定量描述实验结果并附有测量误差和不确定性（如可信区间）的适当指标。

（4）研究过程：取得研究结果的过程，包括实验流程、操作要领及注意事项等。

3. 结果（Results） 结果是医学科研论文的核心部分。论文所谓的创新性，所谓的有所发现、有所发明、有所创造、有所改进，所谓的学术价值，主要体现在这一部分。结果应包括研究或观察结果、事实结果，可用文字或图表表述，对结果进行简单的定性或定量分析，得出结果或推论。

结果的表达要求高度真实和准确，不能在资料的取舍上按自己的好恶或预先的假设而有所取舍。无论结果是阳性还是阴性、肯定还是否定、是否符合预期目的、临床治疗结果是成功还是失败都应如实反映，实事求是。

（1）内容：结果可用数据（不用原始数据，要经统计学处理）、图表（用于显示规律性和对比性）、照片（能形象客观地表达研究结果）、文字（对数据、图表、照片加以说明）来表达。文字描述内容与图表若为同一信息，则不要重复。无论是图表，还是文字描述，尽量选择更直观、简洁、清楚的表达方式。实验所得的原始数据不需要全部罗列，经过整理和统计处理后，将有意义的结果用文字、图表等形式表达出来。

（2）写作要求：按实验所得到的事实材料进行安排，可分段、分节，可加小标题；如实表达、解释客观结果，无需作者的评价、分析和推理。凡是能用简要文字表达清楚的就不用图表来表达；凡是用表说明的就不用图来表示；统计学直方图、简易函数（曲线）图简洁、明快，一般不能取代。要分清主次，主要结果重点介绍，次要的简要介绍，无关的不介绍，但对阴性结果不能放过。

4. 讨论（Discussion） 讨论是医学科研论文的精华，也是很多作者认为最难写作的部分。该部分的主要任务是探讨"研究结果"的意义，是作者对所进行的研究中所得到的资料进行归纳、概括和探讨，阐明自己的学术思想和观点，评价其意义，把研究结果从感性认识提高到理性认识阶段，以供进一步实践的参考。

讨论中要以结果为依据，合理分析，找出内在的联系，肯定结果，必须持之有据，言之有理。若涉及对自身研究的评价，宜取谦虚谨慎和实事求是的态度。此外还应避免离题发挥或重复他人的见解。

讨论部分可以从以下四个方面入手：

（1）阐述研究的原理和机制：可以用已有的理论进行解释，用国外的新学说、新见解进行讨论，也可以根据自己的实验和临床观察结果对实验观察过程中各种数据或现象进行理论分析和解释，并阐明观点。

（2）说明研究材料和方法的特点：如方法的优点或不足之处，尤其是某些实验条件未能控制之处及方法的缺陷。

（3）分析研究的结果：与国内外结果相比有何异同，分析异同点及可能的原因，指出研究结果的理论意义和实践意义、价值，有无社会效益和经济效益。

（4）从理论上对研究结果进行概述：提出新理论、新观点与新结论，并对有关各种不同观点进行分析、比较和评价，提出探索的方向和展望等。

讨论的写作上要注意逻辑严密，层次清晰，恰如其分，突出论文的"个性"，避免言之无物的面面俱到，也要避免写成文献综述。

5. 结论（Conclusion） 结论部分是根据研究结果和讨论所作的高度概括性的论断，是对研究结果更深入一步的认识,是从正文出发,经过判断、归纳、推理等过程,将研究结果升华成新的观点。结论部分主要应概括研究的主要内容和研究结果,指出通过研究解决了什么问题,总结发现的规律,对前人的研究做了哪些修正、补充、发展、证实或否定。

通常情况下,许多医学论文有关结论的内容都包括在"讨论"中,但有时也可将"结论"单列为一节。现在论著类文稿已不写结论部分,而是以内容摘要的形式列于正文前面或讨论中。其他类型的文稿,可按其体裁和内容撰写结论或小结。

(三)后置部分

1. 致谢(Acknowledgement)　作者对帮助过自己完成研究论文的人表示谢意的书面形式,一般放在文末与参考文献之前。致谢的对象包括本文的指导性建议者、论文审阅者、资料提供者、技术协作者、帮助统计者、绘制图表者以及提供样品、材料、设备和给予其他方便者等。致谢必须告之被致谢人,并征得被致谢人的同意。书写方式一般如下:

致谢:本文曾得到……帮助、指导、审阅;或本文承蒙……帮助、指导、审阅,谨此致谢。

2. 参考文献(References)　参考文献是现代医学论文的重要组成部分。科学研究从选题立意、实验设计到论文撰写都离不开对参考文献的查阅。参考文献是研究工作的基础,文献查阅的范围、数量和时间段,直接反映了研究工作的学术水平、深度和论著本身的起点,因此参考文献也成为读者了解和考察作者研究工作价值的依据。医学科研论文参考文献一般要求:论著10条左右,综述20条左右。

(1) 意义和作用:著录参考文献可提供本文所借鉴内容、论点及论证材料的出处,以供编辑、审稿人和读者查阅参考;减少对前人文献的复述,精炼文字,缩减篇幅;体现科学的继承性,尊重前人的知识产权;有利于通过引文分析对期刊水平做出客观评价;促进科学情报和文献计量学研究,推动学科发展。

(2) 注意事项:按文中出现的先后顺序,列出与该文关系密切、典型的、有价值的、较新的文献资料;列为参考文献的文献必须是作者亲自阅读过全文,并且引用的论点材料准确无误;优先引用最新发表的同等重要的论文;一般不引用普通书籍,如大学教材等;避免过多地、特别是非必要地引用作者自己的文献。

(3) 类型及标识:根据国家标准GB/T7714-2005《文后参考文献著录规则》以及GB/T3469-1983《文献类型与文献载体代码》规定:在著录参考文献的题名后,需用"[ ]"内用字母代码标明文献的类型。各类文献标识代码见表10-3、10-4、10-5和10-6。

表10-3　纸质文献类型标识

参考文献类型	专著	论文集	报纸文章	期刊文章	学位论文	报告	标准	专利
文献类型标识	M	C	N	J	D	R	S	P

表10-4　电子文献类型标识

电子参考文献类型	数据库(database)	计算机程序(computer program)	电子公告(electronic bulletin board)
电子文献类型标识	DB	CP	EB

表10-5　电子文献载体类型标识

电子文献载体类型	磁带(magnetic tape)	磁带(disk)	光盘(CD-ROM)	联机网络(online)
电子文献载体类型标识	MT	DK	CD	OL

表 10-6 非纸质载体电子文献的参考文献类型标识

	联机网上数据库	磁带数据库	光盘图书	磁盘软件	网上期刊	网上电子公告
电子文献类型标识	DB/OL	DB/MT	M/CD	CP/DK	J/OL	EB/OL

(4) 著录格式：

专著著录格式：[序号] 作者. 书名 [M]. 版次（第1版不写）. 出版地：出版者，出版年.（专著中的析出文献应注明起止页码）

期刊论文著录格式：[序号] 作者. 题名 [J]. 刊名，年，卷（期）：起止页码.

学位论文著录格式：[序号] 作者. 题名 [D]. 保存地点：保存单位，完成年.

网络文献著录格式：[序号] 责任者. 电子文献题名 [电子文献类型标识/电子文献载体标识]. 获取和访问路径. 发表或更新日期/引用日期（任选）.

3. 注释（Notes） 注释又称注解，用于对文中一些词语的解释。注释可分为正文夹注、脚注和尾注等。

(1) 正文夹注：通常在正文中的某词或某短语之后，将需要说明和解释的内容用圆括号括起来。如文中第一次出现的医学术语简称需夹注英文全称和缩写。如："室间隔缺损（ventricular septal defect，VSD）是儿童期最常见先天性心脏病之一，但较多的缺损患者……"

(2) 脚注：脚注又称"呼应注"，通常列于页面的底部，并加横线与正文相隔。一般用来标注基金项目和作者简介。只有一个注释时，脚注符号用"*"，有多个注释时则用"1，2……"表示，标于所注内容的右上角。①基金项目：一般涉及国家或省、部级以上基金或攻关项目的论文在公开发表时必须在文稿首页左下方做脚注，标注出立项名称及项目编号。项目名称应按国家有关部门的正式名称填写，多项基金应一次列出，其间以"；"隔开。如：[基金项目] 国家自然科学基金（30470806）；"十五"国家高科技研究发展规划（2003AA205005）。有些作者也列出项目名称、资助项目、项目编号、No、本文受……资助等语句、符号。②作者简介：包括姓名（出生年月）、性别、民族、籍贯、职称、学位、从事专业或研究方向。

(3) 尾注：尾注的符号同脚注。通常用于较长文字内容的注释，一般列于篇末，写作形式上与附录形式相同。

4. 附录（Appendix） 附录是对正文起补充说明作用的信息材料，并非医学论文的必备部分，对本专业同行有重要参考价值，特别需要时才列在参考文献之后。包括一些原始的实验数据；重要公式的演算、推导、证明过程；重要仪器或设备的说明；重要的译文、照片、图纸等。

三、医学科研论文写作应注意的问题

（一）选题技巧

医学论文的选题既要有原则性，同时也应注意选题的技巧。在基本原则框架下发挥一定的技巧，经过酝酿调整，才可能构思出优质的选题，写出有价值的论文。选题一方面可以体现在提出新理论、新观点、新技术、新方法、新发现；另一方面也可以是对老问题的新认识、新体会、旧方法的改进意见等。在基础医学、临床医学及社会医学的研究中，还没有引起人们足够重视的课题，没有研究清楚的问题，或是在学术研究中存在争论的焦点问题，都可以成为选题的对象。

技巧1 补充丰富他人观点：医学论文的选题，难免会有雷同，选题雷同并非等同于选题重复而无意义。相反，可从他人的选题中发现问题，得到启示，在此基础上产生新的认识、新的观点，使之更加全面、更加丰富。在科学的征途上，医学的发展永无止境，需要不断修正、

补充，丰富其理论与实践。因此，补充前人的观点、丰富其内容，是医学论文选题的一种技巧和捷径。

技巧2 学术观点的对立争鸣：科学技术是在"发现问题—提出问题—解决问题"的过程中不断发展，同样医学也是在认识矛盾与解决矛盾的过程中得以发展。由于人们对事物的认识不同，分析问题的角度不同，以及受各种主客观因素的影响，难免对同一问题有着不同的观点，不同学术观点百家争鸣、百花齐放是正常的。在医学论文的选题上，可以针对学术研究中争论的焦点进行选题，通过临床论证提出自己的观点与看法，对这样的选题容易引起编辑的注意，发表后关注度也较高。

技巧3 选题一般遵循"提问—检索—定题"的方法和步骤：

（1）提问：是研究者以客观事实和需要为依据，在自身理论和实践积累的基础上所产生的主观"拟想"。善于观察事物的细微变化，从中发现结果、经验、印象等的矛盾和差异，是提出问题的根本出发点。

（2）检索：任何课题在选择和确定的整个过程中都离不开检索文献。开始于课题选题之验证，对该研究领域有一个总体认识和把握，确定选题方向。就医学生而言，相关的信息主要来自老师提供的信息线索，如重要的研究网站、研究人员、研究课题组等，也可以来自平时自己对某一领域信息的关注和积累。关注某一领域的会议论文是选题阶段获取相关专家最新研究成果信息的一个重要渠道。

（3）定题：即通过一定的调研，从而明确选题的范围，确定具体的题目。这个过程需要广泛地浏览检索到的文献资料，有目的、有重点地摘录对自己影响深刻的观点、论据、论证方法等，随时记录有关资料的来源及自己的点滴体会，并对阅读所得到的资料进行分类、排列、组合、比较和分析，从中发现问题，寻找研究的突破口，在不断深入的思考过程中，逐步明确选题的目标。

（二）写作的规范性

1. **逻辑清晰**　文题、论点、论据、论证之间应符合形式逻辑的基本规律。整篇论文前后之间、段落之间结构严谨、层次分明、环环相扣。

2. **叙述简洁**　用最短的文字说明要阐述的问题，以减少阅读时间，使读者用较短的时间获得更多的信息。要求行文严谨，重点突出，言简意明。材料和方法简明扼要，结果部分用较少的图表说明问题，讨论中不赘述已公认的东西，不重复已有的论点。

3. **格式规范**　符合期刊投稿的规定。国际期刊标准主要有：联合国教科文组织《关于公开发表科学论文和科学文摘的撰写指导》、国际生物医学期刊编辑委员会（ICMJE）《生物医学期刊投稿的统一要求》（温哥华式）。我国有关的国家标准主要有：《科学技术报告、学位论文和学术论文的编写格式》、《科学技术期刊编排格式》、《文后参考文献著录规则》、《出版物上数字用法的规定》等。这些标准的制定和实施，对医学论文的写作和学术交流起到了极大的推动作用。

4. **缩略语**　论文中应尽量少用缩略语，已被共知公认的缩略语可以不加注释直接使用，如CT、MRI等通用缩写不用写出全称，直接用缩写即可。尚未被共知公认的缩略语以及原词过长、在文中多次出现者，若为中文可于文中第一次出现时写出全称，在圆括号内写出缩略语；若为外文可于文中第一次出现时写出中文全称，在圆括号内写出外文全称及其缩略语。例如：流行性脑脊髓膜炎（流脑）、阻塞性睡眠呼吸暂停综合征（obstructive sleep apnea syndrome，OSAS）。不超过4个汉字的名词不宜使用缩略语，以免影响论文的可读性。

5. **医学名词**　以全国科学技术名词审定委员会审定公布、科学出版社出版的《医学名词》和相关学科的名称为标准，暂未公布者仍以人民卫生出版社《英汉医学词汇》为准。药物名称应使用最新版《中华人民共和国药典》和《中国药品通用名称》，英文药物名称则采用国际非专利药名，不用商品名，确需使用商品名时应注明其通用名称。

6. 计量单位 法定计量单位以中华医学会《法定计量单位在医学上的应用》（人民军医出版社，2001年第3版）为蓝本。

四、医学科研论文的投稿

科研论文定稿完成之后，投稿成为研究过程的最后一个环节。

（一）选择期刊

国内外期刊都存在着较高的退稿率，国际著名生物医学期刊的自由来稿的退稿率均在90%左右，国内著名期刊的退稿率也在80%以上。因此，在投稿前根据自己论文的实际水平正确定位，选择合适的期刊至关重要。选择期刊应考虑以下因素：

1. 期刊的栏目设置 每个期刊都有自己的办刊特色，在办刊宗旨、征稿范围、选题分配、栏目设置及各种类型文章发表的比例等都会有所不同。在投稿前一定要弄清楚论文主题是否在拟投刊物的征稿范围内、是否有相符的栏目设置以及文章的类型是否符合该刊收录的范围。否则，即使是论文非常优秀，由于不符合该刊的要求也不可能在该刊上发表。

2. 期刊的学术声望 生物医学期刊全世界有近万种，质量水平存在差别。目前，判断一种期刊的学术声望主要看其影响因子值的高低、是否被国内外著名或重要的二次文献数据库索引，如被美国科学引文索引（SCI）、美国工程索引（EI）、美国化学文摘（CA）、PubMed、BIOSIS Previews、中国科学引文数据库（CSCD）、《中文核心期刊要目总览》、中国学术期刊综合评价数据库（CAJCED）等收录。另外，国内还有一些期刊评价标准，如"双效期刊"、"双百期刊"、"双奖期刊"、"双高期刊"等。质量高、有声望的期刊往往更有利于论文交流传播和对学术成果的认可，但退稿率较高。因此，选择期刊一定要对自己论文的实际水平进行客观评价、正确定位，合理选择，提高投稿命中率。当然，对于首创性和先进性强的科技论文，应优先选择将国内外影响和发行量大、质量高的期刊作为首次投稿对象。

3. 期刊的年发文量 期刊的载文规模是选择投稿期刊时需考虑的重要因素。对于专业范围、质量层次相近的两本期刊，出版周期短、载文量高的期刊投稿命中率往往会比出版周期长、载文量低的期刊命中率高。

许多期刊，无论是月刊、双月刊还是季刊，均有稿件积压的现象，而出版频率较低期刊的出版时滞一般更长。因此，作者在选择拟投期刊时，需了解期刊的载文规模及出版频率，以衡量投稿的命中率与等待的时间。

4. 其他因素 期刊的读者群和出版费用情况也是投稿的考虑因素。拟投刊物的读者是否为论文期望达到的读者群，即目标读者；期刊收取稿件审稿费、版面费、彩图制作费的政策和费用如何，最好能够事先了解清楚。

（二）研读稿约和近期期刊论文

在选定拟投期刊后，需要对期刊的稿约进行研读。多数期刊会在每年的第一期或最后一期刊出稿约，期刊网站也会公布"投稿须知"。通过阅读稿约，不但能获取办刊宗旨、征稿范围、栏目设置、发表费用、对论文学术质量要求等信息，而且还能够得知期刊对论文长度、结构、格式等细节要求以及名词术语、图表、计量单位、数字、符号的书写规则，同时还有一些投稿相关事宜。

翻阅近期出版的拟选期刊，浏览目录以确定该刊是否发表了自己所从事领域的论文及发表的数量情况，注意栏目设置以确定拟投稿件的栏目，熟悉该刊的出版体例，编排格式。如标题编号是采用汉字编号还是阿拉伯数字分级序号，图表的规格，图表的标题，查看文章的投稿和接受日期以计算出论文的出版时滞等。

(三)投稿

在选定期刊,并对论文的内容和格式经反复润色、修改而定稿后,就需要把论文投出去。关于论文的投稿方式,有些期刊要求纸质形式,需要通过邮寄的方式提交期刊所要求的稿件和图片份数,用于同行专家评审和编辑加工,同时需要自留底稿,一般编辑部不退回原稿件。通信投稿时,最好使用挂号信或特快专递的方式邮寄稿件,以防邮寄丢失。

随着科学技术的发展,当前越来越多的期刊编辑部接受电子邮件投稿和在线投稿的方式。这些基于网络技术的投稿方式,具有方便、快捷、安全、省钱等优点,被越来越多的作者投稿时所采用。尤其是在线投稿方式,作者一次注册,可以反复投稿使用,投稿时只需按照该期刊网络编辑管理系统(或在线投稿管理系统)的要求,将文章各部分内容依次录入或上传即可。这是一种对编辑、作者和审稿专家三方共赢的策略。尤其对作者而言,可以及时掌握编辑审稿的进程,了解稿件的处理状态,方便对论文做进一步处理。

论文切忌一稿多投,除非超过编辑部的规定时间,或得到了编辑部退稿通知。通常,稿件审理时间为三个月,在此期间编辑部会将审理意见通知作者。若在规定时间内未收到审理意见,作者可向编辑部确认稿件审理情况,再做出另选期刊投稿的决定。

第二节 医学综述论文写作

一、医学综述概述

(一)医学综述的含义

医学综述是以医学领域的某一专题为中心,在查阅一定时期内的相当数量的文献资料的基础上,经过对比、分析、归纳、加工和整理,以反映出某个学科或专题的历史、现状、存在的问题、最新进展及发展趋势等情况,并做出初步的评论和建议的文献描述性的论文。

(二)医学综述的特点

1. **深入性** 紧扣医学发展脉搏,针对医学某学科的某一专题的最新动态撰写而成,内容专深。

2. **综合性** 能够全面系统地论述医学某一专题在一定时期内的研究动态和发展趋势,或以时间为序纵向反映当前课题的历史、现状和发展,或横向进行省内外、国内外的比较,纵横交错,篇幅较长,引文较多,归纳、整理、分析所涉及的文献信息量比普通学术论文范围更广,结构与内容富有层次性和逻辑性。

3. **时效性** 综述不是写医学领域科学技术发展的"大事记"或"编年史",其目的是收集最新资料、获取最新内容,将最新的医学信息和科研动态及时传递给读者,所以综述需要大量和重点查阅近两三年的最新文献,及时反映新技术、新理论、新发现、新方法、新进展等。

(三)医学综述的作用

医学综述的作用主要体现在以下三方面:

1. **指导作用** 综述文章信息量大、价值高,节省阅读专业文献资料的时间和精力,能够对医学科研或临床的研究过程进行全面系统的回顾,推荐有价值的科研成果,通报科研新动向、新发展,帮助科研人员了解前沿动态、更新知识,甚至在选定科研方向、申请科研项目、科学决策等方面提供帮助。

2. **开题准备** 有利于作者和读者获得相关专题的较全面的信息,帮助进行科研课题方向的选择与研究方向的确立,为新课题的确立提供强有力的支持和论证,是开题报告的核心内容之一。

3. **文献调研与写作** 为科研项目积累文献资料,锻炼培养研究人员,尤其是新人搜集、阅读和提炼文献、逻辑思维和写作表达的能力，培养文献的研究能力。

（四）综述与述评

综述与述评既有联系又有区别。二者的相同点在于：对某一学科领域、某一专题在某一时间段所发表的原始文献中有价值的内容进行综述和评论，都有"述"和"评"的一面。不同点在于二者"述"、"评"的侧重点、程度和水平有所不同。具体而言，综述是围绕某一学术专题、收集某时期内的相关文献予以归纳、加工、整理而成的综合性文献，重点在"述"。综述本身属于三次文献，讲究材料的翔实，有检索价值。述评是在综述的基础上对某一专题或技术进行评价的研究报告，重点在"评"。需要对课题的理论意义、可能应用范围、优缺点等作比较全面的评价、展望、预测和建议。而"述"只是"概述"，处于次要地位，是评论的铺垫，不强调面面俱到，更不需要罗列材料。

另外，也有部分人认为：综述原则上只着重于客观概括地反映事实，不应提出撰写者本人的见解和评论，也不提具体建议。实际上，综述是否能表达作者观点和评论性内容并不是绝对的，根据文章论述的内容和必要性而定。

二、医学综述的结构与要求

医学综述一般都包括前置部分、正文部分和后置部分，其中正文部分又由前言、主体和结语组成。前置部分写作方法和医学科研论文大体相同，参见本章第一节。

（一）前言

前言部分要求开门见山，直截了当写清楚综述的目的、意义和作用。简要说明写作目的和动机、应用价值和实践意义，有关概念和定义，综述的范围；简要介绍有关问题的现状、趋势和争论焦点所在。一般300字左右为宜。

（二）主体

作为综述的主要部分，应包括历史发展、现状评述、发展前景预测三方面的内容。历史发展要求按时间顺序，简要说明这一课题的提出及各历史阶段的发展状况，体现各阶段的研究水平；现状分析主要通过归纳整理资料，介绍国内外研究现状及观点；发展前景预测主要提出展望性的意见或研究的发展趋势。

正文部分的写作一般采用横式、纵式和纵横结合式三种写作方法：

方法1　横式写法："横"指的是国际国内的横览，主要表现为现状列举、分支列举、对比分析。对某一专题在国内外的各个方面，如各派观点、各家之言、各种方法、各自成就等加以描述和比较，主要起到借鉴、启示和指导作用。这种综述主要用来介绍某个方面或某个项目的新成就，比较适用于成就性综述，如新理论、新观点、新发明、新方法、新技术、新进展等。

方法2　纵式写法："纵"是"历史发展的纵观"，纵式写法又称阶段递进法，它不是孤立地按时间顺序罗列事实，写成"大事记"或"编年体"，而应该按照时间先后顺序或专题本身发展的层次，对其历史演变、目前状况、趋势发展做纵向描述，从而勾勒出某一专题的来龙去脉和发展轨迹。比较适合于综述一国或多国某一项技术的发生过程、发展道路和发展趋势，适合于动态性综述。

方法3　纵横结合式：又称综合法，指在同一篇综述中，同时采用纵式与横式写法，即历史背景部分采用纵式写法，目前状况介绍采用横式写法。通过纵横描述，才能广泛综合文献资料，全面系统地认识某一专题及其发展方向，从而做出比较可靠的趋势预测，为新的研究工作选择突破口或提供参考依据。适用于宏大篇幅的综述。

（三）结语

文章篇尾要有一段简短、总结性文字作为结语，用于对主体部分所阐述的主要内容进行概括、评议，提出自己的见解，指明该学科领域当前国内外的主要研究成果、发展动向、应用价值、实际意义，目前存在的主要问题及分歧所在，今后的发展趋势和前景。100～200 字为宜。

(四) 参考文献

参考文献是写作综述的基础条件，引用参考文献时应注意以下原则：

1. 精选性原则　引用文献要较为新颖，经典文献的选取要少而精；只列出著者亲自阅读的，直接引用的，具有新颖性、真实性、代表性的文献。引用文献数量也不宜过多，15～20 篇为宜，一般不超过 30 篇，其中外文参考文献不少于 1/3。

2. 原始性原则　必须是第一手的原始文献或原始数据，必须是直接阅读过的原文。不能根据文章摘要而引用，更不能间接引用，以免对文献内容理解不透或曲解，造成观点或方法上的失误。

3. 权威性原则　相同或相近的内容，尽可能选用级别较高的杂志论文。多引用权威或知名学者发表的文献，尽可能少引用教材。不能引用未公开发表的文献及会议摘要。

4. 时间性原则　由于大多数综述为"现状综述"，除历史介绍外，收集文献应注意时间性。尽可能使用近 2～3 年内的文献，否则容易遗漏医学相关领域的最新研究进展。四五年前的资料一般不宜过多列入。

三、医学综述写作应遵循的步骤

通常医学科研过程伴随着医学信息资源的收集而开始，信息资源的管理、分析与利用贯穿科研过程的始终。医学综述的撰写更是建立在大量原始文献资料的收集、跟踪与积累的基础之上，需要对文献资料进行整理、阅读、筛选、分析、评价、归纳，使之系统化、具有较高的医学情报价值。在撰写医学综述的过程中，需要遵循以下步骤：

步骤 1　选题立意：选题是论文写作的第一步，它包括选择一个合适的论题和提出有价值的论点。学术论文不同于命题论文，题目要自拟，一般可根据自己的能力与专业熟悉程度自由选题。新颖是医学综述的灵魂，所选题材应及时反映医学科学和技术的新理论、新技术、新成果、新经验、新问题和新趋势，把握医学前沿动态和最新进展。此外，也可以将医学领域某些有争议的问题的目前进展状态作为综述的选题对象。

步骤 2　文献检索：医学综述写作需要建立在广泛收集阅读相关专业文献的基础上。文献检索贯穿于研究的全过程，它对研究者制定研究课题、做好研究设计、分析研究资料、撰写研究论文都必不可少。

步骤 3　文献管理：好的综述写作依赖于好的文献检索。通常能够检索到的文献数量相当庞大，需要有效管理。常规的文献管理有两种方式：基于文件目录的简单分类管理和基于专业文献管理软件的专业管理。研究者应尽量选择专业化的文献管理软件来帮助自己实现对文献资料的高效管理，提高文献资源利用的效率和效益。目前，专业文献管理软件比较多，使用较广的有 EndNote、NoteExpress、RefWorks、Zotero、Mendeley 等，这为科研工作者对文献进行阅读、管理、分析和使用等带来极大便利。详情请参见本书第九章第一节。

步骤 4　阅读消化：综述并非文摘汇编，撰写者需要对所综述的文献内容做到真正理解掌握、消化吸收，有自己明确的见解和评论，并按自己的思路加以安排和阐述。

在具体文献阅读中，需要掌握一定的相关技巧：对具体单篇文献可按照先标题、后摘要、再全文的方式进行阅读，筛选出重要文献；对相关文献按照时间、相关度、期刊知名度进行分类和排序；部分精读文献需要阅读、思考，记录笔记信息；要有批判性阅读思维，独立思考，对不同文献的不同结果、不同结论要对比、分析，做出判断，得出相关结论分析。

步骤 5　撰写修改：在完成以上步骤的基础上，按照选题的意图，确定论文写作提纲，按照医学综述的基本结构和要求开始正式撰写。初稿完成后，还需认真阅读和补充查阅材料，对论文的主题、材料、结构及语言等方面进行认真的修改和补充，直至发表完成。

小 结

本章主要介绍了医学科研论文和医学综述论文的含义、特点、撰写格式与要求、写作步骤与方法等基础知识。读者应充分了解不同类型医学论文的结构特点与具体要求，熟练掌握选题、写作、投稿等方面的相关技巧与注意事项，多读多想多积累、多写多练多请教，在医学实验或临床实践的基础上善于思考、勤于写作，不断提高论文写作的能力和水平。

练习题

1. 医学科研论文的写作特点有哪些？
2. 摘要有哪几种写法，"结构式摘要"包含哪四要素？
3. 如何撰写科研论文中的"讨论"部分？
4. 什么是医学综述？撰写医学综述有何意义？
5. 医学综述论文的撰写步骤是什么？
6. 如何选择投稿刊物？

参考文献

[1] 唐杰. 信息检索技术在期刊资源整合中的研究及应用 [D]. 中南大学，2007.

[2] 胡爱东. 利用现代信息技术获取全文医药文献 [J]. 医学信息学杂志，2009，30（2）：51-54.

[3] 邓翀，陈守鹏，孙玲. 论信息化时代中医药全文文献的获取 [J]. 中医研究，2007，20（7）：55-58.

[4] 吴溢华. 知识分类及知识管理应用研究 [D]. 中国海洋大学，2008.

[5] 胡爱东. 利用现代信息技术获取全文医药文献 [J]. 医学信息学杂志，2009，30（2）：51-54.

[6] 宋晋生. 浅谈医学科研论文中的中图分类号及文献标识码的应用 [J]. 卫生职业教育，2004，22（7）：24-26.

[7] 吴校连. 医药卫生科研项目创新性评价方法及实证研究 [D]. 第一军医大学，2004.

[8] 李萍萍. 语义Web在医学知识组织中的应用研究 [D]. 中国人民解放军军事医学科学院，2010.

[9] 马宏惠，蔡冬青. 科技查新咨询服务策略研究 [J]. 情报探索，2011，3：029.

[10] 李秉鸿. 因特网的文献数据库和兽医学信息资源的研究及应用 [J]. 中国预防兽医学报，2002，24（5）：395-398.

[11] 康忠民，钟云萍，谢小兵. 网络信息检索工具研究 [J]. 情报探索，2005，3：71-73.

[12] 朱蓓，朱胜坚，刘艳. 网络环境下查找信息资源的方法 [J]. 中华医学图书情报杂志，2003，12（5）：56-57.

[13] 杨爱群，罗任秀. 网络信息检索工具研究 [J]. 现代情报，2005，3：051.

[14] 钟伟，马骏，边莉，等. 医学科研论文中图分类号标引的探讨 [J]. 中国医疗前沿，2009.

[15] 顾萍. 医学信息获取与管理. 广州：华南理工大学出版社，2012.

[16] 代涛. 医学信息检索与利用. 北京：人民卫生出版社，2010.

[17] 罗爱静. 医学文献信息检索. 北京：人民卫生出版社，2005.

[18] 张晓林，李麟，刘细文，曾燕. 开放获取学术信息资源：逼近"主流化"转折点 [J]. 图书情报工作，2012，09：42-47.

[19] 郭继军. 医学文献检索. 3版. 北京. 人民卫生出版社，2012.02：105-109.

[20] 陈燕. 医学信息检索与利用. 北京. 科学出版社，2012.01：37-86.

[21] 刘莉，青晓，姜瑾秋. Ovid数据库使用指南 [J]. 吉林大学学报（医学版），2007，（1）：192-194.

[22] 李海丽. 电子图书研究. 华中师范大学 [D]. 2006.

[23] 王芸，汪人山. 四大中文电子图书数据库的特色分析 [J]. 上海高校图书情报工作研究：2004，（4）：52-55.

[24] 罗爱静. 医学文献信息检索. 2版. 北京：人民卫生出版社，2010.

[25] 方平. 医学文献信息检索. 北京：人民卫生出版社，2005.

参考文献

[26] 肖晓旦，张士靖. 医学文献主题标引. 北京：高等教育出版社，2008.

[27] 邓可刚，何庆. 询证医学数据库证据的检索与利用. 2版. 北京：人民卫生出版社，2003：106-133.

[28] 刘薇薇，王虹菲，方立. 医学信息检索. 2版. 天津：天津大学出版社，2009：42-51.

[29] 周晓政. EMBASE.com 的检索特色［J］. 图书情报工作，2005，49（9）：136-139.

[30] McDonald S, Taylor L, Adams C. Searching the right database. A comparison of four databases for psychiatry journals [J]. Health Libr Rev, 1999, 16 (3): 151-6.

[31] Barillot MJ, Sarrut B, Doreau CG. Evaluation of drug interaction document citation in nine on-line bibliographic databases [J]. Ann Pharmacother, 1997, 31 (1): 45-9.

[32] Woods D, Trewheellar K. Medline and Embase complement each other in literature searches [comment] [J]. BMJ, 1998, 316 (7138): 1166.

[33] Handbook for Systematic Reviews of Interventions. Edited by Julian PT Higgins and Sally Green Cochrane. [EB/OL]. [2013-6-20]. http://handbook.cochrane.org/index.htm#chapter_6/6_2_1_3_medline_and_embase.htm.

[34] CAS 官方网站［EB/OL］. ［2013-07-07］. http://www.cas.org/products/scifinder.

[35] 方舒玫. SciFinder Scholar 2007 的检索探讨［J］. 情报探索，2011，（1）：82-84.

[36] 邵诚敏. SciFinder Scholar 2007 检索特点及分析功能［J］. 现代情报，2008，（2）：178-184.

[37] Fact Sheet Medical Subject Headings. [EB/OL]. [2013-07-09]. http://www.nlm.nih.gov/pubs/factsheets/mesh.html.

[38] Engineering Village 官方网站. [EB/OL]. [2013-07-10].

[39] http://www.engineeringvillage.com/controller/servlct/Controller.

[40] http://www.cnki.net.

[41] http://www.wanfangdata.com.cn.

[42] http://www.cqvip.com.

[43] http://www.sciencedirect.com.

[44] http://ovidsp.ovid.com.

[45] http://onlinelibrary.wiley.com.

[46] www.WileyChina.com.

[47] http://link.springer.com.

[48] 赵蓉英，雷将，马瑞敏等. 我国五大数据库引文功能的比较研究［J］. 情报理论与实践，2008，（4）：589-593+605.

[49] 黄艳玲. 常用国内五大可检生物医学类引文数据库的比较分析［J］. 广东科技，2007，（4）：41-43.

[50] 王明洁. 《中国生物医学期刊引文数据库》检索与应用［J］. 中华医学图书情报杂志，2006，（4）：72-74.

[51] 陈建青. 《中国生物医学期刊引文数据库》的作用及优势［J］. 中华医学图书情报杂志，2006，（1）：1-2.

[52] 王飞，侯跃芳，崔雷. 常用中文文献数据库引文检索功能的比较研究［J］. 中华医学图书情报杂志，2005，（4）：52-56.

[53] 王知津，姚广宽. 三大中文数据库引文功能比较——CNKI、Vip 和 CSSCI 实证研究［J］. 图书情报知识，2005，（3）：61-65.

[54] 吕润宏. 浅析国内引文数据库的种类及特点［J］. 情报探索，2005，（3）：57-59.

[55] 郝俊勤，王丽明，李淑. 中国生物医学期刊引文数据库检索与应用［J］. 现代情报，

2005，(3)：139-140.

[56] 任丽娟. 国内五种引文数据库的比较研究 [J]. 情报科学，2005，(3)：401-405.

[57] 曹志梅，王凯 我国四大引文数据库比较分析 [J]. 情报学报，2002，(4)：481-485.

[58] 段明莲. 现代信息检索 [M]. 北京：高等教育出版社，2002.

[59] 徐一新. 医学信息检索 [M]. 北京：高等教育出版社，2004.

[60] 李健康. 网络医学信息检索与发布 [M]. 长沙：湖南科学技术出版社，2002.

[61] 孙忠进，何华. 药学信息资源检索 [M]. 南京：东南大学出版社，2002.

[62] 孟俊娥. 专利检索策略及应用 [M]. 北京：知识产权出版社，2010.

[63] http://www.sipo.gov.cn/zljs/ (2013-06-15).

[64] http://www.uspto.gov (2013-06-15).

[65] http://www.sipo.gov.cn/wxfw/ytwzljsxt/ytwzljsxtjs/200804/t20080403_369454.html (2013-06-15).

[66] 王艳军. 网上医学会议信息的获取 [J]. 现代情报. 2008，(3)：207-208.

[67] http://www.doctorsreview.com/meetings/ (2013-06-20).

[68] http://www.medsci.cn/meeting/ (2013-06-20).

[69] http://www.meeting.edu.cn/meeting/ (2013-06-20).

[70] http://www.cnki.net (2013-06-20).

[71] http://g.wanfangdata.com.cn/ (2013-06-20).

[72] http://www.nstl.gov.cn/NSTL/ (2013-06-25).

[73] http://etd.calis.edu.cn/etdportal/pages/index/index.html# (2013-06-25).

[74] 何怡. 中外网上学位论文数据库的检索与利用 [J]. 图书馆工作与研究. 2011 (180)：44-45.

[75] 葛郁葱. 标准文献的特点及其检索方法 [J]. 2009，28 (12)：166-167.

[76] http://zh.wikipedia.org/wiki/%E5%9C%8B%E9%9A%9B%E6%A8%99%E6%BA%96%E5%8C%96%E7%B5%84%E7%B9%94 (2013-07-05).

[77] http://baike.so.com/doc/6509299.html (2013-07-05).

[78] 苏建，张敏. 中国标准文献全文数据库检索存在的问题及对策 [J]. 情报探索. 2008，(6)：62-63.

[79] 谢志耘. 实用医学文献检索与利用 [M]. 北京：北京大学医学出版社，2006.

[80] 王家良. 循证医学 [M]. 2版. 北京：人民卫生出版社，2011：1-32.

[81] 李幼平. 循证医学 [M]. 北京：高等教育出版社，2009：1-28.

[82] 杨克虎. 循证医学 [M]. 北京：人民卫生出版社，2007：1-32.

[83] 邓可刚. 循证医学证据的检索与利用 [M]. 2版. 北京：人民卫生出版社，2008：21-35，173-175.

[84] 李健康，夏旭. 现代医药信息检索 [M]. 北京：人民军医出版社，2009：234-244.

[85] 顾萍，夏旭. 医学信息获取与管理 [M]. 广州：华南理工大学出版社，2010：232-247.

[86] 张鸣明，李幼平. Cochrane协作网及Cochrane图书馆 [M]. 北京：科学出版社，2002：1-9.

[87] 李幼平，王莉，陶铁军. 循证医学系列讲座第一讲循证医学简介 [J]. 中国医院，2002，6 (6)：60-62.

[88] 唐金陵. 循证医学：医学实践的新模式 [J]. 中华医学杂志，2005，85 (4)：276-278.

[89] R Brian Haynes. Of studies, syntheses, synopses, summaries, and systems: the "5S" evolution of information services for evidence-based healthcare decisions [J]. Evid.

Based Med. 2006;11;162-164.

[90] R Brian Haynes. 研究、综述、摘要、总结、系统:循证卫生保健决策的"6S"信息服务演进[J]. 中国循证医学杂志，2007，7（5）：330-332.

[91] 严青利，张勇. 因特网上循证医学数据库的对比研究[J]. 中国医学教育技术，2006，20（6）：526-528.

[92] 陈耀龙，李幼平，杜亮，等. 医学研究中证据分级和推荐强度的演进[J]. 中国循证医学杂志，2008，8（2）：127-133.

[93] 闫伟. 专业科技信息第一搜索引擎 Scirus[J]. 齐齐哈尔医学院学报，2008，23：2889-2890.

[94] 陈家翠，谷玉荣. Google 学术搜索检索性能的分析及评价[J]. 情报理论与实践，2007，05：653-655.

[95] 李志荣，沈利华. 站在巨人的肩膀上——Google Scholar 搜索引擎的评介[J]. 现代情报，2005，10：207-208.

[96] 杨小琼. 专业搜索引擎 Google Scholar 与 Scirus 的对比研究[J]. 农业图书情报学刊，2010，08：91-93＋103.

[97] 吴晓明. Google Scholar 与 Scirus 学术搜索的专业检索技巧[J]. 重庆图情研究，2011，02：49-51.

[98] 叶琦 余建斌. 下一代搜索引擎会是什么样[N]. 人民日报，2013-06-27020.

[99] 黄德才，戚华春. PageRank 算法研究[J]. 计算机工程，2006，04：145-146＋162.

[100] 李麟，初景利. 开放获取出版模式研究[J]. 图书馆论坛，2005，(6)：88-93.

[101] 李武. 基于开放获取的学术出版模式研究[J]. 数字图书馆论坛，2005，(12)：28-31，36.

[102] 东方. 开放获取：信息交流新模式[J]. 中国信息导报，2006，(1)：48-50.

[103] 张兆伦. 三个参考文献管理软件的比较应用研究——EndNote, Reference Manager 与 ProCite[J]. 图书情报工作. 2007 (11)：121-123.

[104] 马花如. 基于 NoteExpress（NE）的文献管理——从检索文献到论文写作[J]. 农业图书情报学刊. 2011 (07)：48-51.

[105] 钟燕. EndNote 在文献管理和论文写作中的应用[J]. 电脑知识与技术. 2009 (31)：8639-8641.

[106] 周静. NoteExpress 和 EndNote 文献管理功能的比较[J]. 中国校外教育. 2009 (10)：64-101.

[107] 王保成. 联合应用 EndNote 和 RefViz 探索课题情报分析——以"分子进化"领域的发展状况为例[J]. 图书情报工作. 2008 (S1)：248-251.

[108] 马明. 肺癌治疗研究的热点主题及其演化轨迹分析[D]. 中国协和医科大学，2009.

[109] 殷国荣、杨建一. 医学科研方法与论文写作[M]. 北京：科学出版社，2009.

[110] 郭继军. 医学文献检索[M]. 3版. 北京：人民卫生出版社，2008.

[111] 代涛. 医学信息检索与利用[M]. 北京：人民卫生出版社，2010.

[112] 胡家荣，张亚莉. 医学信息素养[M]. 北京：人民军医出版社，2007.

[113]《文后参考文献著录规则》(GB/T 7714-2005).

[114]《科学技术报告、学位论文和学术论文的编写格式》(GB/T 7713-1987).

[115] 汪谋岳. 医学论文的作者署名问题不容忽视[J]. 中华医学信息导报，2002 (22).

中英文对照索引

A

Author（作者） 30

B

布尔逻辑检索（Boolean Search） 14

C

CAPLUS（化学文摘数据库） 58
Content Type（内容类型） 29，30
参考文献（References） 73
查全率（Recall Ratio） 18
查准率（Precision Ratio） 18
超文本型数据库（Hypertext Database） 19
出版物类型（Publication type） 53

D

Discipline（学科） 29
电子图书（Electronic book，E-book） 25
短语检索功能（Phrase Searching） 41
多字段检索（Multi-Field Search） 31

E

Excerpta Medica（荷兰《医学文摘》） 49

F

反应检索（Reactions） 59
分类号（Chinese Library Classification Code） 176
分子序列号（Molecular Sequence Number，MS） 49
附录（Appendix） 180

G

概念代码/标识（Concept Code/Heading） 55
高级检索（Advanced Search） 25，31
关键词（Keywords） 73
国家生物技术信息中心（National Center for Biotechnology Information，NCBI） 39
过滤器（Filters） 41

H

《化学文摘》（Chemical Abstracts，CA） 58

化学物质登记号（Register Number，RN） 49
荟萃分析（Meta-Analysis） 129

J

JCR（Journal Citation Reports，期刊引证报告） 85
机构名称（Affiliation） 73
基本检索（Basic Search） 31
疾病副主题词（Disease Subheadings） 51
疾病检索（Disease Search） 50
记录（Record） 18
检索策略（Search Strategy） 17
检索结果（Search Results） 25
检索式构建器（Builder） 43
检索提问栏（Search Box） 43
检索通报（Search Alert） 74
检索细节（Search Details） 43
检索效果（Retrieval Effectiveness） 18
截词功能（Truncating Search） 41
截词检索（Truncation） 15
"精炼结果"（Refine results） 73
精确匹配（With the exact phrase） 25
卷（Volume） 72

K

开放获取（Open Access） 77，142
刊号（ISBN/ISSN） 73
科学引文索引（Science Citation Index） 82
快速链接（Quick Links） 74
扩展检索（Explode） 76

L

临床证据查询（Clinical Queries） 46
逻辑组配功能（Boolean Operators Search） 41

M

美国国立医学图书馆（National Library of Medicine，NLM） 13

N

内容格式（Content Format） 73

O

OPAC（Online Public Access Catalogue，联机公共检索目录） 21

Q

期（Issue） 72
《期刊引证报告》（Journal Citation Reports，JCR） 77
情报（Information） 8
全记录（Full Record） 53
全文（Full Text） 73
全文型数据库（Full Text Database） 19

S

Subdiscipline（子学科） 29
入库日期（Entry Date） 53
生物物种分类及生物系统代码/名称（SuperTaxa or Biosystematic Code/Name） 54
事实型数据库（Fact Database） 19
书目型数据库（Bibliographic Database） 19
输出格式（Export Format） 73
输出引文（Export Citation） 79
树状结构（Tree） 76
数据库（Database） 18
数值型数据库（Numeric Database） 19
所有字段（All Fields） 73

T

特定作者（Specific Author） 73
题名（Journal/Book title） 71

W

位置算符检索（Proximate Search） 14
文档（File） 19
文献（Literature，Document） 8
文献标识码（Document Code） 176
文献检索（Literature Retrieval） 11
文献数据库（Literature Database） 18
文摘（Abstract） 73
文摘/题名/关键词（Abstract，Title，Keywords） 73
文章检索（Article Search） 50

X

系统评价（Systematic Review） 129
相关文献（Related Articles） 73
相关性（Relevance） 53

信息（information） 7
信息素质（information literacy） 2
循证医学（Evidence-Based Medicine，EBM） 119

Y

研究类型（Study type） 53
药物副主题词（Drug Subheadings） 51
药物检索（Drug Search） 51
药物主题词（Drug Terms） 53
"医学主题词表"（Medical Subject Headings，MeSH） 13
引文（Citation） 82
引文加标引词（Citations and index terms） 53
引文加摘要（Citations and abstracts） 53
影响因子（Impact Factor） 77
用药方式（Routes of Drug Administration） 51
预览（Show Preview） 73
原始研究（Studies） 122

Z

证据系统（Systems） 121
证据摘要（Synopses） 122
证据总结（Summaries） 121
证据综述（Syntheses） 122
知识产权（Intellectual Property） 98
中国科学引文数据库（Chinese Science Citation Database，CSCD） 83
中国生物医学文献服务系统（SinoMed） 33
中国生物医学文献数据库（CBM） 33
主题（Topic） 73
主题词（descriptor） 49
主题词范畴注释（Scope Note） 76
主题词检索（Emtree） 51
主题词轮排索引（Permuted Index） 76
主题词匹配（Map Term） 76
主题通报（Topic Alerts） 74
主要概念（Major Concept） 54
专家检索（Expert Search） 71
专利权人（Patent Assignee） 55
自动词语匹配（Automatic Term Mapping） 40
自然语言（Natural Language Search） 31
字段（Field） 18
字段限定检索（Field Limiting） 15
字段限定功能（Limits） 41
作者（Authors） 73